[比] R. C. 范·卡内冈 著
苏彦新 译

私法历史引论

中国人民大学出版社
·北京·

"华东政法大学 70 周年校庆丛书"
编委会

主 任
郭为禄　叶　青　何勤华

副主任
张明军　王　迁

委 员

马长山	朱应平	刘宪权	刘　伟	孙万怀
陆宇峰	杜　涛	杜志淳	杨忠孝	李　峰
李秀清	肖国兴	何益忠	冷　静	沈福俊
张　栋	陈晶莹	陈金钊	林燕萍	范玉吉
金可可	屈文生	贺小勇	胡玉鸿	徐家林
高　汉	高奇琦	高富平	唐　波	

以心血和智慧服务法治中国建设

——华东政法大学 70 周年校庆文丛总序

华东政法大学成立 70 周年了！70 年来，我国社会主义法治建设取得一系列伟大成就；华政 70 年，缘法而行、尚法而为，秉承着"笃行致知，明德崇法"的校训精神，与共和国法治同频共振、与改革开放辉煌同行，用心血和智慧服务共和国法治建设。

执政兴国，离不开法治支撑；社会发展，离不开法治护航。 习近平总书记强调：没有正确的法治理论引领，就不可能有正确的法治实践。高校作为法治人才培养的第一阵地，要充分利用学科齐全、人才密集的优势，加强法治及其相关领域基础性问题的研究，对复杂现实进行深入分析、作出科学总结，提炼规律性认识，为完善中国特色社会主义法治体系、建设社会主义法治国家提供理论支撑。

厚积薄发七十载，华政坚定承担起培养法治人才、创新学术价值、服务经济社会发展的重要职责，为构建具有中国特色的法学学科体系、学术体系、话语体系，推进国家治理体系和治理能力现代化提供学理支撑、智力支持和人才保障。在砥砺前行新时代，华政坚定扎根于中国大地，发挥学科专业独特优势，向世界讲好"中国之治"背后的法治故事，推进中国特色法治文明与世界优秀法治文明成果交流互鉴。

"宛如初升的太阳，闪耀着绮丽的光芒。"——在1952年11月15日，华东政法学院成立之日，魏文伯院长深情赋诗，"在这美好的园地上，让我们做一个善良的园工，勤劳地耕作培养，用美满的收获来酬答人民的期望"。1956年6月，以"创造性地提出我们的政治和法律科学上的成就"为创刊词，第一本法学专业理论性刊物——《华东政法学报》创刊，并以独到的思想观点和理论功力，成为当时中国法学研究领域最重要的刊物之一。1957年2月，其更名为《法学》，坚持"解放思想、不断进步"的治学宗旨，紧贴时代发展脉搏、跟踪社会发展前沿、及时回应热点难点问题，不断提升法学研究在我国政治体制改革中的贡献度，发表了一大批高水平的作品，对我国立法、执法和司法实践形成了重要理论支持，在学术界乃至全社会产生了巨大影响。

1978年12月，党的十一届三中全会确定了社会主义法制建设基本方针，法学教育、法学研究重新起航。1979年3月，华东政法学院复校。华政人勇立改革开放的潮头，积极投身到社会主义法制建设的伟大实践中；围绕"八二"宪法制定修订、土地出租问题等积极建言献策；为确立社会主义市场经济体制、加入世界贸易组织等提供重要理论支撑；第一位走入中南海讲课的法学家，第一位WTO争端解决机构专家组中国成员，联合国预防犯罪和控制犯罪委员会委员等，都闪耀着华政人的身影。

进入新世纪，在老一辈华政学人奠定的深厚基础上，新一代华政人砥砺深耕，传承中华优秀传统法律文化，积极借鉴域外法治有益成果，为中国特色社会主义法治建设贡献智慧。16卷本《法律文明史》陆续问世，推动了中华优秀传统法律文化在新时代的创造性转化和创新性发展，在中国人民代表大会制度、互联网法治理论、社会治理法治化、自贸区法治建设，以及公共管理、新闻传播学等领域持续发力，华政的学术影响力、社会影响力持续提升。

党的十八大以来，学校坚持以习近平新时代中国特色社会主义思想为指导，全面贯彻党的教育方针，落实立德树人根本任务，推进对习近平法治思想的学习研究宣传阐释，抓住上海市高水平地方高校建设契机，强化"法科一流、多科融合"办学格局，提升对国家和上海发展战略的服务能级和贡献水平，在理论法学和实践法学等方面形成了一批"立足中国经验，构建中国理论，形成中国学派"的原创性、引领性成果，为全面推进依法治国、建设社会主义法治国家贡献华政智慧。

建校70周年，是华政在"十四五"时期全面推进一流政法大学建设，对接国家重大战略，助力经济社会高质量发展的历史新起点。是年，学校将以"勇担时代使命、繁荣法治文化"为主题举办"学术校庆"系列活动，出版"校庆文丛"即是其重要组成部分。学校将携手商务印书馆、法律出版社、上海人民出版社、北京大学出版社、中国人民大学出版社等，出版70余部著作。这些著作包括法学、政治学、经济学、新闻学、管理学、文学等多学科的高质量科研成果，有的深入发掘中国传统法治文化、当代法学基础理论，有的创新开拓国家安全法学、人工智能法学、教育法治等前沿交叉领域，有的全面关注"人类命运共同体"，有的重点聚焦青少年、老年人、城市外来人口等特殊群体。

这些著作记录了几代华政人的心路历程，**既是**总结华政70年来的学术成就、展示华政"创新、务实、开放"的学术文化，**也是**激励更多后学以更高政治站位、更强政治自觉、更大实务作为，服务国家发展大局，**更是**展现华政这所大学应有的胸怀、气度、眼界和格局。我们串珠成链，把一项项学术成果，汇编成一部华政70年的学术鸿篇巨作，讲述华政自己的"一千零一夜学术故事"，**更富特色地**打造社会主义法治文化引领、传承、发展的思想智库、育人平台和传播高地，**更高水准地**持续服务国家治理体系和治理能力现代化进程，**更加鲜明地**展现一流政法大学在服务国际一流大都市发展、服务长三角一体化、服务法治中国建设过程中的新作为、新担当、新气象，向学校 70 年筚路蓝缕的风雨征程献礼，向所有关心、支持华政发展的广大师生、校友和关心学校发展的社会贤达致敬！

七秩薪传，续谱新篇。70 年来，华政人矢志不渝地捍卫法治精神，无怨无悔地厚植家国情怀，在人民共和国法治历史长卷中留下了浓墨重彩。值此校庆之际，诚祝华政在建设一流政法大学的进程中，在建设法治中国、实现中华民族伟大复兴中国梦的征途中，乘风而上，再谱新章！

郭为禄

叶　青

2022 年 5 月 4 日

英文版前言 PREFACE

　　私法是关于作为独立个体的人与人之间关系的法律。人们希望人与人之间的交往关系是融洽的,否则法院便会介于其间和平且权威地解决人们之间的纷争。既然有这样详尽并且普遍适用的法律调整着我们的日常生活,我们就有充分的理由提出这样一个问题:这样的法律是何时以及怎样被创造出来的?如果我们全都碰巧生活在同一部民法典(例如在拿破仑构思并主持下编纂的这部法典)的统治下,那么答案可能会非常简单。不幸的是,法律的发展史并不如人们想象中那么简单:一个复杂的因素就是我们现在所谓的西方世界的法律由两种相当不同的法系组成,它们是英国的普通法系和欧洲的大陆法系,大陆法系又称作罗马—日耳曼法系。这两种同起源于欧洲的法律体系是怎样产生并经历了怎样不同的发展阶段,以及又是如何总能保持各自特性的,便是这本书将要论及的一个主题。在这本书中,大陆法系的法律家(lawyer)不仅能从他们本国的法律传统中学习到一些知识,而且还能了解到在英吉利海峡对面的英国法律(即普通法系)中的一些情况,反之亦然。如果某一天英国的法官和大陆法系的同僚一同供职于欧洲的法院,这将会是极其可喜的。国家法律史的资料是很容易得到的,对罗马法和教会法的研究工作同样如此。当然,我的这本书主要是根据对以上三者的研究。但我的这些研究仍然是少见的,它超出了民族/国家的边界,并尝试对普通法系和大陆法系的历史脉络进行编排并尽量使之成为一个完整的结构。这本著作或许对现有研究有一点推进。它是我在根特大学法学院的授课和1984—1985学年在剑桥大学访问期间的研究的一个成果。

这部小书的时间跨度是从6世纪到12世纪这一时期，它并非为了对私法的本质作出分析，而仅仅是一部外部史。① 这本书阐明了历史上有哪些伟大的立法者、法学家和法官，谁塑造了这样一部外部史以及他们竭力想设计出什么样的法律文本。本书中，法律规范本身仅仅被偶尔地论及，这样做是为了举例说明那些影响事件过程的因素。

我希望英语世界的读者会欣赏本人的这种写作尝试，并能得出这样一个判断，即为了印刷这本书而被砍伐的树木并不是毫无意义的。

我应该愉快地感谢担任我这本书英文版翻译的 D. E. L. Johnston博士，他为了这项劳烦人心的任务贡献了很多他个人的宝贵时间。我也要感谢剑桥大学出版社的编辑，他们不仅欣然采纳了我几版早期的手稿，又再次决定以显赫的剑桥的名义出版我这本小书。

R.C.范·卡内冈
根特

---

① 外部史即科学史的"外史"，是指社会等因素对科学发展影响的历史。"外史论"（externalism）强调科学史研究应更加关注社会、文化、政治、经济、宗教、军事等环境对科学发展的影响，认为这些环境影响了科学发展的方向和速度，在研究科学史时，要把科学的发展置于更复杂的背景中。参见刘兵：《克丽奥眼中的科学》，济南，山东教育出版社1996年版，第24页。——译者注

目录 Contents

第一章　当代私法的起源 1789 年—1807 年 …… 1

- 第一节　1804 年《法国民法典》：新时代的开启与旧时代的结束 …… 1
- 第二节　民法典在欧洲 …… 2
- 第三节　习惯法及其继受 …… 3
- 第四节　1804 年《法国民法典》的编纂与颁布 …… 4
- 第五节　《法国民法典》：古代与近代 …… 7
- 第六节　《法国民法典》的精神 …… 9
- 第七节　法院组织与诉讼程序 …… 12
- 第八节　法典编纂的成就 …… 14
- 第九节　对法典编纂的反对 …… 16

第二章　前情：中世纪早期 500 年—1100 年 …… 19

- 第一节　这一时期的特征 …… 19
- 第二节　罗马法 …… 20
- 第三节　日耳曼法 …… 22
- 第四节　封建法 …… 24
- 第五节　立法概要 …… 24
- 第六节　立法：法令汇编 …… 25
- 第七节　法　学 …… 29
- 第八节　评　价 …… 32

第三章　欧洲和罗马—日耳曼法 1100 年—1750 年 …………… 34

第一节　这一时期的特征 …………………………………… 34
第二节　公元 1500 年前后：这一时期的延续性 …………… 35
第三节　法律的发展：纲要 ………………………………… 37
第四节　习惯法 ……………………………………………… 40
第五节　欧洲共同法 ………………………………………… 52
第六节　制定法 ……………………………………………… 97
第七节　判例法 ……………………………………………… 107
第八节　法院和程序 ………………………………………… 113
第九节　各种因素 …………………………………………… 121
第十节　评　价 ……………………………………………… 122

第四章　18 世纪中叶至 19 世纪初的启蒙运动、自然法与近代法典 ………………………………………………… 124

第一节　特　征 ……………………………………………… 124
第二节　启蒙运动 …………………………………………… 125
第三节　自然法 ……………………………………………… 127
第四节　启蒙运动中的法典 ………………………………… 132
第五节　因　素 ……………………………………………… 136
第六节　法院和程序 ………………………………………… 139
第七节　启蒙运动中的英国法 ……………………………… 146
第八节　理性法的评价 ……………………………………… 151
第九节　理性法与历史法学派 ……………………………… 153

第五章　19 世纪对民法典的解释和为法律的抗争 ………… 157

第一节　法　国 ……………………………………………… 157
第二节　比利时与荷兰 ……………………………………… 162
第三节　德　国 ……………………………………………… 166

第四节　保守的英国 ················· 171
　　第五节　英国的革新 ················· 173

第六章　成文法、判例法与学术 ············ 177

　　第一节　问题的提出 ················· 177
　　第二节　制定法 法官与教授之间的竞争 ······· 180
　　第三节　法律与民族精神 ··············· 185

第七章　要　素 ····················· 188

　　第一节　简　介 ··················· 188
　　第二节　法律的变化 ················· 190
　　第三节　思想和政治权力 ··············· 192
　　第四节　社会团体和私法 ··············· 193
　　第五节　智识与道德风气 ··············· 197
　　第六节　最后的考量 ················· 206

参考文献 ······················· 209

索　引 ························ 223

译后记 ························ 247

第一章
当代私法的起源 1789 年—1807 年

第一节 1804 年《法国民法典》：新时代的开启与旧时代的结束

本书的写作并非为了概略地叙述出一部法律通史①，而是为了对当前在比利时和荷兰仍然有效的私法的发展作出一个历史性的引论。当代私法的组成部分可以说兼有古老与现代的元素，在它发展期间既经历了停滞又有急剧的变化。其中最重要的阶段便是伟大的拿破仑法典编纂时期，尤其是颁布于 1804 年的《法国民法典》。《法国民法典》是法国法发展几个世纪的巅峰之作：虽然它大部分由封建旧法（old law）构成，部分则是由直接甚或几乎可追溯到中世纪与早期近代的习惯法与罗马法构成。但 1804 年《法国民法典》依然标志着法律在渐变演化中一个决定性的突

---

① 参见 J. Gilissen 的百科全书式的著作——Introduction historique au droit, Esquisse d'une histoire universelle du droit. Les sowces du droit le XIII siecle. Elements d'une histoire du droit prive (Brussels. 1979)。

破。它用一部统一的民法典来取代种类繁多的封建旧法以服务于整个法兰西王国;它废除了过去曾被视为如珍宝般实施着的法律,特别是习惯法与罗马法(1804年3月21日颁布的法律的第7条);它也将受1789年法国大革命所激发的新的意识形态标准吸收在内;它通过禁止对民法典作教条式的注解而试图使法学研究的传统角色显得多余,使人们相信这部新的立法是清晰且自洽的。

法国民法典随即在比利时生效,当时其领土已附属于法国且被分成若干行政区。如同在法国一样,在比利时:虽然许多法令通过制定法或判例法被修正、删除或废止,但法国民法典从未被完全取代。荷兰晚于比利时成为法国的附属国,所以荷兰才在1810—1811年间适用法国民法典。但荷兰于1838年制定了一部新的法典替代了法国民法典。这部新法典虽然经过荷兰的改进,但仍然很近似于1804年《法国民法典》。

第二节　民法典在欧洲

2　　我们主要关注法律在法国、比利时和荷兰各地区的历史进程,但并不是说完全忽略欧洲的其他地区。这种情况是无论如何也不可能发生的。国内法这一概念——即每个国家只有一部唯我独尊的法典和一个排他性的国家法院体系,只是一个新近的且暂时的现象。因为几个世纪以来,法律只是地方的和区域性的(习惯法和令状),但同样也是世界性和超国家性的(例如大学讲授罗马法,教会讲授教会法)。二战后,制定一部欧盟法的呼声开始高涨,这需要创立超国家的立法机构与法院,而一国内的成文法和法院则从属于欧盟法。

从历史来看，民法典的主要内容属于欧洲的共同遗产：古代和中世纪的罗马法、教会法、古代日耳曼法、封建法、中世纪城市法和近代早期的自然法。所有这些组成部分对欧洲所有国家的法律都有着不同程度的影响。

第三节 习惯法及其继受

在一些地方，诸如意大利和法国南部，存在过一个渐进的、自发的法律变化过程，这一过程导致重新发现的罗马法替代了旧的习惯法。这个渐变的发展过程很早就开始了——从 12 世纪伊始。在别处——即在法国北部和荷兰南部，习惯法仍然有效，并在事实上由中央立法机关制定并颁布（又称为"习惯法的比准执行"）。然而，即便在那些地方，罗马法也扮演着重要的补充角色，其仍是注释法学的基础。在荷兰北部，罗马法的地位又有所不同。虽然过去曾有过一项统一习惯法的法令，但它几乎未曾生效过。结果便是这部法令的缺陷导致在 17 世纪罗马—荷兰法的诞生（Rooms—Hollands recht）。这部法典是罗马法和习惯法的法学综合体，其中占主导地位的部分是罗马法。罗马法的影响更多地体现在德意志帝国。德国大约在公元 1500 年决定放弃中世纪习惯法而承认罗马法作为其国家法律，这种现象被称为法律的继受。因此，吊诡的是，现代德国法比法国法体现出更显著的罗马法特征。

习惯法在英国的发展史则是全然不同的。无疑，英国也受到共同法的影响，而共同法随后构成了欧洲的普通法。这一构建的过程是通过在罗马天主教的教会法庭和英国国教圣公会制定的教会法规，以及经由在大学教授的罗马法和某些专门法庭的法律实践来完成的。尽管如此,英国法或者说普通法②的最重要的组成部分完全与罗马法无关,而是从日耳曼习惯法和封建法中发展而来的。其结果导致普通法系从根本上不同于大陆法系。此外,一个更深层次的重大差异在于英国国内法的发展要比其他国家早的多。从12世纪伊始,皇家法院形成并发展了适用于整个大不列颠及北爱尔兰王国的习惯法,并在随后的法律实践中对其进行解释和评论。英国法的最后一个特点是它的连贯性,比起那些伟大的现代法典编纂对欧洲大陆的法律发展史造成的中断而言,英国的法律史从未中断过。英国法不但从未被编成法典,而且其旧法也从未被废除或被一个现代的、更不用说具有革命性的法律体系所替代。所以说普通法系的特点在于其历史连贯性;而生效的成文法和权威性的裁判既可能是十分久远的事,又可能是完全新近的事。

第四节 1804年《法国民法典》的编纂与颁布

1799年11月9日的"雾月政变"标志着拿破仑政权的开端与戒严令的再次确立,又意味着法国历史中最动乱的十年的结

---

② 普通法是类推 Criscuoli 提出来的,在意大利赞用"il common law"而不用"la common law",我们有充分的理由选择"le common law"而不是"la common law"这样一种表达。其主要论据是阳性与 law droit 相联系而阴性与 loi statue 相联系,而普通法是 adroit not a loi (G.Criscuoli)。'Valore semantic e contenuto dommantico dell espressioe "common law" nellinguaggio giuridico italiano'.Riivista trimestriale di diritto e procedura civile(1967),1,466-473。然而,这个问题并非这么简单,围绕着"习惯法"——common droit or common lor 这一术语的混乱是一个陈旧的话题,其可追溯至中世纪的英国。因此,"习惯法"在1297年被翻译成"lay commune",在 in the Miroir des justices of 1290 被翻译成"comun dreit";然而人们在1377年又发现了一个新奇的表述形式:"commune Droit",参见 G. H. McIlwain, Comstitutionalism and the changing world Cornell.(1939)128. 132. 137。

束。"这场革命束缚着的那些原则反过来又鼓舞着它:革命结束了。"拿破仑最关心的事情之一便是为法国制定几部法典。普遍生效的法典在法律实践中的运用终结了曾经盛行的法律不确定现象。在法国大革命期间,旧的法律基本上被废除了。但这一废除的过程并没有引入一套新的普遍适用的法律制度。只有部分法律领域才受新的制定法③的支配,并且所有编纂民法典的努力都以失败告终。对这些法典草案的构思相当含糊不清,与其说像法律倒不如说更像为了良好公民的利益设定的行为规则,而且这些法律草案从未以成文法的形式颁布。无论如何,取决于继任政权的政治倾向,该法典草案曾一度被认为是极其传统的,而在另一时期又被认为革命性不足。在 1793 至 1799 年间,由法律实务家兼政治家的康巴塞雷斯(J. J. de Cambacérès)负责的多个委员会起草了许多不同的法律草案,他同时也是 1792 年国民大会的一名委员。大革命不仅深深地改变了审判工作,也使司法(administration of justice)变得民主,与之同时,大学及其法学院也于 1793 年被撤销。一直到 1804 年,新的法学院才又重新设立。

为了跨越这场革命剧变所带来的鸿沟,拿破仑决定通过颁布"他的"法典为法国引入有效的制定法。这绝非意指这部民法典是由该首席执政官他自己坐在书桌旁一手编纂出来的。这部法典之所以打着拿破仑的印记,是因为正是由于拿破仑的政治意愿与决心,1804 年《法国民法典》才在创纪录的时间内被编纂出来。1800 年 8 月一个由四位法律实务家组成的民法典起草委员会接

---

③ 例如,在司法方面,具有重大意义的伟大且系统的成文法有 1792 年关于公民身份和婚姻的法案,1793 年的非婚生子法案,1794 年的继承法和 1798 年有关特别待遇(privileges)的法案、抵押权和财产让与的法案。"这个所谓过渡法的时期"——即在旧政权制定的旧法和拿破仑法典统治下的新法之间的一个间隙性的或者说过渡性的法律时期,也可参见 1791 年颁布的刑法典以及 1795 年颁布的犯罪与刑罚的法典。

受起草民法典的任务。仅仅四个月后，民法典的起草工作就告完成。这部法典的创制者是专业的法律实务家，他们在旧政体下接受教育并或以律师或以法官为其职业，他们的名字是：Fr. 特隆歇（Fr. Tronchet），J. 波塔利斯（J. Portalis），F. 戈·德·普雷亚美纽（F. Bigot-Preameneu）和 J. de 马勒维尔（J. de Maleville）。

特隆歇（Tronchet）是一个在习惯法方面造诣出众的专家，他出生于法国北部。波塔利斯（Portalis）出生于法国南部，是这四位起草者中最有才华的，同时也是天主教徒。他精通哲学并且造诣深厚，他不仅仅把这部法律构思为一门技巧，而是当作他所在时期社会发展的一个重要组成部分。他的观点特别清楚地能从他的那本著作——《民法典序论》（Discours preliminaire）体现出来。该著作是 1801 年法典草案的序论，在这本书里他详细论述了法国民法典的哲学（这个问题我们将返回来再研究）。

这个委员会提出的草案被提交到最高法院（Tribunal de Cassation）和上诉法院（Tribunaux d'Appel）审阅，之后还要参考法院的修改意见。在其被提交到康巴塞雷斯主持的国务委员会（Consel d'Etat，也即最高上诉法院——译者注）之前是被搁置的。康巴塞雷斯对教义性取向的法律特别是对普遍公式与定义怀有敌意。拿破仑会亲自参加草案的辩论且有时会强行加进自己的观点④，并且，正是在该会议上，民法典的最终版本才得以形成。法案评议委员会（The Tribunat）从政治和意识形态方面提出了反对，但拿破仑足以克服这些异议并最终达到了他的目的。直到立法会议颁布了该民法典，都再未遇到任何阻碍：从 1803

---

④ 第一执政官亲自主持了八十七次会议中的三十五次。他个人的观点对法典的起草产生了强烈的影响。其中，有关父权的条款——根据他的观点，"就像家长隶属于具有绝对权力的政府，所以家庭也同样隶属于具有绝对权力的家长"。拿破仑的观点对（已婚）妇女的从属性地位和有关离婚的法律（双方协议离婚以及在他的建议下被采用的收养制度，无疑出于他自己的政治理由）也是具有决定性的。但另一方面，拿破仑对民法典的第二编丝毫不感兴趣，也只对第三编留意过一点。

年3月5日到1804年3月21日,36部单行法获得通过,到1804年3月21日,2 281个条款合为一体,冠以"法国人的民法典(the Code civil francais)"的名称并宣布生效。该法典于1807年通过法律更名为拿破仑法典,但这个新名字伴随着一代帝王的陨落而消失。在私法领域⑤,紧随民法典后的是在1806年制定并于1807年1月1日生效的民事诉讼法典(the Code de procedure civile)以及1807年制定并于1808年1月1日生效的商法典。

第五节 《法国民法典》:古代与近代

1804《法国民法典》的起草者所使用的直接素材源于18世纪传统的法国普通法。传统的法国普通法是继受共同法和习惯法的混合物。其中一些法律素材非常陈旧,而法律创新则产生于大革命期间。这么一个新与旧的混合物适应了19世纪的政治氛围。并且,在旧制度崩溃之后,它也证明自己刚好适应了19世纪的中产阶级社会。人们常常有这样一个期待,即通过制定一部适用于整个法国的法典,从而把不同性质的法律水流导入一条单一流向的河流。由于传统法律实务家的努力,这些计划在18世纪已经取得了一些进展。

法国法的间接来源(还有待调查)有:(i)习惯法。习惯法以一种成文化并带有评注的形式存在着,尤其是巴黎习惯法(the Coutume de Paris)在全法国享有崇高的声望。民法典的编纂者们每一步都作出了自觉的努力来对待习惯法和罗马法。虽然

---

⑤ 在刑法方面,"a Code d'instruction criminelle"和"a Code penal"分别在1808年和1810年颁布。它们都于1811年1月1日生效。

他们作为一个团体都偏爱符合"自然理性"的表述，但是民法典的最重要渊源仍是习惯法。(ii) 罗马法，多玛⑥（Domat，卒于1696年）对其进行了系统化的整理，其次是教会法。罗马法是法学理论的主要组成部分，但同时它也作为法国南部的成文法（pays de droit ecrit）在该地区实施。罗马法的影响突出体现在债法上。(iii) 1731至1747年的三部伟大的王室法令。这三部法令事实上是重要法律领域的部分法典。这些法令是路易十五⑦（Louis XV）的大臣亨利·弗朗西斯·达盖索（Henri Francois Daguesseau，卒于1751年）的成果。(iv) 最高法院的判例法。尤其是巴黎高等法院。

民法典的起草者也征询了传统法学家的意见，值得注意的是弗朗西斯·博戎（Francois Bourjon，卒于1751年），是 Le Droit common de la France et la Coutume de Paris redits en Principe 一书的作者。⑧还有罗伯特·约瑟夫·波蒂埃（Robert Joseph Pothier，卒于1722年），既是法官又是法学家。他著有习惯法述评（Coutumes des duche，bailliage et prevoste d'Orleans），以及罗马法方面的著作（Pandectae Justinianeae in novamordinem digestae）。此外，最重要的是他还在民法不同领域撰写了一系列专题著作。尤其重要的是他的《债务专论》（Traité des obligations）一书，这本著作对民法典的相关领域起决定性的作用。波蒂埃的权威甚至

---

⑥ 多玛著有《自然秩序中的民法》（Les lois iviles dans leur ordre naturel）一书。书中他既试图按照一种理性秩序并且按照一个由他自己创造的体系对罗马法规则重新编订（在他看来这些新规则会形成通用的导向性原则），又试图保证这些新原则与基督教道德相一致。Y. Noda. Jean Domat et；e Code civil francais. Essai sur l'influence de Domat sur le Code civil francais'. Comparative Law Review. 3. 2（1956；Japan Institute of Comparative Law）.

⑦ 第一部是关于赠与的法律（1731年），第二部是遗嘱法（1735年），第三部是信托法（1747年）。第一部和第三部适用于全法国，而第二部面向的是两种不同的法域，即北部习惯法地区和南部罗马法地区。

⑧ R. Martinage-Baranger, Bour jon et le Code civil（Paris，1971）.

能从他的著作自身体现出来，因为民法典的起草者们从他的著作中抄袭了所有内容。

虽然旧法是民法典最重要的组成部分，但其起草者们并不打算重建旧王朝的法律秩序，也不打算摒弃革命带来的法律进步。相反，许多原则既来源于法国革命和启蒙思想的影响，又源于法典起草者们认为有利于社会生活的构思。这些原则在他们的立法成果中被神圣地体现出来。它首先要适合编纂民法典的现实需要，即制定一部全王国统一的、无与伦比的民法典。[9] 实际上，这样一部民法典取得的成就，是对诸多改革呼声中的其中一方面所做出的回应。这些改革呼声由1788至1789年间记录的民众的不满情绪所引发。并且在1791年宪法的规定中得以体现（将制定一部适用于全王国的民法典）。此外，民法典如今确保了人们对这些基本原则的认知，即市民在法律面前平等的原则、宗教信仰自由原则、土地所有权自由原则。土地所有权自由原则如今卸掉了由封建制度和教会法规定的什一税强加的负担。而合同自由原则产生的意义要远比在旧制度下大得多。新观念同样也体现在具体的领域中，例如世俗婚姻、离婚、市民地位、财产转让，以及废除了中世纪关于利息（高利贷）的禁令。

第六节 《法国民法典》的精神

1804年《法国民法典》的整体风格显然是保守的。这能从它对作为社会秩序根本的家庭及财产权方面的关注中可见一斑。

---

[9] 在某些方面，统一性仅仅是从形式上来说的。例如，至今，有关嫁妆的许多条款在北部地区几乎从不适用，因为嫁妆是罗马法上的一个风俗习惯，它仅仅传播到南部地区，但在北部地区却名不见经传。

这些精神充分地在波塔利斯的著作中表现出来，例如他的《民法典序论》以及 in his Discours... sur le Concorda（1801 年）。在这些著作中，他强调了宗教在文明社会里所扮演的不可或缺的角色。在他死后 De l'usage et de l'abus de l'esprit philosophique Durant e dix-huitieme siecle 有些摘引概括了他保守的信仰：保留那些并不是一定要消灭的事往往是有有益的，换句话说，一项大胆的改革常常只不过是一个大错。对波塔利斯来说，上述陈述的实质作用在于确保"保存和安宁"。他同样强调这部民法典并未包括多少全新的规则，但是"过去的经验，几百年的精神"这样一种产物除外。这些预示着他为民法典所作的庆祝箴言："随着时间的流逝，民法典将会自我完善；严格来说，无人敢说他创造了它们。"波塔利斯是波拿巴（拿破仑）的一个仰慕者：他为拿破仑成为第一执政而庆贺。拿破仑重建了法国秩序，并且幸亏有他，法国在制定了民法典后——用他的话说，成为"财产的守护神"（the palladium of property）。公民对私有财产拥有绝对的权利以及财产取得的多样的方式；主要是由男性家长负责的管理与转让财产的手段；这些是民法典第二编和第三编的基本概念。民法典的第二条轴线是家庭，其主要特征是对夫权和父权的服从（第一编）。

　　民法典的另一个基本特征是它的实证主义，它不但标志了注释法学派的特征而且其产生的卓越的影响贯穿了整个 19 世纪。以下论点对民法典的这些方面给予了充分的赞誉。民法典从未有过一个概括性的理论上的导论，当然也就没提出它的基本原则、内容概要以及法律定义。并且，民法典最初的（导言中的——译者注）六个条款无论如何也没有弥补这些不足。然而提出这样一个导论一点也不困难：波塔利斯的《民法典序论》便非常合适。因此，这种理论的缺乏就是一个有意识选择的问题，而且法案评议委员会对此做出了清楚的说明。普鲁士的法典编纂就被认为过于理论化。在最初构思这部法典的内容时，最重要的是正文要明确具体，同时必须避免任何学理上的冗余。法律条款切忌不可因理论的阐述和讲授变得晦涩难懂。这些观点恰恰与把成文法的绝对首位性当作法律渊源的见解相一致。针对法律的学理解释、判例法（其中法官作为成文法的传声器而沦落成一个消极的角色）以及习惯都要服从成文法的权威。习惯曾经是法律最重要的渊源与表现形式（我们还会回过头来讨论这一点），但它现在却沦为一个剩余的且边缘性的角色。在法律发展的一些阶段，成文法曾经十分暗淡无光，但现在却是重要的（par excellence）法律渊源。

大革命时期产生的理想主义或乌托邦主义已经消逝。民法典的制定则见证了一种清醒且现实的反映。革命政权建立的十年后，由诚实守信的公民组成的新社会这样一幅幻景（其中，道德准则替代了法律规则来调整公民的行为，善意的调解替代法院的裁判），就被彻底粉碎了。康巴塞雷斯于1793年表示要发起一个刻不容缓的全面的改革，那时他表明其有意愿要立刻改变关于学校、道德、习惯、精神以及一个伟大民族的制定法方面的一切。拿破仑法典十分严格地重建了法律和法院秩序，但现在的制度更具合理性，其功能要远比在旧制度下更可计算且更具预测性。

作为实定法渊源之一的自然法规则遭到弃置也可被归入上述的思路。在18世纪，理性法（Vernunftsrecht）是同旧政权做斗争的一个强有力的工具。在大革命期间，自然法常常被援引用来论证新规则和新制度。波塔利斯的理论研究就表明自然法起着非常重要的作用。从另一方面来说，法国民法典拒绝这样一种拿来主义——即全盘采用自然法：从此以后已建立的秩序就是民法典秩序。并且，作为一种与现状抗争的永恒的动力来源，如今所有参考自然法的规则却失灵了。对于这部新法典的拥护者来说，自然法所扮演的角色已经终结。就民法典中涉及的自由与解放来说，民法典所起的作用是有限的。的确有许多原有的负担（尤其是关于封建制度的那些负担）和不平等被废除了，但1804民法典又引入了一些新的不平等。这些尤其可以从以下方面看出：限制妇女参与家庭议事或作为证人的权利，妻子要服从并依附于丈夫，并且保留了丈夫管理妻子财产的权利。如同从工人档案（livrels d'ouvriers）体系中显示的那样，同样也存在对工人的歧视。《民法典》第1781条规定的规则对劳工尤为不利：就拿雇主和雇员之间有关报酬或对等义务所发生的争议来说，雇主总是被认为是守信誉的。⑩

第七节　法院组织与诉讼程序

7　　这部独一无二的民法典的成功之处表现在组织了一套层级的法院体系并于1806年颁布了相应的民事诉讼法典，而民诉法典本身意味着通用的民事管辖权。

旧制度存续的几个世纪以来，司法管辖权是分散的，一些属

---

⑩　用红字标识的《民法典》第1781条"Du Louage des domestiques et ouvriers"规定："雇主对于工资额的事实陈述是可信的，对于上一年度已付的薪水的证言以及对于本年度的预付的工资额都是可信的"。在1803年4月12日颁行的22 Geminal Year XI 法令中规定了工厂和车间必须置备工人档案（livret d'ouvrier）。当雇主在工人的档案里记录下一项否定的评语抑或保留这份档案，那么雇工就意味着被判处失业。并且如果他不带着这份雇工档案迁徙，那么其就冒着当流浪汉的危险。虽然雇工们拥有到法院起诉并主张对雇工档案的追索权，但他们发现自己又不得不面对《民法典》第1781条。在比利时，当《民法典》第1781条和强制性劳工档案在1883年被废止时，这种不公平的局面才在同年得以消除。See J. Bekers, Elaboration des lois, 19'-20' siecle; La loi du to juillet concernant les livretsd' ouvrier', La decision politique et judiciaire ans le passé et dans le present (an exhibition from 15 April to 17May 1975 on the occasion of the colloquium 'Sources de I' histoire des institutions de la Belgique' (Brussels, 1975), 27-64; B. S. Chlepner, Centans d' histoire sociale en Belgique (Brussels, 1958); J. Neuville, La condition ouvriere au XIX siecle, n; L' ouvrier suspect, 2ndedn (Brussels, 1980).

于教会，其他的属于大地主所有。而法典的编纂以一个单一的层级制的国家法院体系取代了这样一个分散的司法权体系。旧制度统治下存在这样一个惯例，即那些活跃在商业和政治领域的杰出人物没有受到过法律教育却掌握着初级法院的司法权。但到了19世纪，除了商事法院外的所有审判权都是由受过大学法学院教育的专业法官来专职行使的。法国最高法院则负责监督制定法的统一适用。

即使超越了1804年的《法国民法典》，1806年制定的民事诉讼法典也要感谢前者。数条1667年司法改革民事法令的措施（我们以后将再讨论此问题）被一字不差地复制了。在有关市民的自由与责任方面，民事诉讼法典也采用了民事诉讼中的一些旧的观念。其中，就政府或法官而言，它们不能主动介入当事人之间的纠纷，除非经由当事人的申请（这样一个原则在德语中叫Verhandlungsmaxime）。预先调解法（The Preliminaire de conciliation）是大革命期间最受欢迎的程序法上的革新，它被1806年的诉讼法典采用并成为一个原则，但它在实践中已不适用。这项新制度的目标在于通过努力达成调解从而避免诉讼：当事人会在事先被召集在一起来进行一场既具建设性又具合理性的讨论。

如同民法典一样，民事诉讼法典也通过了。如同其他"封建法律"一样，1667年民事法令（the Ordonnance civile of 1667）遭到了批评并被1793年10月24日颁布的一部法律废除。这部成文法（相当理想主义化）旨在废止所有正式的法律程序，且为无正式法定程序而行使审判权铺平了道路。1796年民事诉讼法的草案已起草完毕但其文本却从未正式颁行。在执政官（consulate）统治下，1800年3月17日的一部法律确立了一套新的法院体系并且再次引入了1667年民事法令。1806年民事诉讼法典——其中一个最重要的起草者是皮格阿于（E. Pigeau，卒于1818年），虽然它自身保持了许多革命性的创新，但又继受了1667民事法令的体例。有时候，特别是刚刚提到的预先调解法

(the Preliminaire de conciliation),保留这些新制度要比其在实践中的运用更加明显。但其他革命性的成就的确存续了下来,例如任命治安法官,执行合理裁决的义务,减少上诉法院的数量,以及废除秘密讯问证人。

第八节 法典编纂的成就

8　　立法活动的复兴肇始于12世纪,并且随着成文法影响的扩散,不久就催生了对现行生效法律进行系统汇编的需要。在中世纪和近代早期,教会和国家都颁行了这样一种汇编。在汇编立法时,权力机关尝试重新组织、删除或修改一些有时十分不同的规则条文。在公元6世纪,优士丁尼《民法大全》(Corpus iuris civils of Justinian)是新的法典编纂的一个古代典型,其中的第一部法典是1234年教皇格里高利九世的敕令集,最后一个则是由俄国沙皇尼古拉一世1830年颁行的四十五卷本的《俄罗斯帝国法律全书》(Polnoe Sobranie Zakonov),紧接着是1832年十五卷本的《俄罗斯法律全书》(Svod Zakonov)。[11]

对旧的制定法和新的制定法的汇编的确重新整理了法律并使之现代化,但严格地说汇编从根本上不同于法典编纂。相对于法律汇编来说,一个真正的法典编纂是项具有原创性的工作,它必须是作为一个某一特定领域的法律的全面且详尽的规则(例如,民法或民事诉讼法)。此外,一个法典的草案要包含一个协调的

---

[11] 第一卷包括了30个法规与920个条例,这些法规和条例是依时间次序(1649年—1852年)编排的;第二卷是对包含着罗马法元素的系统的指令选择。尽管有沙皇亚历山大一世的不懈努力以及受1804年《法国民法典》作为榜样的启发,俄国在19世纪仍旧没有颁布民法典。

规划和一致的逻辑结构。现代法典从语言表述上应当使绝大多数人都能接受，并且尽可能没有古语和专业术语。这样类型的法典仅自18世纪以后才出现。⑫

理论上有两种体例的法典是可行的：一种法典编纂的唯一目的是对现行生效的法律的重新编排并使之系统化。这样做，一是可以避免完全本质上和完全革命性的革新，二是因其局限于现存法律的秩序⑬和资料，所以能如实地反映过去。从另一方面来说，法典编纂也被视作针对将来的社会变革的一种工具。实际上近代以来所有的法典（毫无疑问在不同发展阶段）都属于后者。在18世纪人们对法典编纂有种迫切的需要，这种需要表现为一种对改革与进步的渴望而不是表现为对现存法律秩序的整理和汇编这样一种期待。民法典的颁行有时是这些开明的专制君主的杰作。这些杰作要么依赖于他们自己的首创精神，要么是为了捍卫他们对家长式作风的信仰，要么就是他们受了启蒙观念的影响。这一时期的德国存在一些这方面的例子。在其他情况下，人民或他们的代表受到激进思潮的鼓舞奋起反抗旧制度，继而决定公布新法典。这些是过渡法律（intermediate law）存在时期中的法典编纂的情形。

---

⑫ 路易十四颁行的一些重要的法令（例如已经提到的1667年的法令），可被认为是特定法域的法典编纂。然而，与此同时，一些学者在构思更具野心的法典编纂工程（例如 Leibniz Praefatio novi codicis of 1678）。纪尧姆·德·拉穆瓦尼翁（我们后面会返回来提及他）希望编写可适用于整个法兰西王国的一部法典，这部法典以不同的来自法国国内的法律渊源为基础，例如法令、判例法和习惯，尤其是巴黎地区习惯法。他的努力并未超过以 Arretes 命名的第一部草稿，这部草稿大约完成于1672年。达盖索也希望制定一部法国的法典，但他的成果仅限于民法领域内若干基本的法令。

⑬ 一个可预料的例子便是美国的令人敬畏的"法律重述"。

第九节　对法典编纂的反对

9　　从 18 世纪起，法典编纂运动席卷了整个欧洲。而今法典已成为以多样性法律制度为特征的欧洲国家法律渊源中的一类（英格兰除外）。即使到现在（人们）也未曾超出这样一个阶段，即建立一个法律委员会研究普通法法典编纂带来的问题。初看起来这个异态非常令人吃惊，因为为法典编纂原则辩护的最有力的倡导者是一个英国人，名叫杰里米·边沁（卒于 1832 年）。英国与欧洲大陆在对待法典编纂方式上的差异在于：在英国，占统治地位的法律渊源是判例法，而且英国的统治阶级中弥漫着对法典编纂的怀疑情绪，因为法典编纂通常与激进的甚至是与革命的思想相联系。同样，法典编纂运动在欧洲大陆也遭遇着阻力：在德国，它在 A F. 蒂堡（卒于 1840 年）（其于 1814 年发表了《论制定一部德意志统一民法典之必要性》Über die Nothwendigkeit eines allgemeinen bürgerlichen Gesetzbuches für Deutschland）与 F. G. 冯·萨维尼（卒于 1861 年）之间产生了一个著名的论争，后者于同年出版了一部批评法典编纂观念的著作（《论当代立法与法学使命》Vom Beruf unserer Zeit für Gesetzgebung und Rechtswissenschaft）。

所有编纂的法典都有其优点与缺点。其中的优点是：（i）法律上的可靠性（legal security）：法典就意味着全部法律。任何不包含在法典内部或同法典内容相抵触的规则都是无效的。法典正文优先于法律学说（学说的观点常常是不统一的）和判例法。这种情况完全不同于在法典编纂之前盛行的情景，那时的法定代理权的规定是混乱的，习惯法本身也很复杂，有时其主体本身也是支离破碎的（其中一些甚至也未以书面记载）；各种各样甚至是完全对立的学说观点;来自不同国家的与数个世纪以来的司法判决。(ii)条文的清晰:即能够查明法律的内容。⑭ 一部法典要能用为非法律人所能理解的语言系统地表述某一学科的全貌。这种特质比起前期是一个显要的进步。在前期法律被表述为含糊难懂的术语,除了起草者本人以外,其他人常常难以理解其拉丁语方式的表述。(iii)一州、一王国或帝国之内的法律尺度的统一。这与在旧法中法令与地方习惯相互间形成的无法解决的纠缠形成了鲜明的对比。

对法典编纂最主要的反对理由就是法典的非灵活性。萨维尼提出了这样的批评,其是历史法学派的创始人。法典(是)契合某一特定阶段法律发展的状况,它的目的在于调整这种情况并使之固定。不具灵活性的法典内容至多是法解释的客体。现在,按照历史法学派的观点,法律是人类历史演变的结果,法律必须调整它本身并使之适应人类历史的演变。由法典编纂带来的法律对社会的调整会导致一个社会内部过度的压力和矛盾。因此每部法典便会造成一种困境:即如果法典不能被修改,那么它便失去了与现实的所有联系,变得过时从而阻碍社会的发展;然而如果法典的组成部分为了适应新形势而不断地被修改,那么法典整体便会失去它的逻辑上的统一性并日益呈现出分歧乃至自相矛盾。这样的危险是现实存在的,因为经验表明,一部新法典的编纂是一项鲜有成功的艰难的事业。

法典论争运动(Kodifikationsstreit)也受到意识形态差异的鼓舞。法典编纂的反对者认为法律是历史不断发展的结果:他们以及他们的首领萨维尼属于保守派。从另一方面来说,法典编纂支持者属于进步阵营:法典编纂的号召意味着与过去的决裂、更进一步意味着对未来的承诺并且破除了法官及其拥护者具有的优

---

⑭ 参见后文第70节。[注释中的"节"(Section)在本书中译中用页边码表示。——译者注]

势地位。在这点上，波塔利斯的态度不言自明。作为民法典的合著者之一，他当然赞成法典编纂的思想，但同时他也意识到法典必然伴有的风险。这就解释了为什么1804年《法国民法典》从旧法中汲取了大量内容，也解释了进行改革时的极度谨慎，同时也解释了为什么前些年对革命的热忱现在却趋于缓和。波塔利斯在最终定稿民法典时也感觉到了危险。为了防止法律的僵化，他制定了以下这些原则：法典不能变得过于琐碎，必须为法官就实践中的个案留有适当的自由裁量权；为了调和社会发展和因法典编纂带来的法律的非灵活性之间的矛盾，法律本身必须是正当的并且合乎自然理性；学术和判例的任务是确保通过对法典的解释从而使之保持生机勃勃。尤其是从这个意义上来说，波塔利斯的名言"随着时间的流逝，民法典将会自我完善"才能被理解。

10   参考书目（略）

第二章
前情：中世纪早期 500 年—1100 年

第一节 这一时期的特征

罗马帝国业已成为古地中海文明（古地中海文明包括南欧、西欧、北非和小亚细亚这些地方）政治上的典型代表。当罗马帝国衰落后，三种新的文明逐渐形成：其一是希腊—基督教的拜占庭帝国（古罗马帝国在其中几乎没有幸存下来）；第二是阿拉伯—伊斯兰世界；最后是拉丁—基督教西方世界（Latin-Christian West）。其是由古罗马人和新近定居在此的日耳曼人组成。在西欧，帝国的权威从第五世纪开始中落。古老的罗马帝国已被几个日耳曼部落所瓜分。在接下来的几百年里，加洛林王朝的法兰克人的国王们、撒克王朝的日耳曼人的帝王们以及他们的接任者都企图恢复罗马帝国昔日超国家的权威，但这些努力毫无例外地徒然无功。

西方新的罗马—日耳曼社会与古代世界的差异不仅仅表现在政治方面。导致罗马帝国垮台的剧变同样也波及到了经济。在中世纪初期的西方社会，城市化进程和货币的流通几乎未曾开始，而农业大体上保持在仅能维持人们生活水平的状态。同样，新的西方文化也不同于以往。这样一种新的文明受到了罗马教廷和拉丁文的统治；新的文明的确从古代文明的残余中借鉴了许多，但它同时也彻底地简化了这些残余的古文明。中世纪初期是欧洲历史的初始周期，其持续到大约公元1100年。在那时，一项新的运动从根本上改变了西方社会，并且这一运动使西方上升到另外两大文明（拜占庭文明和伊斯兰文明）的高度。当中世纪初期渐近终了，西方世界处于一个彻底转变的过程中：经济扩展并且多样；城市重新出现；由理性思想和大学所带来的进步得以巩固。宗教组织和世俗权力变得更为复杂；封建主义处于衰败之中。

第二节 罗马法

12　　罗马帝国的消逝以及日耳曼民族不断增长的影响力对于罗马法的发展起着决定性的作用。往昔古罗马的法律秩序并未完全失效，但是随着旧制度的衰败，它也失去了曾经所占据的支配地位。以下是一些最主要的变化：曾经，在整个帝国的范围内的全体人民都受罗马法的管辖，但是现在只有Romani——原先罗马帝国本土居民的后代，还受罗马法的管辖。而日耳曼民族仍旧保留着自己的习惯法。古代法律文化主要部分的缺失，导致这一时期的罗马法变得越来越远离其典型的范式——即专业法学院、法学学术、国家立法以及判例法这些传统。除此之外，西方世界不再同希腊化的东方世界（Greek East，也即希腊—基督教的拜占庭帝国——译者注）保持着理性的联系，而希腊化的东方世界在它所处的时代对传统罗马法做出了巨大的贡献。这些情形也许补充说明了西方世界智识的贫乏。罗马法被缩小为一个地方的习惯法——即罗马粗俗法（Roman vulgar law），而其曾盛行于意大利和法国南部。罗马粗俗法基于日耳曼国王的命令，并为了罗马

第二章 前情：中世纪早期 500 年—1100 年

臣民的福祉，在某种程度上常常被用于最初的法典编纂。① 优士丁尼（卒于公元 565 年）的学说汇编是古罗马法的最重要的遗产。然而优士丁尼的立法成果并未在西方生效。并且，由于西方世界相互间的隔离状态，以及优士丁尼尝试收复被日耳曼民族入侵的国土的努力遭到失败，在中世纪伊始的前一百年里，优士丁尼的学说汇编仍旧默默无闻。

优士丁尼《民法大全》（这一名称可追溯于 12 世纪）是历史上受到赞誉最多的立法工程。民法大全代表了古罗马法律的终极表现形式，同时也为十个世纪以来的法律进化过程提供了一个最终答案。与此同时，民法大全又给未来的法律实务家们传递了一个信息。优士丁尼旨在编著一部包含帝国法规和经典法学家著作在内的真正的敕法汇集。精心挑选出来的敕法汇集的正文经过修订和系统的编排，然后才被发布和颁行。优士丁尼民法大全由四部分组成：其中最重要的一部分——考虑到它所占的比重和它自身的品质，是完成于公元 533 年的《学说汇编》（以希腊语命名的），也可称为《学说汇纂》。《学说汇纂》包含了对罗马法学家著作的一些摘录，而这些法学家可谓是历代最负盛名的罗马法大师。第二个组成部分是《优士丁尼法典》，其汇集了东罗马的皇帝谕令（imperial constitutions）和敕令。公元 529 年《优士丁尼法典》的第一稿完成，公元 534 年，《优士丁尼法典》经修改后再度颁布。②《优士丁尼法典》随后由优士丁尼新律（Novellae Constitutiones）所补充，这些新的法律是由优士丁尼本人在公元

---

① 《西哥特罗马法》（The lex Romana Visigthorum or Breviarium Alarici）是由阿拉利克（Alaric）于公元 506 年颁布的一部罗马法汇编。Alaric 是一位君主同时也是西哥特人。在罗马帝国灭亡后的几个世纪里，其都是西方研究罗马法的最主要来源之一。该汇编也同样提到了重要的《勃艮第罗马法》（lex Romana Burgundionum），其颁行的日期并不早于 Gundobad 王（卒于公元 516 年）统治的时期。

② 留传给我们后人的只有修订后的法律文本。

534 年至公元 556 年间颁布的。③ 最后，优士丁尼《民法大全》也包含了《法学阶梯》。它颁布于公元 533 年，原被当作学生学习罗马法使用的入门教材。这本著作（并非仅仅指它的标题）主要源自盖尤斯的《法学阶梯》，这个大部头编著于大约公元 160 年。在东罗马帝国，优士丁尼的学说汇编仍然有效：人们在讲授与研究这些法律的同时，不断地评论与阐释着它们。然而，在西方，学说汇编真正在历史上崭露头角，仅仅是从公元 1100 年以后才开始。④

第三节　日耳曼法

13　　在遭受侵略以前，支配日耳曼人的生活的还是其原始的部族法律。这种原始部族法律的基础是纯粹经由人们口头传下来的极其古老的习惯法。在他们新的国度里，这些日耳曼民族法受到古老范式的影响：这些是日耳曼部族法（the leges nationum Germanicarum），（或用德语来说，Volksrechte）⑤，有时也用书面记载下来。然而这些汇编充其量只不过是想用拉丁语表述原始社会法律的一些愚笨的尝试，因为原始社会缺乏一个总的原则和善于分析的传统。这些法令的汇编包含了刑法的一些主要规

---

③ 作为帝国法律的组成部分，优士丁尼新律无疑具有法律效力，随后其很自然地又被编入优士丁尼《民法大全》中。但是历史上不存在官方的汇编版本，留传给我们的是通过民间的汇编版。流传久远的拉丁语版本是《真本》（Authenticum），虽然它的名字容易让人想起这样一种事实——即长久以来人们都认为它是一个官方的或者说是一个"权威性的"汇编版本，但是其制定的日期和起源早已无从考证。而且它也被视为朱利安著作的一个概要，朱利安是东罗马帝国的一名法学教授。许多优士丁尼的法令颁布于希腊，或者同时在希腊和拉丁地区颁布。

④ 参见后文第 29 节。
⑤ 人们也轻蔑地把它们描述为野蛮人的法典。

第二章 前情：中世纪早期 500 年—1100 年

则，这些规则具体表现为：有关固定罚金、对杀人案件和各种各样的伤害案件的赔偿金的详细的标准，以及程序法规则和证据法规则（依然原始且非理性的）。这样的法律如实地反映了古代农耕社会的原貌，而这些法律本身又起源于这样一个农耕社会。其中，最著名的是撒利克法典（lex Salica），Salian Franks 制定的法典，其中最古老的版本大约能追溯至克洛维斯（c. AD 507—511，克洛维斯（Clovis）即法兰克国王——译者注）统治的最后时期。其中，人们会发现"malbergic golsses"——古老的法兰克人的法律术语，且其是以拉丁文记载的。因其是宗教用语且发音像"malberg"而得名，其意思是法庭（mallus）坐落的山冈。

我们也应该论及在法兰克王国领域外的一些重要的日耳曼法典编纂，例如公元 643 年在被伦巴族人征服的意大利颁布的罗瑟里王的敕令。在英格兰，从肯特国王 Aethelberht（卒于公元 616 年）伊始以来的盎格鲁-撒克逊人的国王们也颁布了一系列重要的"法令"（dooms），但相对于其他国家的法律汇编，这些英国的法律是用方言编写的。

欧洲大陆的日耳曼王国，其领域包括法兰克福、东哥特、西哥特和兰巴德，（居民有）统一的日耳曼人和罗马人。罗马本土居民的后代仍然保持遵守着罗马粗俗法，而日耳曼人也遵守着属于他们本部落的法律。这就是所谓法律的"属人"（personality）原则：即不管他居住在何处，也不管他定居地的统治者是谁，人们仍然只服从于其所属民族的法律。因此，在查理曼大帝统治的辽阔的帝国里，除罗马本土居民的后裔外，曾存在的几个日耳曼的民族只听从于他们自己的法律。为了克服由这种复杂的情况所带来的不便，查理曼大帝意图强行使法律归于统一，但却遭遇了失败。直到稍后的一个时期，法律的属人原则才因人们支持法律的属地原则而被弃之不用。法律的属地原则是指：某一地区的习惯法适合于生活在此区域内的所有居民，不管他们源于何种民族。这样的发展与对原民族的忠诚的消退和一种新的政治统一的观念的出现都有联系。这种观念不是建立在民族的纽带上，而是建立在其附属于所在地区的统治者这样一种基础上。

第四节　封建法

14　　从 8 世纪开始，封建法得到了发展并且首先传播于法兰克王国，随后又传播到其他西方世界。封建法是一个独特的法律体系，其与任何民族的法律都无特别的联系。封建法产生于中世纪，并且其产生过程与罗马法或日耳曼的民族法毫无关系。它的一般特性仍然是日耳曼的而非罗马的：人身关系和土地所有权的重要性；国家抽象概念的缺失；成文形式立法的缺乏。封建法是一个持续了几个世纪的法律规定的复合体，尤其是在土地所有权领域。在它形成和发展的四个世纪里，并没有受到任何重要的立法的干涉，也没有受到任何讲授或者学术的影响。封建法的发展主要依靠习惯，有时候也依靠某一统治者的干预。统治者会留心调整某些细节方面的法律问题，抑或关注某一特定方面的革新。封建法（The Leges feudorum）——历史上第一个有记录的封建法律（实际上是伦巴第），直到 12 世纪才出现。

第五节　立法概要

15　　罗马帝国的皇帝们都是伟大的立法者。他们通过颁行谕令（constitutions）和发布敕令，积极地参与立法活动。这些帝王们借助于立法，从而通过解释和列举更多细节来使法律规则更加清楚易懂，并使法律规则的含义明确具体，以及阐明其特定之含义；他们同样也为法律秩序作出了新的指引。但这些立法活动随着西罗马帝国的灭亡而被毁坏殆尽。自然而然地，日耳曼诸王就固有之习惯法加以整理后颁行。并且有时他们也看准时机进行改革，但其主要目标是阐述（set out）其古老的部族法。在这种联系下，立法活动的衰退不能仅仅用罗马帝国的灭亡来解释；它也与日耳曼人对于皇室和法律的观念息息相关。按照日耳曼人的观点，法律不是一种正如皇权所希望的可任其摆布和修改的社会技艺，而是一个永恒的[⑥]事实——即在其基础不被根本性变更的情况下，可被阐明和解释的一种固定的且永恒的原则。人们公认皇帝们有权宣布法律的含义并发展法律原则，但前提是尊重既存的、不容挑战的基础，且这些皇帝们无论如何也不能改变这些古老的法。因此，以下这些现象也就不那么令人惊奇了：贯穿整个中世纪初期，真正的成文法的确非常少见，甚至在随后的立法活动中，统治者通常反应迟缓且犹豫不决。

第六节　立法：法令汇编

虽然整体环境是不顺利的，但法兰克的诸王们在 8 世纪和 9 世纪（尤其是在 9 世纪）做出了重要的立法成就。西罗马帝国的

[⑥] 因此，该措辞 ewa（试比较德语中的 ewing，荷兰语中的 eeuwig 意指"永恒的"）是古代法律的表达方式。

复兴使得立法（"敕令集"）活动成为可能。敕令集⑦由各种类型的法律编排（dispositions）组成，相当于当今所说的术语——成文法、命令、指令和规章。同时代的人已把这些敕令集视为法律实践中的一个重要元素以及这一时期所展现的法律的汇集。它们包含完全迥异的素材。民法较少，但有大量的有关刑法、程序法和封建法律的法律配置，以及行政指令和有关军事组织的命令和规章。因此，这些敕令集反映了统治者试图管理社会、提高执政能力，并在基督教的遮蔽下保护他们最贫穷的臣民（pauperes）免受势力最强大的那些人（potentes）的欺凌。

这些君主们在保护教会的同时又干涉教会的事务。这就致使这些君主们颁布了许多神职敕令（capitularia ecclesiastica）（相较于世俗敕令/capitularia mundane）。虽然这些敕令集涉及的是教会的事务，但这些教会也有其自己的议会并颁布了其自己的法令。在查理曼大帝加冕后，教会利益和国家利益之间的纠葛便成了中世纪社会组织中的一个独特的基本元素。这种情况实际上可追溯至第一个基督教君主，那时他就已干涉教会的事务了。

《补充敕令》（Capitularia legibus addenda）是一个独立的类型：这些敕令集是对国家立法的一个补充，这些国家立法连同这些敕令集的目标便是在帝国境内确立起法律的统一。这些补遗与capitularia per se scribenda（自我证成的敕令）完全不同，后者作为一种独立的配置，并不是对国家立法的一种补充。

除了简洁之外（其内容的平均长度在 10 到 20 个条款之间），这些敕令集在形式上也是千差万别。其中一些是严格按时间顺序适当地编排并且开头有一篇庄严的序言，另外一些则是大致按日

---

⑦ 王室的宪法（capitulare，复数是 capitularia）由若干章节（capitula）组成，且该立法名称应归功于这些"章节"（该名称本身意义不大，因为成文法、条例和宪章常常由条款或"章节"组成）。敕令这一法律术语第一次出现在查理曼大帝（cap. De Herstal, in AD779）统治时期。其存在先于 decretum、edictum、praescriptio 和其他术语被使用时。

第二章　前情：中世纪早期 500 年—1100 年

期编排并且既不包括开头的序言也未包含结尾条款。往往一些敕令集的正文不是由句子组成，而是由一些只得推测其准确含义的简单的标题组成：例如"关于逃亡者，人们对其应盛情款待"。这些是与《巡察敕令》(capitularia missorum) 有关的例子，而《巡察敕令》(capitularia missorum) 则是统治者对非常诉讼 (missi dominici) 的口头指示。王室使者被派遣到全国各地监督法律的适用或者给各地引入新制定的法规则。他们的使命的要点是向当地居民口头传述对法律的解释，所以这些敕令集传留给我们的无非是一本备忘录。那个时代人们的观念是把国王的言语视为能给予一份文件以法律上的强制力的一种实质上的构成要素。与古代的观念非常吻合，在古代，不单是在立法方面甚至在契约和证据方面，言词在法律上的效力要胜过书面。现在给予书面形式的优势效力是历史演进的结果，而这样一种演进只可追溯至中世纪末。⑧

虽然国王颁布了这些敕令集，但这些敕令集并不来源于国王唯一的权力：国王只有获得多数人的共识的支持才能制定法律，多数人的共识意即 populus Francorum（该王国的领导者们）的合意，他们被认为是法兰克人的代表。这些帝王们始终明确地求助于该多数人的共识，但这一现象实际的重要性要依赖于政治局势和各方权力的平衡。当一国的统治者是一位像查理曼大帝一样强大的领导人，那么共识实际上事先就已得到了保证。然而在查理曼大帝的孙子统治的时代里，其名曰秃头查理（Charles the Bald）（其政治地位时常处于极其不安全的境地），这些贵族的意愿就不能被忽视。

在墨洛温王朝时期，敕令集仍然扮演着一个适当的角色。敕令集发展的重要时期恰巧与加洛林王朝时期相吻合，加洛林王朝

---

⑧　这种现象与文化的发展紧密相连；从前，人们从听别人的讲述中获取的知识远远超过从阅读中获取的信息量，甚至连阅读也是以大声朗读的形式进行的。

（的统治者）在公元751年开始登上历史舞台：这一时期为第九世纪，最主要的是查理曼大帝（在他加冕为王之后，他深深地意识到他在立法活动中所应扮演的角色）、路易一世（Louis the Pious，或称为虔诚者路易——译者注）和博得查理统治的时期。但是到了9世纪末，敕令集业已消失了。其起初在东方的国度消失，而后在西方世界也彻底消失。⑨ 事实是，这些敕令集是为整个国家⑩颁布的并适用于整个国度，这就是说这些国王们制定了一部超越各种各样部族法的法律，且该法律是法律统一化进程中的一个重要因素。敕令集之后，欧洲大陆王国范围内的立法消失了；新的尝试仅仅在12世纪才出现。另一方面，在英格兰，君主制政体依旧于10世纪与11世纪颁布了重要的法令（dooms）。英格兰的政治统一解释了为何那里的情势与欧洲的完全相反，而同一时期欧洲王国间的政治分裂正在发生。

敕令集的意义很早就被意识到了，并且为法院实践与其他法律目的服务的法律汇编也被编辑、整理。这些非官方的法律汇编，几乎可以追溯到9世纪至11世纪之间，在其原初形式上仅仅重复了敕令集，并且其条款是按照历史的而不是系统的顺序，尽管一个系统的安排会有确定的优势。有两部汇编非常著名：旺德里尔修道院长（公元827年）安塞吉乌斯的汇编，当作者认为这样更有逻辑时，其中一个源于敕令集的条款有时就被转接到不同的语境之中；Benedict the Levite 的汇编（847—852年），这位使用笔名的作者，将不同的法律渊源（主要是宗教文本）放在

---

⑨ 在西方世界的法兰克王国（预兆着法国），最后敕令集可追溯到公元883年和884年间；在东方世界的国度里（后来的德国）在罗马帝国被瓜分后就再未颁布过任何敕令集；在意大利，从公元875年后敕令集便世间罕有，最后一部可追溯至公元898年。

⑩ 一些敕令集颁布于法兰克王国和兰巴德王国；另一些则只适用于这两个国度（这两个国家在公元774年最终被君合国（personal union）所统一）中的一个（或另一个）。

一个汇编中，目的是补充和继续完善安塞吉乌斯的汇编。the Levite 汇编中的部分文本要么是错误的敕令集，要么是伪造真实的法律渊源；这些伪造多半与教会等级制的问题相关，这也是这位作者的主要关切之一。

第七节 法 学

在中世纪的前一百年里，立法仅仅处于次要的地位。同样，法学在那个时候也并不存在；当时，历史上并未有法律论文（treaty）或职业的法学教学工作的踪迹存在。时常，敕令集汇编往往在作为国家法律正文的底稿中被发现。该汇编专为法律执业者应用而编写，并不受对述评或手册的学理阐述的影响。罗马法思想的一些基本原理是通过诸如《西哥特罗马法》（lex Romana Visigothorum）⑪ 或伊西多的《词源》（the Etymologiae of Isidore of Seville）这些提取了古代知识精华的小型百科全书而为世人所知的。但人们对古代法律文化的这些割裂的痕迹并未进行过学习或研究。总之，能够胜任上述研究的法学院和法律实务家缺失已久。这一时期的原始资料暴露出了对罗马法、有时是对敕令集的无知，甚至在那些工作基本上要求他们要通晓这些知识的专业人员们中也存在着这种无知。因此，几乎找不到一个合格的且独立的作者发表任何关键性的意见，这并不是十分令人吃惊的事情。但这恰恰是任何法学所应扮演的角色。一位杰出的来自里昂的亚哥巴德（卒于 840 年），他敢于批评法律适用中的神明裁

⑪ 参见上文第 12 节，注释 1。

判和属人原则（personality principle）。即使是享有巨大声望⑫的教会法规也未能引起人们对其进行任何理论上的研究或注释：法令汇编的作者们往往满足于对既存法律规范的收集整理，而由教皇或理事会（councils）（尤其是法兰克理事会）颁行新法规这种现象却极为罕见。

因此，这一时期的法律本质上仍保持着口述的方式，其主要渊源是习惯。王国内的法律是不统一的，但又不同于最初讲到的一个部族一部法律，也不同于随后的世纪里所提及的一个地区一部法律，除了敕令集以外，仅有的超国家的法律是罗马天主教会法。这一法律适用于整个西方世界，但其重要性多体现在教会行政事务方面。这些法律渊源都未能成为法学研究或学术评论的对象。

法庭与诉讼程序

18   如同下列要点所显示出的，中世纪早期的法院同罗马帝国晚期的法院体系毫无相似之处。可能上诉于罗马的法院等级制已经消失，随之被一个地方司法管辖权的体系所替代，即在作为法兰克人王国的郡（pagus）的马罗西（mallus）。这种体系中既不包括一个中央的管辖权，也不含有任何上诉程序。罗马帝国晚期的职业的官方法官被一种没有法律教育背景或特殊职业资格的临时法官所代替，例如墨洛温王朝的领主法官（rachimburgii）。然而，从查理曼大帝统治伊始就不得不诉诸永久性的法官（scabini，高级市政官），虽然他们还不是职业法官，但至少给审判工作带来了更大的稳定性。法兰克的君主政体至少在它的中央

---

⑫ 狄奥尼修斯于公元489年—501年编写了一部法律汇编，随后法兰克王国的查理曼大帝认可了该部汇编。这部法律汇编通称为 Dionysio—HADRIANA；Hadrian I，于公元772年在罗马将其呈递给查理曼大帝，随后于公元802年由查理曼大帝在Aix—la—Chapelle宣布这部汇编为适用于全帝国的权威性的官方法律汇编。

第二章 前情：中世纪早期 500 年—1100 年

集权政策与司法裁判权的统一方面取得了一定程度的成功。裁判权的统一是通过把本应提交给作为最高级别审判官的国王审判重要案件的权力，委托给国家法院——宫廷法院（comes palatii）行使；以及借助国王的名义通过巡回钦差监督的方式来监督地方法院的管辖权。

封建法律的发展产生了一个平行的封建法院系统，并列于不同地区的古代法院组织（pagi counies 和较小的区域）。一个领主的封臣基于他的主宰地位（presidency）端坐在封建法院解决有关他们封地上的一切纠纷（例如继承权纠纷），或者解决他们自己间的纠纷（例如封臣之间或领主与封臣之间的纠纷）。在分封制度[13]下同样存在着对庄园（manors）问题有司法管辖权的庄园法院（seigneurial courts）。为了给出全貌，我们也应提及教会法院和（在后期的）市民法院。审判组织（如果能被称为组织的话）的多样性和分化一直延续到旧制度的末期。

中世纪早期的法院和法庭采用的程序毫无疑问地不同于罗马帝国晚期的非常诉讼（extra ordinem）程序。那时，人们要么在圣地旁的露天地里，要么端坐在山冈上、大树旁或山泉边公开审理案件。人们积极参与审判工作并对法官提出的判决表示同意或不同意；审判程序是口头的，很少使用书面形式；既没有书面记载的备忘录或辩护程序，也无档案保留；案件从本质上来说是当事人之间的纠纷，其中司法机关扮演的角色仅限于对案件形式方面的控制以及对一方当事人胜诉的简单认可。对程序这个概念最为形象的表达无疑就是法庭上的决斗，这一决斗只不过是一场目的在于解决纠纷的制度化的争斗。

证据的形式在很大程度上来说也是不合理的。如同在法庭上的决斗以及其他神明裁判中那样，法院审判往往借助于神或超自

---

[13] 这是一种基于大块土地的农业社会生产关系。这一社会在经济和社会秩序方面有其典型特征，因为从经济上来说它是剥削经济，从社会秩序方面来说，贵族和大地主又管理和统治着这一社会。

然的力量，以及一方当事人及其支持者所做的誓言。借助于用文件或证书证明以及人证形式的合理证据并未包含在内，但是通过使双方当事人的证人相互质证的证据形式发展不佳，且极其形式主义。当双方当事人的证人拒绝撤销他们的证言，那么法官就会发现他面临一个尴尬的僵局，一场决斗可能是唯一的结局。总之，法官对当事人或证人——也许他们已暴露出自相矛盾的说法，并不进行任何关键性的调查。与这种纯粹地机械的证人对质的支持与反对相反，皇室调查（royal inquistio）更贴近于真相。调查（inquistio）是加洛林王朝的一个创新，具体表现在皇室代表对某一地区的居民审问时要求其发誓。这一创新主要涉及国王或教会拥有利益的土地方面的纠纷。它（与纠问 Inquistion 不同，起源于 13 世纪，它的目的在于镇压异教徒）是刑事和民事诉讼方面的陪审制的历史渊源。

第八节　评　价

19　　每一个时代都有其适配的法律。因此，很自然地，中世纪早期西方世界便拥有一部适应于新的政治、经济和智识发展形势的法律；司法体系虽然是支离破碎的，但其却正好适应农耕社会和战争现实的需要。这一时期的法律不可避免地缺乏复杂性，缺少理论和一般原理的指导并充斥着不合理的和有关神明的因素，并且缺乏博学的法学家或专门的法律职业者。大约从公元 1100 年开始，西方社会最伟大的变革无疑就是新型法律秩序的发展。中世纪早期的伟大事件留下的印记并不能被随后几个世纪里发生的事件完全地抹去，人们仍然能时常发现它存在的印记。欧洲大陆的法律二元论的特征，指的就是中世纪早期罗马法—日耳曼世界文化二元论与罗马法和日耳曼法的并存。⑭ 在一些国家，例如英格兰（古罗马文明的遗产在那里全然消失）以及成功避免罗马化的莱茵河畔地区，教会法是法律实践中仅存的罗马法元素。另一方面，在地中海国家——特别是意大利，罗马法仍旧是法律秩序的基础（即使不低估伟大的伦巴第民族所做的贡献；在意大利北部，长久以来伦巴第人对法律实践就施加了很大的影响）。法国是一个特例：一方面在法国南部，大约相当于现今的郎格多克一带，法律的日耳曼化（Herrensiedlung）只是表面现象，其仍旧保持着罗马法的主要原则；另一方面，在法国北部（该地区后来才说法语），伴随着日耳曼民族（Bauernsiedlung）的大规模入侵并随后占领该地区，罗马法从这片领土消失了。因此，直到旧制度的末期，法国的法律仍旧是不统一的。被习惯法统治的北方地区，法律的基础是日耳曼和以口头形式留传的封建习惯法；在南部成文法地区（"成文"是因为法律被记载于《民法大全》以及博学的法学家的著作中），罗马法仍然存在着。不同婚姻制度的持久性阐明了这样一种法律的划分法：在习惯法地区，遵行的是共有财产制的日耳曼法制度；而在南部地区，仍保留着罗马法的奁产制。

这一时期的古代法律的一些特征伴随着更先进的社会发展而消失了，但是离现在越近，那时法律的一些特征越应受到肯定。例如，审判工作的口头和公开的特点在近代遭受了相当程度的压制。然而如今，这些原则中的民主和非官僚的特点再次得到重视。

参考书目（略） *20*

---

⑭ 这是由比较法学家 R. David 提出的"罗马—日耳曼法系"这一表述的基础，Grands systemes de droit contemparain（Paris，1969 年），是为了描述西欧的法律（这一表述本身是与普通法系、社会主义法系和宗教法系相并列的几种重要法系中的一种）。

第三章
欧洲和罗马—日耳曼法 1100 年—1750 年

第一节 这一时期的特征

在 11 世纪末,西欧社会最终脱离了古代的封建和农业社会结构,这一结构正是中世纪早期的典型特征。西欧社会在这一转变的过程中创造了一些重要进步。主权国家形态成为这一时期政治组织的主要表现形式,并且这一国家形态的标志是近代早期的君主专制。在中世纪晚期的社会生活中,各种各样的社会阶层试图通过"财产"(estates)的代议制获得对权力的共享。11 世纪末只不过是国家在历史演变过程中一个过渡阶段,并且在那一时期,大城市也纷纷在政治上独立。民族(国家)权力的涌现是以罗马帝国的重新统一为代价的,因为它妨碍了德国试图恢复罗马帝国曾经拥有的普遍权力。同样,民族(国家)权力的发展也意味着封建领主权力削弱到与中央政府宣示和加强自身权力的相同程度。

教会组织也具有与之相类似的中央集权的趋势。这时,权力集中在一个超国家的水平上,并且在教皇的指引下形成了一种官僚的且层级分明的教会组织。

封闭的、本质上为农业采邑制的经济被市场经济所替代。这一替代的过程是由国际贸易和工业的发展、强势的资本流通以及金融制度所支撑着的，换句话说，经济活动的更新和蜕变通常都是由众多城市的增长作为其助推器。尽管有与社团主义和重商主义相联系的阻尼效应（dampening effects），但自由企业（free enterprise）仍然是新经济的推动力。因为受到城邦或独立的城市共和国经济实力的限制，中世纪后期的资本主义企业的规模仍然是适度的。然而，从近代早期开始，资本主义就能调动整个国家的资源并使之在全球范围内运作。经济的扩张反映在城市化过程中：中世纪大型城市的人口仍然在十万人左右，但是到了近代早期就达到了一百万人。这样的社会后果是一目了然的。都市商业在贸易上的成就对乡村经济的发展起了带头作用；人们从社会中获得的解放也超出了城市范围从而达到整个国家。城市以及它们的自由民通过施加这两方面的压力，因而对农奴制的废除作出了决定性的贡献。并且，由于农业已经变得商品化，因此旧的采邑制经济和社会结构早已消失。

这一时期，智识方面也有重大进展。社会整体的文化水平有着显著的增长，尤其体现在读写能力和对本国语言的书写能力的提高上；理性的思想不断地发展。也正是在这个时候，大学开始出现并迅速扩展至整个欧洲。这些大学本身便拥有具有古代希腊罗马特点的伟大的哲学和法律著作为基础的学科。这些古代的思想引起了人们强烈的研究热情，并在文艺复兴期间达到了顶峰；随后这一热情便又被近代科学的研究方法所代替，其是基于实验的，并且使其本身从权威的论调和教条中解放出来。

第二节 公元 1500 年前后：这一时期的延续性

本章节涉及的这一时期大约到 18 世纪中期为止。因此，本章就忽略了大约在公元 1500 年中世纪与近代之间的传统的分期和常规的断裂。① 的确，传统的分期符合这些重要的历史变革：中世纪的教会统一性的破裂、专制主义的上升和伟大的发明。我们绝对不应误解这些变革产生的作用。此外就是强调，中世纪和近代之间的连续性对于我们来说变得更加重要了。民族主权国家的兴起无疑产生于中世纪的最后一个世纪，并且在近代达到其顶峰。对专制权力的批评和抨击成为一项重要的政治议题也只是肇始于 18 世纪（除了开始于 17 世纪的英国）。教条的基督教也在中世纪幸存下来：虽然基督教教义的含义往往是有争议的，但教义本身也不可能将自己放置于一种受怀疑的处境中。然而随着 18 世纪启蒙思想的传播，基督教的禁令就丧失了其全部的意义。由于对能源中可利用的资源的不完全利用产生的限制阻滞了经济发展，这种情况一直持续到工业革命时期和蒸汽在工业中被广泛运用的时代。旧制度下，工业生产和运输不得不使用原始的手段：人力、畜力、水力和风力。饥荒和流行病的演替是中世纪一个恒定的特征，一直持续到公元 1500 年以后很长一段时间。

在 18 世纪的进程中，发生在不同领域内的基础性变革深深地改变了古代的社会制度。工业革命带来能源产量的巨大提高，为大规模生产奠定了基础。与所有可以被称作前工业化的时期的历史相比，工业革命和科学进步塑造了近代技术化和工业化的时代。

启蒙（Aufklärung）预示着一种新的思维模式与有关人类和世界的新的概念：即从现在开始，一切的基础是人的理性而不再

---

① 许多历史学家对传统的分期感到不满，他们主张与在发生公元 1500 年左右的那次断裂的重要性相当，同样重要的断裂也发生在公元 1100 年左右。因此他们打算把中世纪区分为早期和晚期。另外一些历史学家则走得更远，这些人把古代（指中世纪以前的时期）以后的欧洲历史分为三个阶段：古代的欧洲（直到公元 1100 年）、早期的欧洲（直到 18 世纪）和工业时期的欧洲。这一周期化依照的特别是 Zeitschrift für historische Forschung. Halbjahrshrift zur Erforschung des Spätmittelalters und der frühen Neuzeit，该杂志创办于 1975 年，其中第二周期被称作"早期的欧洲时期"。

是神启的宗教。因为旧的社会结构与有关世界的宗教观念有着密切的联系，所以朝向理性观念与科学发现的启蒙运动意味着对十个世纪以来的欧洲历史的决裂，同时它也为一种新的哲学和新的社会筹划着道路。君权神授就是一个例子。新思想的典型正好攻击专制主义的政体，因为专制主义政体往往沉浸于教条主义中，而这些教条现在被公认为是过时的而且与个人的自由相违背。在欧洲，旧的政治制度依然设法残存到 18 世纪末；仅有的例外是英格兰，在那里，专制主义在 17 世纪末遇到了决定性的倒退。在一些国家，旧的政治组织的持久性也是能得到解释的，因为这些国家的君主们赞成追求现代化政策的启蒙思想。在另外一些国家，特别是法国，由于其政治上存在的巨大惯性，所以仍保留着君主专制。伴随着更多的暴力，现代化进程对法国的冲击姗姗来迟，并最终导致了对旧制度的破坏。这一破坏的过程首先发生在法国，随后又发生在欧洲的其他国家。

第三节　法律的发展：纲要

在私法发展的进程中，15 世纪、16 世纪间并未产生一种显著的断裂。正是在大约公元 1500 年，德国对罗马法的继受出现了；几十年后，荷兰也开始承认习惯法的效力；并且我们可以看到在 16 世纪占统治地位的是人文主义法学派。然而所有这些现象（将经过详细的调查研究），只不过是法律漫长演变中的一个阶段，而这个演变过程又能追溯至中世纪。罗马法的继受是 12 世纪罗马法复兴的结果，而且仅仅是几个世纪前发生在全欧洲的日耳曼习惯法和学术（learned）罗马法相互影响的诸多表现形式中的一种形式。同样，法律人文主义也只不过是整个欧洲古代法律趋同化历史进程中的一段新的插曲。至于说到习惯的减少并使之转变为成文法这一过程（法国在 15 世纪颁布了第一条法令），除了对基本问题的内容存在共识，其并不能得到人们的理解。并且这一过程从中世纪以前便预先占据了当权者和法律实务家的心灵："到底还有没有必要保存习惯法？"，为了领略发生在旧制度下的欧洲有关这一重要问题的意义，我们应该注意以下要点。

一旦习惯法不再能满足社会的需要，那么人们对法律现代化过程的需要就显得越来越紧迫。这一现代化的过程或者可以通过对"本国"法律的内部改革来实现，或者可以通过对现有法律体系的继受来实现。而后者往往意味着更复杂但能更好地契合新的需要：到头来就成为罗马法。在人们试图对传统习惯法进行现代化改进并吸取学术性的理论（learned doctrine）的过程中，欧洲国家尝试过两种方法。因此，古老的欧洲法律便可称之为罗马—日耳曼法系。然而，以上两者的并存以及它们对彼此的影响，在不同的国家中有着非常大的差异，这在欧洲十分典型。德国便是对共同法大规模继受中的一个极其典型的例子；相反，英国习惯法便是拒绝继受罗马法的一个最激进的例子。[2]

在经历几个世纪的传播后，共同法最终于 16 世纪在欧洲大陆不同的国家和地区确立了自己的地位。人们预期这一确立的过程首先会发生在地中海区域和德国。因为在地中海区域，共同法在中世纪就获得了支配地位；在德国，共同法也被官方引进。然而，在确认习惯法生效的地方，可以观察到一个类似的发展过程。若干因素可以阐明罗马法在习惯法地区传播的原因：在那里，法学研究完全受共同法的影响；审理案件的法院充斥着受过以罗马法为基础的大学教育的法律实务家；习惯本身（一旦被认

---

[2] 但是必须强调的是，即使德国继受了罗马法之后，旧的日耳曼法（其中最重要的是撒克逊法典）并未失去它在司法实践中的重要性。同样，在英格兰，习惯法虽然是英国法的主要组成部分，但其也不是唯一生效的法律体系；在相互并行的法院中，例如，在衡平法院和海事高等法院（以及明显而易见的教会法院），共同法（learned law）仍然适用。见后文第 38 节。

可）常常把罗马法视为有限的辅助角色。16世纪和17世纪是政治专制主义的典型时期，同样也是近代罗马法的经典时期。但是那一时期的罗马法本质上还是一个学术上的法律体系，一种"大学教授的法律"。罗马法对不具备专业知识的公众来说不容易靠近且不易理解。在实践中，它往往按照官僚主义的程序被秘密地实施着，其目的在于使之避免与这些作为法律适用对象的人们有直接的接触。

法律的含义常常是含混不清的，并且法律的确定性也让人难以捉摸。当人们把习惯用书面形式记载下来的时候（起初记录这些习惯是人们自发的行为，到后来便成了官方正式的命令），这对于法律本身是一次重大的进步。但是，这些书面版本的习惯是非常不完善的，并且其不得不由共同法加以补充和完善。但在那时，共同法本身（这并不是法律职业者所面临的困难中最小的之一）是由大量法律成果所组成的。然而，这些法律成果往往过度冗长，并且它们由数不清的彼此观点相互矛盾的法学家所著述。那时虽然在立法方面也有一些进展，但是直到18世纪中期人们也没制定出全面的法典。其中一些成功的努力要么只局限于法律某一特定领域中的相关法令（当然，其中有些也非常重要），要么就是对中世纪和旧制度以来不同时代所颁布的成文法一些简单的汇总。随着支持现代国家法院制度的商人自治法庭（corporate courts）、教会法庭和市民法庭所起到的一步步限制的作用，从中世纪遗留下来的司法权的种类已经缩减。但是这些限制未能达到从现实上对以上所说的司法权完全消除的目的。然而，计划建立一个在中央政权控制下的合理的法院制度远非实际上所能实现，并且这一过程往往会遭遇强烈的反对：由约瑟夫二世尝试引入奥属尼德兰的开明改革在尼德兰那里引发了革命。

18世纪标志着欧洲旧的法律秩序的结束，各种各样的因素导致了它的消亡。这些因素有：首先是对旧制度，尤其是对罗马法的拒绝服从；其次是对基于理性或由理性规定并构思的社会和人的本质的新的法律秩序的探寻；再次是法典编纂思潮的胜利；最后是使封闭且神秘的法律和正义的世界变得易于接近和民主的那种意志。

第四节 习惯法

普遍的发展

24 　　习惯起初是古代欧洲法律最重要的渊源，并且在接下来的几个世纪里它仍发挥着重要作用，特别是在法国北部和荷兰南部这些习惯法地区。在旧制度实行期间，习惯法发生了深刻的改变，尤其是在以下几方面。习惯法在不断地趋向于更进一步的统一：在前加洛林王朝时期，由于封建残余势力和城邦的独立的缘故，存在过许多当地的习惯和区域性的习惯。习惯的多样性随着法律的集中和统一的过程而日益减少。亨利二世（1154—1189年）统治时期的英格兰，皇室法院已经创造了一部通行全国的习惯法——普通法。普通法对于整个英国来说是"通用的"，但与居于次要地位的地方习惯相比，却完全不同。[③] 在其他国度，法律的集中现象并不那么激进，因此习惯的多样性虽然在减少但并未完全消失。在法国南部，罗马法的复兴成了极早一个时期的法律实践的共同基础。另一方面，在法国北部，虽然"巴黎习惯法"的声望和影响导致习惯法的相对规范化，但起码在北部地区，习惯仍然更强韧地生存着。在荷兰南部，对于习惯的法律认可导致许多习惯的消失以及习惯法的相对（本质上是区域性的）统一化。

[③] "普通法"这一术语现今也有其他的含义，尤其是指法官造法，也就是说，与由议会通过的制定法相对比的，基于有约束力的先例的判例法。

第三章 欧洲和罗马—日耳曼法 1100 年—1750 年

当然也有一种把习惯用书面形式记载下来的日益增进的趋势。初看起来这本身毫无疑问是一个矛盾，因为习惯的优秀特质是其在它本身存在或消失时所特有的灵活性、适应性和流动性。④ 然而一旦把习惯法规转化为书面形式，那么书面形式的习惯便具有它自身的生命力且呈现出某种持久性：书面形式使得习惯的内容得以确定，并限制了所有更进一步的修改。这些效果体现在法律执业者自发的对习惯的私人汇编中，并且在官方宣布习惯法的效力之后，官方对习惯的正式汇编标志着这一发展过程的完成。这一过程的最终产品，即通常所说的对习惯的收录或者说"确认"，是一种混合的法律渊源。一方面，成文习惯是习惯法。也就是它们是怎样呈现的，事实上它们是根据基于一些见证人所作出的陈述所编著。这些具有对当地习惯法有着切身体验的见证人印证了他们的习惯的渊源。另一方面，这些收集来的习惯正文在经过中央政权的修正后才得以颁布，随后法院不得不适用这些经过确认后的习惯法并排斥着所有其他与其相对的习惯的适用。由于对颁布后的习惯法的修改或变更是罕有的事（历史显示出的那样），这些确立后的习惯法正文更类似于一部成文法。因此，经认可的习惯法代表了一个过渡时期，即在自发形成的且在中世纪初期得到发展的真正习惯和在随后时期存在的制定法之间的这一时期。

在荷兰，其当局显然受到 15 世纪法国范例的影响⑤，查理五世于公元 1531 年颁布法令确认了习惯的法律效力。查理五世

---

④ 一个习惯的表象往往经由司法调查确认：根据一些中世纪的讲授，两项判决足以证明一个习惯的存在。

⑤ 查尔斯七世于公元 1454 年颁布了 Montil—lez—Tours 特别法典；菲利普公爵于公元 1459 年就已确认了勃艮第习惯的法律效力。在改变了方法以后，主要在公元 1497 年以后才开始进行对习惯的官方汇编；在公元 1500 年和 1540 年间，大约有 600 个主要来自法国北部和中部的习惯以书面的形式确定下来。随着对习惯所进行的改革，公元 1555 年至 1581 年间法律编纂变得很流行。经改良后的习惯其效力一直持续到旧制度结束，在 17 到 18 世纪间，人们几乎没有进行过新的法律编纂。

的命令显然适用于荷兰全部十七个省份,正因为如此,我们没有理由预言在菲利普二世统治的地区会发生分裂。对习惯进行官方认可的这一计划进程非常缓慢。官方的命令也不得不被重申了好几遍,第一次是由查理五世,然后是菲利普二世,再后来是艾伯特大公和伊莎贝尔大公。认可习惯的过程中存在着不同的步骤:首先必须先由地方当局提出一个草案;这个草案随后经由省级的(地区的)议会或者由法院进行合理性审查;然后再由设在布鲁塞尔的枢密院委员会(Conseil privé)再修订;最后才经统治者批准并以法令的形式颁布确定的文本。除了一些例外,并未有任何代议制机构(例如州议会)参与认可习惯的过程。

总共有 832 个习惯用书面记载下来,其中有 96 个获得了官方认可。正是因为对官方认可的习惯法的有效实施只是从 16 世纪下半期才开始,也是因为那时的政治环境使北部省份的人们难以执行皇室训令,所以经认可的习惯中大部分来自南部省份。⑥ 对习惯的认可这一计划的目的在于提高法律的确定性,并且这一目的基本上实现了。其中一些对习惯的汇编事实上是生效的法典,例如 1608 年的安特卫普习惯法(非正式认可版本),这一习惯法包含了多达 3 823 个条款。但是其他大多数的汇编的内容是适度的。为了弥补习惯法中的不足之处,共同法(也就是罗马法和教会法)被宣布强制地适用。这就是我们所说的"书面形式的习惯法"所起到的补充角色的用意。即使是在对习惯的编纂和修订的过程中,共同法总是想方设法地影响汇编正文中采用的法律术语,并且有时也对其实质内容产生影响。对习惯进行确认的进一步的目标是统一法律的适用,但是这一目标仅仅在很少的局部地区才得以实现。在一些省份,主要在那慕尔、卢森堡和弗里西亚这些乡村地区,覆盖全省的习惯才

---

⑥ 因此,在荷兰,习惯是不被官方认可的。在 17 世纪,学术研究通过创造罗马—荷兰法,从而填补了这一缺口。

被颁布，所有本地的地方习惯都因此被废除。在埃诺和阿图瓦，省级的习惯效力要强于当地习惯。然而在弗兰德斯和布拉邦特，很多不同的并且相互独立的习惯在全省"通用的"习惯法缺席的情况下继续存在着。⑦ 尽管废除了差不多 600 种习惯，荷兰仍旧保存下了大约 100 种官方认可的习惯和超过 800 种以书面形式记载下来的习惯；因此对习惯进行的官方认可起到了减少法律支离破碎的作用，并且它同时也为保持习惯的多样性一直到旧制度结束做出了贡献。

习惯变成了法律学术研究的主题，这一现象当然影响到了习惯原有的自发性特征。其中最主要的是经官方认可的习惯"遭受"了这样一种待遇（即成为学术研究的对象）：尽管这些法学家的研究成果主要受到他们曾经所学的罗马法原理的启发，但这也并不值得他们对这些获得了成文法效力的新的"书面形式的法律"作注解。欧洲大陆地方性和本地习惯法的编纂与记录出现于 13 世纪。在早期的著作中无法查明共同法的线索，但是很快，大学课堂中的讲授在不同程度上反映出了共同法的运用。当习惯成为或大或小（程度上）基于对罗马法的学术研究的附属品，习惯的灵活性和简明性便不可避免地丧失了。下面的章节阐述了法国和荷兰的主要的习惯法研究成果。

中世纪法国"习惯法"

法国于 13 世纪最称得上著名的习惯法著作（coutumiers，又叫习俗惯例集，其在法国法中指对于习惯不成文法和诉讼程序的汇编——译者注）出现于菲利普大公时期。其大约写于公元

---

⑦ 在弗兰德斯，227 种习惯以书面形式被记载下来，并且 37 种得到了官方认可；在布拉邦特和林堡，这一数字分别是 124 和 8。

1279年至1283年间。⑧ 作为皇室法庭裁判员，该作者首先是一个法律职业者，但他大概也在大学受到过教育。他对有关博韦（Beaubaisis）习惯法以及弗蒙多瓦（Vermandois）和巴黎习惯法的描述，表现出他不仅条理清晰而且学识渊博。他在文中不仅引用了判例法——尤其是巴黎地区的判例法，而且有有关罗马法和教会法方面的共同法。博马努瓦尔是这一流派的创始人，并且他在对习惯法进行系统阐述和体系化方面所做的尝试相当成功。他的著作用法语写成并被用于日常法律实践当中。他的这些努力对于大范围传播共同法中的专有名词、原则和法律学说起到了促进作用。

另外两个重要的习惯法著作出现在14世纪。第一部主要涉及巴黎地区习惯法，第二个是有关法国北部地区的习惯法。雅克·阿布莱热是国王在不同地区的执行官。他是号称法国最负盛名的习惯法著作《伟大的习惯》（Grand Coutumier）的作者，这部著作完成于公元1388年。这一盛名（是一个新近的词汇）是一种误导：总的来说，阿布莱热在他的著作中并未涉及全法兰西王国的习惯法（总之习惯的多样性使得作出那样一种论述是不可能的事），但他的著作中论及了巴黎以及周边地区的习惯法。后来，巴黎以及周边地区的习惯法在制定适用于全法国的一般法律时扮演了重要的角色。阿布莱热著作的素材来源于夏特莱（设在巴黎的初审法院）判例法和巴黎议会，但与此同时，他也利用了他自身的司法经验。总之，他的著作是极其有影响力的。⑨

---

⑧ A. Salmon于1899年至1900年编著的现代版有两卷，再版于1970年，最终版本有三卷；G. Hubrecht, Commentaire historique et juridique (Paris, 1974). P. Bonnet—Laborderie (ed.), Actes du colloque international Philippe de Beaumanoir et les Coutumes de Beauvaisis (1283—1983) (Beauvais, 1983). 这一著作是如此之好地表现了古代中世纪的法律的特征，以至于Hiroshi Hawawa在1971年将它翻译成了日文；在日本，人们对西方的封建主义曾有过浓厚的兴趣。

⑨ Modern edition by E. Laboulaye and R. Dareste (Paris, 1868).

第三章 欧洲和罗马—日耳曼法 1100年—1750年

让·鲍泰里亚也是一个皇室代理人,他在图尔奈任职(连同其他地方一起)。图尔奈是法国的一个皇家自治市,让·鲍泰里亚是这个城市的议员和行政长官。他的《乡村习惯法概论》(Somme Rural)大约写于公元1393年,是描述法国北部习惯法的一部著作。同时,对于没有大学教育背景的一般读者来说,《乡村习惯法概论》也是一部共同法的入门书籍。让·鲍泰里亚的意图是写一本能为生活在乡下的人所易理解的普及型的书籍,以至于他把这本书命名为《乡村习惯法概论》。但事实上,这本书由于是用法语写成,结果立即使之不同于同时代的著作,因为同时代的著作通常都以拉丁文呈现。鲍泰里亚的素材来源于罗马法和教会法,以及来自他亲身实践或从高级法院审判记录中搜集的为他所熟知的判例法,尤其是巴黎地区的判例法。这本用大白话所写的共同法入门书籍被证明是有益和受欢迎的。由于鲍泰里亚的这部著作中所考察的习惯法接近于荷兰习惯法,因此这部著作在荷兰获得同样的成功并不令人惊讶,不久该书在荷兰出版并被翻译为荷兰语。⑩

当代的法国评论家

习惯法的传统在16世纪仍在延续着。这一传统以杜墨林(卒于1566年)的著作为标志从而达到了顶峰。杜墨林是研究法国习惯法方面最杰出的学术评论家。杜墨林也是罗马法方面的专

---

⑩ Editio princes:Bruges,1479(多次重印);首部荷兰语版:Delft,1483(同样再版多次)。在缺少当代评述版的情况下,较好的版本是出自L. Charondas le Caron之手的刊印版(巴黎,1603)。关于Boutillier,请参见G. van Dievoet, Jehan Boutillier en de Somme rural (Louvain, 1951); R. Feenstra. 'La source du titre des droits royaux de la "Somme rural" de Boutillier', Revue de Nord 40 (1958), 235 - 244; R. Feenstra and M. Duynstee, 'Les "cas brief selon le droit civil". Annexe de la Somme rural de jean Boutillier empruntee aux "Casus legum" des Decretales', Revue d'histoire du droit 51 (1983), 365 - 400。

家，他在研究罗马法方面贡献了几部原创作品，而这些作品正好验证了他作为一个天主教徒所具有的特质。⑪ 但是他将其主要的学术精力放在了习惯法方面：在这方面他的一个恢宏的构思是通过阐述巴黎地区习惯法的原则从而统一全法国的习惯法。杜墨林这一基础选择的意义也只有通过考量习惯法和同时期其他国家共同法之间的关系才能得以理解。德国和苏格兰业已选择了推广共同法。大体上来说，前两者的解决方案如被法国采用也将会同样具有优势，因为在法国，共同法方面的研究水平毫无疑问胜于习惯法，并且制定法在法国南部的国土上普遍适用着。杜墨林仍然反对采用罗马法作为法国的普通法，然而他也确信有必要统一法国的法律，并且打算以法国的习惯法和制定法为基础从而使之统一。这一普适的法国法的形成并非以共同法（欧洲共同法）为基础，而是来自法国习惯法的共同仓库：consuetudines nostrae sunt ius commune（一个源自1539年他的封地的词语）。⑫

当然，杜墨林对罗马法的保留主要是在政治方面的：罗马法是罗马帝国的法律。在杜墨林生活的时代，哈布斯堡皇室统治下的罗马帝国是法国最可怕的敌人。对这一原则的反对又加入了正当的理由：习惯毫无疑问是不完善的，但是罗马法自身也不能堪称是完美的。人文主义学派的著作使人们了解到民法大全只是人类历史的一个产物，法律实务家此刻也愈加意识到它的缺陷。博学的人文主义者也已揭示其被中世纪的评论家误解了多少，而这些评论家在16世纪仍然非常有权威。布德（Bude）在其《学说

---

⑪ 尤其可参见债权法方面的著作，这方面的著作是民法典学说的一些基础。（参见《民法典》第1217-1225条以及相关可分和不可分的债务理论）。J.-L. Thireau, 'Aux origines des articles 1217 a 1225 du Code civil：l'extrication labyrinthi dividuiet intividui et individui de Charles du Moulin', Revue d'histoire du droit 15 (1938L) 51-109。J—L Thireau, Charles du Moulin (1500—66) Etude su les source, la methode, les idees politiques et economiques d'un jurist de la Renaissance (Geneva, 1980).

⑫ 同样可参见 Oratio de Concordia et unione consuetudinum Francie（遗著本，1576）。

汇纂第 24 卷附注》（Annotationes in XXIV libros Pandectarum 1508）中为这些误解列出了一个清单。登厄鲁斯（卒于 1591 年），他在其 1589—1590 年的《民法评注》（Comentarii de iure civili）一书中，甚至严肃地表示对优士丁尼法律汇编持保留态度。如果罗马法是不完美的，就本质上出于普遍理由的优越形式来说，那为什么我们应该为了罗马法而牺牲法国法的传统呢？另一个法国法学家弗兰西斯·霍特曼（卒于 1599 年）是一个法国新教徒和专制主义的反对者，大胆地说出了同样的意思。他的《驳特里波尼安》（Anti Tribonianum sive dissertation de studio of 1567）既是对罗马法的恶毒的攻击，又是对赞成基于民族习惯的法国法统一的强有力的辩解，而这样一种民族习惯既被博学的法律实务家的严谨研究所支持，又被中世纪的法律学说所丰富。

杜墨林的主要的著作就是其对巴黎习惯法的述评。巴黎习惯法在 1510 年就已出版，而杜墨林写这本述评的意义在于说明这样一种事实，意即在 1580 年习惯法的"改革"运动中所进行的修正和调整都来源于他的批判性的述评。杜墨林在 1557 年也写了关于巴黎和其他地区习惯的 Notae solemmes。他仍然企望法国习惯法的统一，但是他的愿望从未实现过。

应当提及的其他有声望的法国习惯法方面的学术评论家还有：伯纳德·达让特莱（卒于 1590 年），他是布列塔尼习惯法方面的专家；另一个是盖伊·科奎尔（Guy Coquille，卒于 1603 年），他是尼韦奈地亚（Nivernais）[13] 习惯法专家并编写了《法国法导论》（institution au droict des Francois，1607 年），在该部著作中他阐述了法国法的一般原理；还有安东尼·洛思里（Antoine Loisel，卒于 1617 年），他是一部非常有影响力的著作

---

[13] Coutumes du pays et duché de Nivernais, avec Les annotations et Commentaires de M. Gui Coquille (Paris, 1605).

《习惯法原理》(Institutes coutumieres of 1607) 的作者。⑭ 安东尼·洛思里尝试独立出那些为不同的习惯所共有的要素和学科内容并使之系统化,为此他主要参考了巴黎地区的习惯法。

如果说这些作者关于习惯法的著作说明了自从 13 世纪的第一幅蓝图和草稿以来习惯法究竟又向前发展了多少,那么这些著作也反映出其对习惯法著作巨大的贡献,是数个世纪通过基于对民法大全的学习与研究而作出的。

荷兰评论家

27　　在古荷兰,尤其是弗兰德斯古郡,地方性的习惯也通常以习惯法(coutumiers)形式制定下来(用荷兰语就是 rechtsboeken 或曰"法律之书")。我们通常所说 Facet,也即作者不详的习惯法(coutumier)是涉及 St Amand-en-Pévèle (in the chatelainry of Douai) 并且其可追溯至 1265—1271 年。该蓝本与 14 世纪和 15 世纪的版本相对比,并未显示出受到罗马法的影响。⑮ 然而,《里尔习惯法》(the coutumier of Lille) 的作者,据说他是鲁瓦森城市的大臣。《里尔习惯法》在中世纪就已是非常重要的著作,并且它被称为"鲁瓦森之书"。该书大约著于 1280 年(其中最古老的部分可追溯至 1267 年),完全建立在习惯法的基础之上,而共同法对其产生的影响仅仅从下个世纪才开始。⑯ 同样,另外两个来自阿尔登堡的小弗兰德斯镇的作者不详的习惯法(coutumiers)也缺乏共同法要素:Wettelojcjede and Tale en Wedertale。⑰ 这

---

⑭　Cf. M. Reulos, etude sur l'esprit, les sources la method des institutes d'Antoine Loisel (Paris, 1935).

⑮　E. M. Meijers、J. J. Salverda de Grave, les lois et coutumes de Saint—Amand (Harlem, 1934).

⑯　当代版:R. Monier (Lille, 1932)。

⑰　G. A. Vorsterman van oyen (The Hague).

第三章　欧洲和罗马—日耳曼法 1100 年—1750 年

些著作紧密地贴近法庭实践和程序：传唤当事人和当事人之间的辩护或代理（taelmannen）常常被逐字地复述，这就给出了当时的一幅非常生动的法庭实践画面。荷兰最著名的习惯法著作是 the Rechtsboed van Den Briel。该书的作者玛思吉森（Matthijssen，卒于 1423 年）是一个镇的执事。这本书也是没有包含罗马法要素的传统习惯著作。玛思吉森（Matthijssen）著作卓越的地方主要是因为它对民法和刑法实质和程序上的完整且准确的描述。⑱

从 15 世纪伊始，共同法在荷兰习惯法（coutumiers）中被人们发现，在他们中间有 W. Van der Taneri jen 和 Ph. 维兰特。前者来自安特卫普的 Willem van der Taneri jen（卒于 1499 年），在大学受过教育，随后作为一个官员和地方行政官，尤其是作为布拉邦特议会和勃艮第的玛丽议会的伟大的议员。由于他在布拉邦特议会担任议员，工作上要求他要记述布拉邦特的习惯法于他的 Boec ran der loopender Practijken der Raodtcameren van Brabant（1474—1476 年，最后一个版本可追溯至 1496 年）。其中，坦纳尼仁（Van der Tanerijen）鼓吹罗马法的传播并且在说明布拉邦特法的时候引用了大量的罗马法内容。在其中一些章节，例如债务这章，看上去更像是一篇有关罗马法的专题论文。因为缺乏细节性的历史考察，所以很难说在布拉邦特议会的实践中是否如 坦纳尼仁（Van der Tanerijen）促成的那样浓厚地注入了《民法大全》的因素。无论如何，令人十分吃惊的是，这部篇幅宏大、结构完美的著作似乎并未被广泛地得到与利用，直到其现代的学术版出版，实际上它仍然名不见经传。⑲

根特的威廉·菲利普（卒于 1520 年）的著作取得了更大的成就。和坦纳尼仁（Van der Tanerijen）一样，威廉也受过大学

---

⑱　J. A. Fruin and M. S. Pols（The Hague）.

⑲　E. I. Suubbe（Brussels, 1952）. on Van der Tanerijen, see Nationaal Biografisch woordenboek v（1972）. col/877. 81.

教育并在 1473 年担任过马林尼斯议会的地方行政官，1477 年担任过大议会的议员，并在 1482 年担任弗兰德斯议会的议员，并且最后在 1594 年担任马林尼斯大议会的议员。然而，威廉·菲利普的著作更接近地方的习惯法，他成功地定位和阐述其共同的特征，这要比同时代的人强得多。威廉的雄心在于创作出叙述当代弗兰德斯的刑法和民法的著作，但他这样做并未回顾他所受到的大学时期的罗马法教育。这一目标首先从其著作的架构中显露出来，而后从其所采用的术语以及方法中显露出来。他的两部重要的著作是《刑法实用》（practijke criminele），该书大约写于公元 1508—1510 年，主要专门论述刑法和程序法[20]，和《民法实用》（"practijke civile" 1508—1519 年，专门论述民法和民事诉讼法）。[21] 威廉的著作表明他既不赞成废除习惯法，又不枉顾共同法在欧洲的传播。他的著作旨在在保留习惯法的基础地位的同时，又吸收共同法在学理上的发展，尤其是巴尔多鲁学派（也即评论法学派——译者注）的观点。这一特质确保了威廉的荷兰语版的著作在法律圈内享有广泛的读者群。其中，极少数法律从业者的受教育程度使其能够参看大量的拉丁文注释，但其中的共同法却再未被忽视。威廉的著作代表了 16 世纪荷兰法总的发展方向：习惯法得以保留，但同时法律秩序易受到欧洲普通法的影响。经由翻译成法语、德语以及（尤其是）拉丁文，威廉的著作在国门外得到了广泛的传播。戴姆豪德（Joos de Damhouder，卒于 1581 年），是一位来自比利时布鲁日的法学家，他将威廉的

---

[20] A. Orts. Ghent，1872.

[21] Editio princeps，Antwerp 1558. 初版中给予 Wielant 著作以公道评价的是 A. van Tsestich（再版于 1968 年的阿姆斯特丹，并由 E. l. Strusbbe 写了一个引言）。同样，威廉出版的 Recueil ses antiquites de Flandre，是一篇制度史论文，以及一部关于佛兰德封建法律的研究。他在 1503 年开始致力于研究 Haarlem 城邦的法律。D. Van den Auweele G. Tournoy 和 J. Monballya．"De bibliotheek van Mr Filips Wielant（1483）" in Lias. 有关近代史早期思想的文献和资料，8（Amsterdam，1891），145－187.

两部主要著作《刑法实用》(praxis rerum criminalium) 和《民法实用》(praxis rerum civilium) 译成拉丁文并以自己的名字发表,却未曾提及这是威廉的著作。㉒ 他也写了(在这一时期他独自完成的文章)一篇有关监护和监护人的专题论文。㉓

17 至 18 世纪间,荷兰南部的法学家们对其所在行省的现行法律有相关论文和评述。虽然这些著作仍充斥着强烈的罗马法气息,但其主要基础仍是习惯、条例和判例法。在上述时期值得一提的学者有:弗朗索瓦·范·德·赛普(Francois van der Zype,卒于 1650 年),他是国际上广为流传的 Notilia juris belgici 与部分教会法著作的作者;安瑟尔谟(卒于 1668 年),比利时法典的起草者之一;乔治·德·格威特(Georges de Ghewiet,卒于 1745 年),著有《简明比利时法律原理》(precis des Institutions du droit belgique) 和《比利时法律原理》(Institutions du droit belgique);让-巴蒂斯特·沃赫鲁(Jean-Baptiste Verlooy,卒于 1797 年),Brabanticus 法典的起草者。沃赫鲁致力于将 Brabant 的现行立法合理化,并将其按字母顺序编纂成法典。在其系统化过程中,他借鉴了学术研究与习惯法;尽管其著作中研究并引用了贯穿七个世纪的学术文献,Brabanticus 法典相对而言还是更有学术价值,创作难度也更大。㉔

㉒ Damhouder 在 Praxis rerum criminalium 文中自己做了重要的补充,而上述情形在他所译著的 Praxis rerum crvilium 中并不存在。

㉓ See Nationaal Biografisch Woordenboek v (1972). col. 1009. 19. On Damhouder. Ibid. col. 273. 84, and E. L. Strubbe, 'Joos de Damhouder als criminalist', Revue d'hisoire du 38 (1970), 1 - 65.

㉔ Cf. J. van den Broeck, 'J. B. C. Verlooy, Codex Brabanticus (1781) ', Revue d'histoire du droit 46 (1978), 297 - 325; J. van den Broeck, J. B. C. Verlooy, vooruitstrevend jurist en politicus uit dei8e eeuw, 1J4. 6 - 9J (Antwerp and Amsterdam, 1980).

荷兰北部：习惯法和罗马—荷兰法

28　　联省共和国是不可能缺乏关于地方习惯的著作的。但是在荷兰，到目前为止最重要的行省，其发展态势独特并且显著。习惯在上述行省并未得到承认，所以罗马法发挥着更大的影响，但传统的习惯法并未被完全取代。结果我们便得到了一个罗马法（主要的）和荷兰习惯法（次要的）的综合物。直到旧制度末期，这一综合物仍对共和国的法律起着主要的影响，并且至今它仍固守在南非的土地上。这一综合物的缔造者是格劳秀斯，格劳秀斯在其《荷兰法导论》(Inleidinge lol de hollandsche Rechtsgeleertheyd，1620，首次发表在 1631 年）中给出了一个纲要。格劳秀斯是近代荷兰本土最为杰出的法学家，其作为自然法学派的主要人物而为我们所熟知。㉕

第五节　欧洲共同法

《民法大全》的重新发现

29　　1100 年以后，西方重新发现了优士丁尼的《民法大全》。这不仅仅是再次发现了法律汇编的整个文本，更意味着从现在开始，可以在大学里研究、分析和教授这些内容。法学家对这个权

㉕　格劳秀斯并未使用"罗马—荷兰"这一表述，并且该表述只在 1652 年出现在 Simon de leenwen's Paratitula juri Simon de Leeuwen's Paratitula juris novissimi, dat is een Kort Begrip van het Rooms Hollands Regt（在 1664 年的版本中，次标题变成了主标题）。

威的古代法律汇编进行注释和评论，渐渐地建立起一种新罗马法或中世纪罗马法体系[26]，这个体系成为全欧洲大学教育和法律科学的共同基础。[27] 中世纪的罗马法或市民法以及本身深受罗马法影响的教会法一起组成了普遍适用于整个西方的法律，因此称之为普通法。这个成文共同法中，罗马法部分是其核心，因为优士丁尼法典的原则、术语构成了研究教会法的基础，而不是相反。[28]

共同法是相对于地方法（ius proprium）来说的，这种"特殊的"法律以数不清的变种在欧洲不同国家、地区和城市发挥着作用，并表现为习惯、法规和章程的形式。[29] 中世纪对罗马法的研究看似局限于纯粹的学术探讨，举例来说，就像我们对古埃及法的研究进路一样。但是实际上并非这样。几个世纪以来，罗马法的理论通过各种途径渗入了法律实践，同时，中世纪普通法也因此或多或少地影响了西欧所有地区法律的发展，这种对外国法的接受被称为法律的继受或者移植。[30] 因为在中世纪晚期的西方，罗马法是一种新的异域法，在北边地区也主要是这样。即使是在日耳曼法和封建法影响下的地中海地区，法律也较古代法向前进化了许多。

在技术优越的外国法律体系的继受方面，没有任何例外的地方。只是，有时表现为一个突然的、自觉的过程；有时是一个缓

---

[26] 在法国，该概念被认为通过类推 Medio-latin，人们可以论及关于中世纪罗马法。

[27] 除了俄国和土耳其占领的版图。

[28] This is the meaning of the maxim 'legista sine canonibus parum valet/canonista sine legibus nihil' (Decretum c. 7d. 10). Cf. F. Merzbacher. 'Die Paromie legista sine canonibus parum valet, canonista sine legibus nihil' Studia Gratiana 13 (1967). 273. 82.

[29] 该术语无疑是从 Institutes 借鉴过来的 1.2.1.: "quod quisque populous ipse sibi ius constituit, id ipsius proprium civitatis est vocaturque ius civile. quasi ius proprium ipsius civitatis"。

[30] Cf. A. Watson, Legal trausplants (Edinburgh, 1971).

慢渗透的、渐进的、难以察觉的过程。属于第一种方式的、最著名的借鉴外国法的例子当属日本（除了近代史开端德国法的继受以外）。19世纪，日本政府决定引入西方民法（尽管也包括法国民法，但主要是德国民法），这是一种自觉的西化政策，其目标是将国家从封建枷锁中解放出来。㉛ 在这个例子中，日本选择了一种外国法律，但却是一种充满活力的现代化法律。相比之下，中世纪普通法的同化更多的是依靠帝国的法律和一种已经消失了几个世纪的文明的力量，其中（就此来说）《民法大全》只不过是一个使用香料保存的遗物。因而，尽管其在6世纪拜占庭帝国时曾经断裂，一千年来进化的线索在12世纪的意大利又再次延续。

以研究《民法大全》为特征的热潮，从意大利传播到西方的其他国家，而这仅仅是更一般意义上的文艺复兴的一部分，而文艺复兴的另一体现就是大学的建立。除了古代法以外，亚里士多德的希腊哲学和希腊—阿拉伯的科学（包括医学、物理学和数学）均被发现、翻译和评注。古代知识的权威是绝对的：如《圣经》之于神学、亚里士多德之于哲学、盖伦之于解剖学、《民法大全》之于法律。但是还有其他动机和需求维系对于古罗马法的兴趣：扩张的城市和公国需要一个法律框架以适应新的行政结

㉛ Cf. the general observations of W. Wilhelm, 'Bemerkungen zur Rezeption auslandischen Rechts', Ius commune 5 (1975), 122 – 37; A. B. Schwarz, 'Rezeption und Assimilation auslandischer Rechte' in H. Thieme and F. Wieacker (eds.), Gesammelte Schriften von A. B. Schwarz (Karlsruhe, i960); W. Fikentscher (ed.), Entstehung und Wandel rechtlicher Traditionen (Freiburg, 1980; Verdffentlichungen Inst. hist. Anthropologie, 2). On Japan, W. G. Beasley, The Meiji Restoration (Stanford, 1973); Z. Kitagawa, Rezeption und Fortbildung deseuropdischen Zivilrechts in Japan (Frankfurt, 1970); R. W. Bowen, Rebellion and democracy in Meiji Japan (Berkeley, 1981); T. M. Huber, The revolutionary origins of modern Japan (Stanford, 1981); Y. Okubo, 'Gustave Boissonade, pere fran9ais du droit japonais moderne', Revue historique de droit frangais et etranger 59 (1981), 29 – 54.

构。另外，在对授职（investiture）的竞争中，每一方都试图从《民法大全》中寻找依据以支持它的理由。

研究罗马法的三个伟大的学派可以因研究路径和方法不同而区分开来：即12世纪到13世纪中叶的注释法学派、14世纪到15世纪的评论法学派和16世纪的人文主义法学派。

罗马法注释法学派

注释法学家（注释法学派因其研究者而得名）所研究的《民法大全》是在11世纪时重新发现的整个优士丁尼法典汇编。[32] 注释法学家所研究和讲授的文本被称为 the littera vulgate（"vulgate"，标准版本的意思）或者 littera boniensis（这就是博洛尼亚版本，在博洛尼亚大学，注释法学派开始繁荣）。这个中世纪版本相当近似于但是不完全等同于优士丁尼颁布的真正文本[33]，但是相对于那个时代的需求来说，已经相当足够了。

《学说汇纂》自然是最重要的部分。但在被称为比萨版的"Littera Pisana"[34] 这份6世纪的手稿在11世纪的意大利被发现之前，西方自从7世纪开始一直不知道它（《学说汇纂》）的存在。这份手稿显然是作为1070年抄本的基础，再加上其他手稿，

---

[32] CF. 上面第12节。

[33] 没有比人文主义法学派对尝试还原并重构最初的优士丁尼文本走得更远了；《民法大全》的第一版仍然遵循 litteraVulgata。仅仅在19世纪，近代历史方法能够产生对猜想的最初文本的完整评述版。TH. Mommsen, P. Kruger, R. Scholl 和 G. Kroll（柏林，1868—1895年）。

[34] 之所以叫这个名字是因为该手稿位于比萨城，直到1411年，当1406年征服比萨后，它才被带到佛罗伦萨至今仍保存在 Biblioteca Lorenziana。从那时起，该手稿就以 Codex Florentinus 著称，并且该文本被称为 littera Florentina。E. Spagnesi, LePandette di Giustiniana, Staria e fortune della littera Florentina. Mosira di codici e documenti (Florence, 1983). See S. Kuttner, 'The REVIVAL OF Jurisprudence' in R. Benson and G. Constable (eds), Renaissance and reneual in the twelfth century (Cambridge, Mass, 1982), 299 - 323.

构成了注释法学派所遵循的标准版本的基础。《优士丁尼法典》在中世纪的早期并未完全消失，但是它仅有一个粗糙的节略版。《优士丁尼法典》和《学说汇纂》结合在一起，使得完整的文本在11世纪得以重现。㉟ 相比之下，《法学总论》（Institutes）的完整版在中世纪早期并未丢失，至少在意大利是如此。除了注释法学家能够去研究法律汇编中被称《权威真本》"Authenticumde"的条文外㊱，现存的手稿可以追溯到不早于11世纪。㊲

注释法学家不得不想方设法去吸收和理解《民法大全》。他们的主要目标类似于宗教神学家：正如神学家将其目标定位于通过人的理性之光去阐明具有绝对权威的圣经，法学家则试图通过借助形式逻辑来理解《民法大全》。最艰巨的任务就是通过对《民法大全》逐字逐句的解释或者对疑难模糊的字词或者段落的解释去掌握优士丁尼法典的精确意义；注释法学派的名字本身就已经准确显示了这些法学家的主要研究就是去"注释"㊳ 罗马法文本。

有时，"注释"在解释或者说阐述的意义上已经超越了纯粹的字面含义。举例来说，在一些地方，阐释一个法律规则需要参考《民法大全》中包含的其他原则或者有条件限制的其他段落（"平行文本"），这有助于更好地理解文本的意义。从《民法大全》的结构可以看出，同一个"主题性事项"（subject-matter）可能在不同的地方处理，比如出现在《法典》（Codex）中（当其涉及皇室谕令范围内的事项），同时也出现在《学说汇纂》（Digest）中（举例来说，当它属于法学家的意见）。参照平行文本当然允许以更好的总体视角来看待某个特定问题。

㉟　至少最先有九本；最后的三本重现较晚。自从中世纪以来，Codex 意味着一到九卷；十到十二卷单独成卷，并以 Tres libri 著称。

㊱　CF. 上面第 12 节。

㊲　The Epitome Juliani，它在中世纪广泛闻名，但甚少被注释法学家所用。

㊳　Glossa means 'word' in 'malbergic glosses' as well as 'exegesis of a word'.

这种同一时间的交叉援引带来了轻微的差异，有时甚至是矛盾。特里波尼安（Tribonian）和他的同事们在法律汇编中也未能成功地避免以上的差异和矛盾。今天看来，不同来源和时代的法典汇编资料不可能总是展现出一个完全协调一致的整体。然而，对于中世纪的法学家来讲，《民法大全》已经代表了完美，所以它们内部不可能出现相互抵触的情况，充其量只是表面上的矛盾。[39] 注释法学家尝试着去消除这些矛盾，尤其是通过借助"辨别"的方法（一个特定的词的不同意义之间的细微差别）。[40] 在运用这种方法的时候，他们有时陷入了这样一种误区，即过于追求细微的差别或者逻辑上的矫揉造作。这样的过分或许可以解释那些博学的法学家的不幸遭遇：他们被指责由于误解了文本的真实意思而歪曲了法律。但是从另一方面来看，同样的方法不仅具有学术上的作用，这些法律实务家们证明他们在法律的其他领域受到了惊人的支持。

运用最广泛的是一种被称为案例（casus）的讲授方法。起初，先列举一个虚构的案例，在这个案例中，无论正在研究的法律规则是什么都不得不被适用。然后，同样的表述可以用来描述复杂的问题。注释与摘要（"Notabilia"和"brocardica"），作为一种简洁的、引人注目的概括法律规则的格言（警句）非常流行。[41]

---

[39] 因此中世纪的表述 in hortulo juris nil spinosum（"法律的花园中没有荆棘"）。即使在 18 世纪，Jean Bouthier（卒于 1746 年）也赞同 Claude de Ferriere（卒于 1715 年）的陈述是："罗马法是建立在自然理性和公平原则之上的：它是上帝传达给人类的一种神谕。"

[40] 例如宪法 c. 4. 35. 21 in re mandata 肯定每个人是 "vuae rei arbiter"，而 D. 4. 5. 51 si de re sua 认为没人能是 de re sua arbiter。这表象的矛盾通过区别这两种表述的含义避免：第一种情况是，每个人都是自己财产的主人，并能自担责任地对其财产进行处分；第二种是 arbitr 求助法官审理自己案子的问题，CT. R. Fccustra, "historische aspecten van de private eigendom als recteinstituni", Rechtsgeleerd Magazijii Themis (1976), 148 – 175。

[41] E. g. actor sequitu forum rei; locus regit actum; in dubio pro reo.

注释法学家对其设定的前提施加了一些限制。在他们看来，不存在质疑《民法大全》权威的问题。因为它被表述为书面理性（ratio scripta），即成文的理性。因此，对这些法律文本的攻击（从表面上看）是不合理的和无意义的。不论他们将《民法大全》看成既有文明的产物，还是认为它是一个历史文献，他们都将《民法大全》提升到了普适和永恒范本的地位，这是对其意义的一种升华。这种态度进一步导致注释法学家的研究从不超出《民法大全》的范围。在他们的学术活动和讲授课程的过程中，他们不研究封建制度和不合理的证据形式，尽管"神明裁判"在他们那个时代依旧盛行。《民法大全》没有提出这些问题，因此，注释法学家感到应该完全忽略它们。这样，阿卡休斯才可以宣布：根据罗马法，皇帝不受任何司法的管辖。而且，他不是没有注意到那个时代的政治现实（实际上他十分清楚）：教皇的权力不可阻挡地延伸至皇帝和国王，主教也在实践中通过发布禁令、逐出教会甚至有时是罢黜的命令实施他们的权力。[42] 然而，相反的是，实际情况不是这样的：如果这些博学的法律实务家们在他们的研究中忽视了习惯法，当被诉讼当事人咨询或者他们自己以律师身份出现的时候，他们会毫不犹豫地援引自己在《民法大全》中的论点。[43]

法律科学获得了一种非常明显的抽象性格，因为它把精力放在过往时代的法律制度当中，并且更经常的是，它不会从日常生活实践的经历和每代人的经验中得到发展。尽管如此，注释法学

---

[42] Cf. b. tierney,《君主不被法律所束缚，阿库修斯以及近代国家的起源》, Comparativ Studies in Society and History 5 (1962), 378 – 400; D. Wyduckel, Princeps legibus solutes. Eine Untersuchung zur fruhmodenen Rechts—und Staatslehre (Berlin, 1979)。

[43] A. P. Schioppa, 'Le role du droit savant dans quelques actes judiciaires italiens des XIe et XIIe siecles', Confluence des droits savants et des pratiques juridiques. Actes du colloque de Montpellier igyy (Milan, 1979), 341 – 71.

家的研究仍然将古代法展示给了中世纪的世界各国，而且他们的注释著作也打开了通向《民法大全》的大门。注释法学家就这样为那些后继试图创造一个融合中世纪习惯、实在法与罗马法综合体的法学家们铺垫了前行的道路。

注释法学家的学术著作呈现出各种形式。首先，当然就是注释。起初，这些简洁的、单独的注释分布于《民法大全》文本的行与行之间和页边空白的地方。渐渐地，这些注释建立起和呈现出连续记录的形式（称为《标准注释》）。和《民法大全》的旧版本一样，在手稿中，分布于每页中心的"lexlus"完全被注释所包围，而且往往在长度上超出它。阿库修斯最大的优点在于他能够从众多的学术前辈已经写好的数以万计的分散注释中进行遴选。他的版本很快变成了标准的注释并因此作为《标准注释》而知名；阿库修斯所整理的《标准注释》也成为注释法学派的经典。

一些注释法学家撰写了原创的专题论文并从整体上讨论了《民法大全》。阿佐的《法典注释大全》（1208—1210 年）是其中最为著名的作品：依据优士丁尼法典的一至四册的标题，事实上阿佐已经对《民法大全》中的主体性事项（subject-matter）作了系统的阐述。他的"摘要"一直是经典的罗马法手稿而被法学家与注释过的《民法大全》一同查阅。

我们所了解的关于第一批法学家的资料很少。第一个有文字记载的名字就是皮坡（Pepo）：据说，在 11 世纪末的法律复兴运动中，他已经对优士丁尼《法典》和《法学总论》有所涉足，而且已经在博洛尼亚大学开始进行研究。在他之后，又是在博洛尼亚，伊纳留斯开始承担整个民法大全的教学。他曾在阿尔特斯接受教育，并将他的文学知识和技巧运用于法律文本。在他的学生中，最有名的就是"四博士"。他们的任教使博洛尼亚无可争议地成为法律研究的圣地；其影响远远超出他们学生的范围，甚至

这一时代如腓特烈一世这样的伟大人物都向他们请教。㊹

罗马法评论法学派

31　　时至今日，这个法学流派的法学家被称为"评论法学家"；由于他们在注释法学家之后的教学工作以及在一定意义上继承了注释法学家事业的事实，先前他们则被称为"后注释法学家"。然而，这样的称谓错误地暗示：这个新的法学流派只不过是对他们前辈的工作毫无原创的继续。"评论法学家"的称谓强调了这些法学家从整体上书写了对于《民法大全》的重要评论。除此之外，他们还写了众多的咨询（consilia）和法律意见，记录了他们所被咨询的真实问题；因此，consiliatores 也被提出来用于描述这个法学流派。评论法学派的全盛时期是 14 世纪至 15 世纪，其中的著作者们也大多是意大利人。他们的目标和方法如下所述。

　　《民法大全》和注释构成了他们的著作基础。他们对注释的重要性如此强调以至于有时使原始文本黯然失色。㊺ 注释法学家的思想受到经院哲学的强烈影响，后者在 13 世纪达到高峰，并使随后的学术思想充满了亚里士多德式的逻辑。特别是评论法学派采用了经院哲学具有代表性的辩论、质疑和慷慨陈词的体系。但是他们也有些过度，这也是他们没完没了地在细枝末节上进行

　　㊹ 伊纳留斯的著作中，只有注释保存了下来；四博士中的一些更简短的著作也保存了下来。12 世纪 ixie 简短的佚名论文也很出名；cf. e. g. G. Dolezalek, "Tractatus de diligentia et dolo et culpa et fortuiro casu. Eine Abhandlung uber die Haftung für die Beschadigung oder den Untergang von sachen aus dem zwolften Jahrhundert", Aspekte europaischer Rechtsgeschichte. Festgabe fur Helmut Coing (Frankfurt 1982; Ius commune Sonderheft, 17), 87 – 122。

　　㊺ 因此，西纳斯的格言为 sicut antique adorabant idola pro deis、ita advocate adorant glossators pro evanelistis（"正如古人把神像看作神灵一样，支持者也将评论法学家看作福音传道者"）。

讨论、对权力进行过于细入的分析和过于依赖连续区别方法的根源。评论法学家的工作实质上是学术性的，主要和大学教学联系起来，而大学随后则经历了较大的扩张。大学首先在意大利和法国建立，但是迅速传向西班牙、英格兰，然后是欧洲的其他国家（举例来说：1425年的鲁汶大学）。法学院所孕育的法不可避免地成为共同法与教授法。

尽管如此，评论法学派在以下方面不同于注释法学派：他们的成员对《民法大全》以外的法持有更大的兴趣，甚至他们在学术活动中开始关注那个时代的社会现实。因此，他们对诸如习惯和法令方面等非共同法的法律渊源具有坚定的观点。由于在大学中所处位置的缘故，他们非常切合实际地认为在他们的时代（在将来也毫无疑问），共同法不可避免地将成为欧洲的普通法。地方习惯、封建原则、城市规章和法规和皇室法令由于在实践中受到过多的牵绊和各种利益的束缚而被置于一旁，取而代之的是从博洛尼亚而来的共同法体系。但是从另一方面来看，评论法学家也认识到：如果仍旧局限于《民法大全》和古代世界的狭隘的人为语境，那共同法将仅仅发挥微不足道的作用。评论法学家使《民法大全》适应了他们那个时代的需求；他们提出了具有实践价值的学说；他们使共同法开始补充和丰富其他法律渊源，而不只是排斥它们；因此，他们能使共同法在法律实践中发挥有效和重要的作用。

共同法也可以提供适合于非罗马法的学术研究的方法和原则。评论法学家对普通法（普通是指世界性的和整个西方的共同法）和特别法（这种法律适于或者说特别在某个国家、地区、城市或者公司适用）所做的比较显示出其重要性。尽管评论法学家认识到并尊重特别法的重要性，他们仍竭力要求应该研究特别法，并用共同法及其方法来弥补特别法的缺陷。他们对特别法的兴趣也引导他们开始处理实际的问题，这些问题往往来自日常生活。其中的一个例子就是从意大利城市的法规和其他城市规章之间的冲突发展而来的"冲突法理论"（在国际私法中仍然适用）。但是不应该忽略这一点：这些教授们经常作为法官或者律师参与法律实践。

评论法学派的著作通过以下方法与法律保持一致：评论法学家首先是一位教授，他们的讲义仍应以优士丁尼法律汇编为基础。他们的课程仍应认真遵循《民法大全》的编排顺序。大多数学者只讲授《民法大全》中的某一部分，但有时候一位教授的讲义会扩展至法律汇编的全部。讲座课程如果充满了学术批判和对于具体问题的讨论，有时就会变成百科全书式的评论，这就会使他们在这个学派出名。另外一种类型，专题论文使这些学者得以摆脱民法大全的束缚：分离点不再是从民法大全中抽取的一个特定的文本，而是法律实践中一个真实的例子或者问题，法学家试图通过借助共同法为这些问题提供一个满意的解决方案。这样的例子有：巴图鲁斯在仲裁方面的论文或者西纳斯在无遗嘱继承方面的论文。距离实践更近的是这一时代的学者所写的许多咨询（consilia）：咨询（consilium）是一种法律意见，通常十分详细，由一个或者更多的职业律师应个人或者组织的请求针对一个真实的案件而提供。甚至法院也需要这样的法律意见（而且在19世纪，在日耳曼法所提供的程序下，法院可能在一些情况下需要法学院的法律意见）。正是因为大量的现存的咨询（consilia），评论法学家的经验及学识才得以发现。

评论法学派产生了许多学者，同时他们有许多令人印象深刻的著作广为流传。大多数意大利人，保持了他们国家在法律科学领域传统上的领先地位。尽管如此，法国法学家却成为13世纪后半期的意大利评论法学家的先驱，其中最著名的是雅克·德·雷维尼（Jacques de Revigny，卒于1296年）和贝莱佩尔凯的皮埃尔（Pierre de Belleperche，卒于1308年）。他们的学说被评论法学派的第一位学者皮斯托亚的西纳斯（Cynus，卒于1336年）在意大利传播。在他之后，由于巴托鲁斯（卒于1375年）和巴尔都斯（卒于 1400 年）这个学派达到了它的高峰。这个传统被 15 世纪意大利的许多其他法学家如卡斯特罗的保罗（Paulus de Castro，卒于 1441 年）和杰森·德·梅诺（Jason de Mayno，卒于 1519 年）所继承。意大利的领先地位是如此明显从而使得这个法律学派被称为意大利法学教学方法（the mos italicus iuris docendi），和法国学派或者高卢（法律研究）方法（mos gallicus）相对，后者与 16 世纪与法国有本质联系的人文主义者采用的方法相似。㊻

人文主义罗马法学派

16 世纪的法学被人文主义罗马法学派的成就所牢牢占据，这是最后一个宣称《民法大全》至高无上地位的法学流派。尽管如此，它采用十分不同于注释法学派和评论法学派的研究方法。它的兴起是古代文艺复兴的标志之一。文艺复兴从中世纪末开始，深深地影响了欧洲的科学、艺术和文字。这次运动又一次也是最后一次萌发于意大利。文艺复兴的积极推动作用引发了对于古代文化的热爱。文艺复兴是对于古代文化的重新发现，相比较于中世纪某种程度上有点肤浅和盲目的性质，它更为深刻、严谨和完整。其负面影响是人文主义者对于中世纪无情的蔑视，他们用这个表达来描述介于古代的文化顶峰和他们时代之间的数个阴晦的世纪。他们指责中世纪的人们通过新词和与古代文化语言不相协调的风格的不完美造成经典的拉丁文字不再纯正。同时，他们也指责中世纪的人们忽视了希腊。

采用人文主义的方法对法律进行研究带来了对罗马法及罗马文明的研究的复兴。人文主义方法的创新元素在于其同时运用了

㊻ 这里，Gallicus 意指"法国的"而不是"高卢的"；该学派于 16 世纪在法国昌盛起来。该表述源自人文学者对古代拉丁地理名称的偏爱（Belgicus 对荷兰，Gallicus 对法国，等等）。

历史和哲学的方法，前者是为了了解法律规则的社会背景；后者是为了搞清楚拉丁和希腊文本的确切含义。这些原则的采用使人文主义法学家能够揭示他们前辈的错误尤其是在年代上的错误解释。有时他们对中世纪的法学家发起猛烈的攻击，称他们是愚人并指责他们将罗马法淹没于大量的哥特人和蛮族的积累而成的习惯之中。[47]

人文主义的积极效果是十分显著的。注释法学家和评论法学家由于缺乏历史的和哲学的方法所犯的错误被纠正，古代世界的知识因此变得更加精确和深刻；举例来说，《吉约姆·比代的评注》（the Annolaliones of Guillaume Budé）揭露了中世纪法学家所使用的一系列错误概念。他们的方法使人文主义者能够将《民法大全》视为一个属于它自己时代和地域的历史的结晶，是人类的成就，而不是像比代（Budé）带有讽刺意味所说的幼稚的中世纪方法所认为的那样是"上帝赠与的礼物"[48]。尽管如此，人文主义者的批判仍有其负面的效果。巴图鲁斯们本来已经使《民法大全》中的罗马法适应了中世纪社会的需要。但是人文主义者反对这些因适应所作的改变，理由是他们腐蚀了罗马法的原始的纯正性；因此他们将这种法降低到了这样一种地位：一种学术遗迹、一种历史纪念物、一种仅仅供学术研究的僵硬的法。令人记忆犹新的是，拉丁文在中世纪已经历一个同步的进化过程。由于经常的适应性改变以及新词汇和表达方式的引入，拉丁文仍旧是

---

[47] 在一些尖刻的评论中，拉伯雷将中世纪的法律家描述成"对理解法律所需要的知识的无知"，以及指责他们"除了懂点哥特和蛮族语言，既不懂希腊语又不懂拉丁语"，且指控他们对古代历史和文字一无所知。在人文主义的圈子内，法律家之间的斥责合乎礼节。并且，Petrarch、Filelfo、Valla 和 Politian 都忠实于传统。关于拉伯雷，see E. Nardi, Rabelais e il diritto romano (Milan, 1912)。

[48] 有时，即使是人文主义者也会陷于严重错误：例如，U. Zasius 认为单词 carocerus（米兰城的象征性的四轮马车）是一个专有名词。关于 Bude、D. R. Kelley "Guillaume Bude 与第一个历史法学派"，见《美国历史评论》（1967），807 页至 834 页。

一种有生命力的语言，但是人文主义者中的纯粹主义者将它仅仅视为一种学术工具，一种僵死的语言。

通过证明《民法大全》的历史性与相关性，人文主义者摧毁了直到那时它还享有的绝对权威。如果罗马法只不过是一个特定社会和特定时代的产物，那么有什么理由在另一个时代遵守它或者赋予它一种优先于现代民族法律的权力呢？

人文主义法学派的创始人是安德列亚（卒于1550年），是一位曾在帕维亚和博洛尼亚学习过的法学家，在博洛尼亚，他成了杰森·德·梅诺的学生；然后他先在阿维尼翁和布尔日教学，之后在意大利的大学教学。⑭ 由于雅各布斯·居亚斯（卒于1590年）的缘故，布尔日变成了高卢（法律研究）风格的主要中心。他是最杰出的人文主义的倡导者，从1555年到1590年，他一直在布尔日大学教学，中间有一些间断。居亚斯凭借其对罗马法和哲学的杰出的掌握来开展他的主题研究，直到特奥多尔·蒙森（卒于1903年）开始教学，无人能与之匹敌。当然，著名的人文主义的倡导者中也不乏德国人和荷兰人。在德国，乌尔里希·查修斯（Zasius Erasinus）是首批人文主义法学家之一。他还是伊拉斯谟的朋友。在尼德兰，鲁汶大学很快成为人文主义的中心，法学也受到文化复兴的影响。在法学院，盖布里尔（Van der Muyden，卒于1577年）获取殊荣。在他的学生之中，雅各布·莱维尔特（Jacob Reyvaert）、拉瓦杜斯（Raevardus，卒于1568年）、马修·范·维森贝克（Mattheus van Wesembeke）、维森贝乌斯（Wesebeeius，卒于1586年）和维格里乌斯（Viglius，卒于1577年）编辑了罗马法文本的希腊文版本并根据阿尔恰托的方法对《法学总论》的一些题目进行了注释。

人文主义法学派中的一些法学家与宗教改革中的冲突有牵

---

⑭ 在其众多的著作中，Annotationes in tres posteriores codicis libors（1513），涉及了古罗马的政治和管理制度，表现出了人文学者做研究的新颖方法。

连，并且由于坚持自己的信仰而被迫流亡国外。法国人胡格·多诺（Hugues Dobeau）（Donel lus）明显属于以上的情形，他先后在德国和北尼德兰避难和执教。他成为莱顿大学（创建于1575年）的指路明灯之一，也是在那里，他因为潜心研究和总体缺乏任何实践常识而闻名（据说这位荷兰著名的法学家不知道在接受薪水之后出具收据）。他的28卷本的《民法评论集》（Commentarii iuris civilis）。在德国和尼德兰获得了巨大的成功。

人文主义法学派对于拓宽和加深古代法和古代世界的知识作出了空前的贡献。甚至在19世纪，蒙森能够从三个世纪以前出版的著作开始（进行研究）。尽管如此，遍布欧洲的从业者仍然继续沿用巴图鲁斯主义的传统方法适用罗马法，因为巴图鲁斯主义者的评论、论文和法律意见提供了解决真实的和现存的问题的方法。然而，高卢（法律研究）风格和意大利（法律研究）风格（mos italicus）之间的对抗不应该夸大。许多律师、法官、辩护人和学者同时受到两个学派的启发。他们仍建立在中世纪意大利学派的实践工作的基础之上，但是从人文主义者那里，他们获取了更为宽广的法概念、更具有哲学性的研究方法和对他们思想和观点优雅发展的趣味。这些律师总体上来说是实践导向的，但是他们对古代历史和文学却有极大的兴趣。[50] 因此，用"优雅学派"来指代联合行省的（United Provinces）法律实务家们十分准确，他们将人文主义者的风格和特质融于他们的实践工作中。[51] 借助其他的历史学家，或许我们能够认识到除了高卢（法

---

[50] e.g. wielant 的图书馆（其总目新近才得以发现）包含了许多人文学者的作品。

[51] 荷兰优雅学派的成员有，Joachim Hoppers（hopperus，卒于1576年）、Arnold Vinius（卒于1657年）、Clrik Huber（卒于1694年）、Johannes（卒于1713年）和 Corneliss van Bijnkershoek（卒于1743年），当然也包括格劳秀斯，他是一个博学法律家，虽然他的有关自然法和罗马法——荷兰法的著作最负盛名，但同时他也是一位博学的人文学者和《勃艮第罗马法》（Lex Romana Burgundionum）评述的著者。

律研究）风格和意大利（法律研究）风格之外的第三个学派，这个学派由这样的法律实务家们组成。他们希望保持中世纪学术的演进，并且也想遵循人文主义法学派的更宽广路线的研究方法，同时吸收古典文学的人性和风格特质。㊷

这种复兴的学术罗马法最终被自然法学派所倡导的国家法典所替代。尽管知此，这些老的法学流派的影响总体上并未消失。尽管高卢（法律研究）风格更多地存在于古代法的学术研究和法律教育的总体文化中，但是仍然可以在法律学说和比如债法等部分现代法典中追寻高卢（法律研究）风格的痕迹。

罗马法对教会法的影响

一般考察

欧洲大学中对罗马法深入细致的研究既不仅仅是学术消遣，也不纯粹是历史研究。正好相反：它强烈地影响并引导了法律的实践和学术发展，单词"引导"是个深思熟虑的用法，因为如果没有罗马法的复兴，欧洲法律的发展将从根本上不同。即使没有《民法大全》，中世纪晚期的社会也只得将自身从封建时期的古老法律中解放出来，并发展出一个适应于其新需要的法律。那样一种法律将会是知识界的努力和最初改革的结果，其对类似的问题的解答无疑将会类似于古罗马法律的答案，但优士丁尼《学说汇纂》的整个体系绝不会被采纳或重新使用。普通法正确地展现出了欧洲的后封建法律怎样在与罗马法模式的隔绝中发展起来。

《民法大全》和博洛尼亚的学说（teaching）在欧洲的影响并

㊷ 参见 F. Carpintero, "Mos italicus, mos gallicus yel Humanismo racionalista. Una contribucion a la historia de la metodologia juridica". Ius commune 6 (1977). 108 - 71。Carpintero 将该"第三种"学派看作位于中世纪法律家和自然法学者之间的一个过渡，例如格劳秀斯和普芬道夫。

不直接归功于立法者的立法措施。当然，也存在主权强制接受的措施：在南意大利的王国中，皇帝腓特烈二世于 1231 年颁布了《梅尔菲宪章》（the liber Augustalis），该法律深受罗马法的影响；阿方索十世（又称智者阿方索）在卡斯蒂尔（Castile）中介绍的《七章集》即"the siete l'artidas"（1256—1258 年）就像一篇罗马法的论文；打败列日人民的大胆的查理（Charles the Bold）废止了他们的习惯并强令他们遵守罗马法。然而，尽管有这些单独和短暂的措施，但是《民法大全》没有被官方强制接受。即使在神圣罗马帝国那个皇帝认为他们是古罗马皇帝优士丁尼皇帝的后代的地方，（这种）继受并未依靠帝国的法律予以实现。这个支持法律继受的法令由帝国的三级会议（Reichsstände）通过，并且也未建立在某项具体法规的基础上，而是建立在创建于 1495 年的帝国皇家法院的强烈的罗马化的判例法的基础之上。㉝

《民法大全》的胜利首先而且最主要应当归功于它的威望和固有的学术品质：罗马法是不是依据权力，而是依据理性的权力（authoritative non ratione imperii, sed imperio rationis）。㉞ 在现代，没有与之相类似的现象，但涉及各州不同法律的美国普通法所扮演的角色值得一提：它提供经由学术完善的指导性原则，但却不具有任何法律效力。另一个例子就是英国普通法，其在国际商事合同中经常被宣示为可适用，甚至合同双方与英格兰毫无关系也如此。

现在的任务就是具体研究《民法大全》如何以及通过何种方法指导了中世纪法律的发展。我们首先处理教会法，然后处理世俗法。

㉝ 参看下述第 53 节。Reichskanovcrgericht（imperial chamber of justice）是三级会议的一种机构而非国王的机构；相反，它甚至蚕食了国王自己的司法权。1500 年以来，许多德国城市在罗马法的影响下改造它们的国内法（Reformationen）。

㉞ 'Not by reason of power, but by the power of reason.'

格拉蒂安

12 世纪，在博洛尼亚，教会法的学术研究兴起并非偶然，在那里，罗马法研究最先繁荣。教会法的创始人是格拉蒂安（可能卒于 1160 年前），一位本笃会修士(55)，他在博洛尼亚的 saints Felix 和 Nabor 的女修道院讲授神学，并逐渐着迷于教会法的研究。他的著作，由接近 1 140 本书组成，被命名为《教会法规歧义协调集》（相冲突的教会法的调和），但更普遍地被称为《格拉蒂安教令集》。(56) 34

这本教令集系统收集了不同来源的基督教会的原始资料，主要是由教会法公会的决定（canones：因此教会法代表教会的法律）以及教令集（教皇解释或制定法律性规则的文字）组成的。(57)“格拉蒂安也收集了来自圣经和神父们的各种各样的摘录。他对资料的收集，当然不是同种类中能排第一的(58)，但却是最齐全的，而且包括那个时代所能知道的教会法的所有资料。”(59) 而格拉蒂安并不满足于编排和整理他的资料。他的创造性贡献就在于对这些内容作出了概括并且阐明与之相关的法律问题。此外，

---

(55) 该修道会名称取自 Camaldoli，位于 Arezzo 以北，St Romuald 在大约 1000 年创建了隐居的修道会。J. T. Noonan，“格拉蒂安（Gratian）长眠于此。对教会法规进行系统性研究之父”。Traditio35（1979 年），145－172 页。

(56) 从较早的著作的标题看，Decretum of Ivo Chartres（d. 1116）。“教令集”这种名称的表述也导致了混乱，因为它暗含了这是一份立法成果，然而格拉蒂安（Gratian）是作为一名学者而不是官员创作出该教令集。

(57) 教令集（或完全的，litterae 教令集）之所以这么称谓，是因为它们是以“法令”的形式表现出来的文字，在这个意义上他们制定并采用法规的形式。绝大多数都发给了个人（通常是主教），他们可以就某一具体问题咨询教皇。

(58) 关于其他的汇编，参见 A. van Hove，preolegumena. 2and end（Malines and Rome，1945；Commentarium Lovaniense in Codicem Iuris Canonici I，i），120 336。

(59) 格拉蒂安（Gratian）从事了很多性质不同的学科的研究，特别是涉及与神学有关的问题比对法律的问题更多，例如圣礼和礼拜仪式；在他的时代，教会法学仍是从其他学科中（例如注释法学派的知识）成形。

正如他的著作所表明的那样，格拉蒂安试图去解决不同内容之间差异和偶尔的矛盾问题。这样，也就建立了资料的等级（举例来说，全基督教的会议比一个大主教辖区的会议的效力要高。教皇的文字优先于主教的文字）。总之，它试着运用区分"distinction"的技术，以区分一个词的不同意义之间的含义。⑥ 举例来说，一些教会法规的内容禁止神职人员参与战争，而还有一些似乎赞成。解决方案就是在一个防御性的或正义的战争和非防御性的或非正义的战争之间作出区分。⑥¹ 教令集也包括这样的内容，即允许非神职人员参与主教的选举。而另外一些似乎排除其他所有人参与，而仅仅将这种资格保留给神职人员。格拉蒂安尝试着通过以下方法解决这个矛盾：即非神职人员在这样的选举中不应当被忽视，但是将他们的参与仅限于表达对神职人员选择的同意与否。⑥² 这个例子表明：有时候矛盾是通过琐细和细微的分辨来解决的，而这是调和不能调和的内容的需要。

格拉蒂安不仅是一位学者，而且是一位教师。他盛赞在学习规则时具体案例的教学价值。他的著作的第二大部分由虚拟的案例组成。在这一部分引入了法律的讨论，其中包括指向相关文句的注释和格拉蒂安自己所做的评论。他的方法可以通过婚姻法中的一个例子来解释（它对神职授予法也有影响）。具体案情如下：一个结过婚的伊斯兰教徒改信基督教，并被他的妻子遗弃，因为

---

⑥ 他的著作中非常重要的部分就是一系列的 Distinctiones。

⑥¹ 关于不同战争类型的教会法理论，see C. Erdmann, Entstehung des Kreuzzugsgedankens (Stuttgart, 1933); F. Prinz, Klerus und Krieg im früheren Mittelalter (Stuttgart, 1971); F. H. Russell, The just war in the middle ages (Cambridge, 1975); E. D. Hehl, Kirche und Krieg im 12. Jahrhundert. Studien zu kanonischem Recht und politischer Wirklichkeit (Stuttgart, 1980)。

⑥² Dist. 62-4. Cf. F. Lot and R. Fawtier, Histoire des institutions frangaises au moyen dge, III: Institutions ecclesiastiques (Paris, 1962), 165-6; H. Müller, Der Anteil der Laien an der Bischofswahl (Amsterdam, 1977); J. Gaudemet, Les Elections dans Viglise latine des origines au XVI' siecle (Paris, 1979).

他的妻子反对这个新宗教。然后，他娶了一位信仰基督教的妇女并于她死之后晋升为神职人员。之后，他被选为主教。格拉蒂安阐述了三个和这个案子有关的法律问题：(i) 无信仰者之间的婚姻有效吗？(ii) 当他的第一个妻子仍然活着的时候，这个信仰基督教的人是否可以再婚？(iii) 在经洗礼加入基督教会后，这个人娶了另外一个妇女，是否应被认为是重婚者（bigamista）。[63] 格拉蒂安所提供的答案如下：(i) 无信仰者之间可以有诚信婚姻的存在，但它不具有法律上的约束力；(ii) 在一个无信仰人之间的婚姻中，如果他的妻子离开了丈夫，这个人同时又改变信仰，那么他可以再婚；(iii) 由于再婚，他变成重婚者，并且因此不能晋升到更高的职位。所以，这个当选为主教的人就不能就职。(在这个例子中，也有两种对立的权威：圣耶罗认为重婚的状态没有妨碍，但是遵循教皇因诺森特一世的圣·奥古斯丁则主张相反的意见，格拉蒂安选择支持后者的意见。[64])

因此，格拉蒂安综合了汇编者和教师的品质，而且他的著作不仅仅是早期资料的搜集，而且是学习的手册。几个世纪以来，他的教令集作为大学授课的基础资料发挥了重要的作用，即使它从未被官方认可。格拉蒂安开创了教会法学派重要的研究课题，并为后来的教会法学家所遵从。

罗马教皇的教令

格拉蒂安标志着教会法历史中的第一个黄金时代的结束，同时也是一个新的、前所未有的上升时期的开端。从 12 世纪开始，格拉蒂安的著作和讲义已经开启并促进了教会法的崛起。但是最主要的原因还是自他的时代所开始的名副其实的宗教立法的爆

---

[63] 例如，一个人连续两次结婚，就不是现代观念下一次娶了两人。
[64] C. Brooks,《十二世纪文艺复兴》(伦敦，1970 年)，79。

发。这些立法包括基督教会议的立法⑥⑤，但是最主要的还是由教皇的教令组成。尽管在公元891年和11世纪中叶（格里高利改革的开始）之间并未颁布教令，但是教皇亚历山大三世（1159—1191年）到格里高利四世（1227—1241年）时期，有将近2 000个教令颁布。

亚历山大三世的 veniens ad nos 教令便是例证，其对于教会法理论对婚姻形式观点的影响是决定性的。并且还是对来自帕维亚主教关于一个特定案件的咨询所做的回应：在他的教区内，当某G和他的主人的女儿在床上的时候，因被他的主人发现而惊慌失措。因此，主人的女儿和G当场形成结婚的合意。根据当时的理论这能缔结有效的婚姻。后来得知，这个人已经和另外一个女人在一起生活并且确实有孩子，但他并没有娶她，只是答应将来娶她。这两个婚姻中哪一个是有效的？该案的决定权交给了教皇。教皇认为建立在性关系基础上的婚约，构成一个有效的婚姻。因此，当他向他主人的女儿表示结婚意愿的时候，G实际上已经结婚了。因此，第二个婚姻是无效的。⑥⑥

为了满足教学和实际的需要，对于新教令的系统收集很早就已经开始了。⑥⑦ 一个立法和集中汇编的时代肇始于1230年。这时，作为教皇格里高利教士的西班牙教会法学家雷蒙·德·佩纳福特（Ramon de Penaforte）被格里高利四世委派了一项任务：把自从格拉蒂安的教令集作品以来颁布的法律和教令编辑成一本

---

⑥⑤ 例如1215年的第四拉特兰议会是教会历史上最重要的一个基督教会议。

⑥⑥ C. Donaue, 'The policy of Alexander the Third's consent theory of marriage', Proceedings of the fourth intenational congress of medieval canon law (Vatican, 1976), 251; idem 'The dating of ALEXANDER the Third's marriage decretals', Zeitschrift der Savigeny-Stiftung fur Rechtsgeschichte (K. A), 65 (1982). 70 - 124。

⑥⑦ P. Landan, Die Entstehung der systematischen Dekretalensammhungen und die europaische Kanonistik des 12. Jts. Zeitschrift der Savigeny-Stiftung fur Rechtsgeschichte (K. A), 65 (1982). 120 - 48.

明确的教令集。在执行这个任务时，对于需要查阅的情况，雷蒙·德·佩纳福特（Ramon de Penaforte）用他自己的话增加了内容提要和提示内容的标题。各种主题都得到整理和校正，有一些则被删除。根据一个较旧的模本，在五本书中对这些内容进行了重组：罗马审判官是关于法院的组织；诉讼第二阶段是关于程序；神职人员是关于他们的权力和特权；婚姻是关于家庭法和人法；犯罪是关于刑事法和刑事诉讼程序。1234年，格里高利四世颁布了这本教令集：格拉蒂安之后任何没有被收集在这本新的教令集中的内容都被废止，仅仅这本教令集的文字被宣布为是权威的。它被命名为"教令集之外现在的罗马教皇教会全书"。现在称为《教令集外编》（Liber extra）。这本教令集也被用于教学：复制品被运往博洛尼亚和巴黎的大学。正如教会法学派将它们的研究和教学献给了教令集一样，罗马教皇的教令现在也成为教会法学家的研究对象。

教会法学家也对教令集和罗马教皇的教令的内容进行了注释（正如罗马法文本被注释一样），并在整个教令集的基础上，创作了注释工具或方法（apparatus）这种形式。约翰尼斯·巴西亚努思（Johannes Teutonicus，卒于1245年或1246年）的注释，经巴塞洛缪（卒于1258年）的修正，成为对于教令集的通用注释；帕尔马的伯纳德（Bernard of Parma，卒于1263年）的注释，建立在文森提乌斯·希思帕尼斯（Vincentius Hispanus，卒于1248年）的注释基础之上，成为对于《教令集外编》（Liber extra）的标准注释。教令集和《教令集外编》（Liber extra）也是重要的"概要"和演讲的主题[68]，也包括分类清单以及主要是

---

[68] 在教会法学家最早的著作中，有 Paucapalea（1140-1148年），Roland Bandinelli（未来的教皇亚历山大三世）的总结，创作于1148年前，以及 Stephen of Tournai 的著作（不早于1160年）；Huguccio 的总结（不早于1180年）是非常重要的。教令集中最著名的著作有 Suma aurea or Hostiensis of Henry of susa（1250-1253年）和 Sinibaldus Fliscus 的评述（未来的教皇因诺森特四世），创作于大约1251年。

为从业者所准备的案例汇编和其他著作。《教令集外编》（Liber extra）之后又颁布了新的教令，一些教皇也出版了他们中的部分教令，著名的有卜尼法斯八世《教令案》（the Liber Sextus of Boniface Vlll 1298）[69] 和《克雷芒五世的教会敕令集》（the Constitutiones Clementinae of Clement V）（1314，由其继承者约翰二十二世颁布于 1317 年）。

格拉蒂安的教令集和官方的教令集一起组成了《教会法大全》，一个自从 15 世纪起开始使用的名字（类似于《民法大全》）。在 16 世纪，这些教令集交给一个被称为 Correctore Romani 的委员会进行文字修改。他们的工作成果于 1582 年出版，以《教会法大全》命名。直到 1917 年，这个版本被《本笃十五世的教会法大全》（Codex Iuris Canonici of Benedict XV）所代替，其被认为是一部现代的法典。教会法的修改与第二梵蒂冈公会有关，这个公会于 1983 年促成了一部新法典的颁布。

教会法学家

36 罗马法对教会法的立法和理论的影响有几个方面。罗马法的案例能够使罗马法作为一门独立的学科而被建立，尽管与神学和伦理学相区别，却并非截然分离。这一点值得重视，因为宗教一方面在行为规范和宗教禁忌之间不作区分，另一方面在行为规则和法律规则之间不作区分，或者换句话说，在（听取忏悔）的告解室和法庭之间不作区分。博洛尼亚的罗马法学问对于教会法作为一门独立学问的崛起作出了贡献，后者因为有其他独立的学院、流派、经典著作和权威评论而闻名遐迩。对于教会法学家来说，罗马法的教育必不可少（正如我们看到的那样）。因为正是在罗马法专家所在的学院里，教会法学家学习到了共同法的语法，在那里，他们还吸收了方法、概念和法律术语。

---

[69] "Sextus" 因为它是用来补充和延续 Liber Extra 的五部书。

第三章 欧洲和罗马—日耳曼法 1100 年—1750 年

《民法大全》为教皇实行中央集权政策提供了有力的支持。作为公共的立法者和最高裁判者的罗马皇帝为渴望为整个基督教世界立法和主持正义的教皇提供了范例。教皇内部出现了明显的立法复苏并将注意力更多地放在管辖权、司法和财政上，而不是教学、信仰和苦行僧主义。教会法的兴起与此同步。尽管教皇在此之前已对法律问题产生兴趣，但是值得注意的是，直到20世纪，教皇作为法学家的传统才产生。基督教官员的选拔更多的是看他们的法律教育和经历，而不是他们的官吏天赋或者他们个人的神圣或吸引人效忠的号召力。⑩ 教会法明确认可罗马法的权威，因为它是基督教皇帝优士丁尼的立法。至少它的内容与教会法不相矛盾。以下的理论是由格拉蒂安发现的：皇帝的法令，只要与神圣的教会法不抵触，那么就可适用于教会的事务。教令集也包括许多直接源于优士丁尼的法律汇编的内容。⑪ 在通过类比将一些罗马法规则适用于特别属于教会的论题时，罗马法的影响也可见一斑。如此，对于无效婚姻至关重要的源于教会法学派的主体错误的学说受到了契约错误的罗马法原则的启迪。这个理论的魅力如此之大以至于在缺乏教会法知识和相应的立法时，教会法学家运用该理论将有关错误的规则发展到对人，因之缺乏合意，因而导致宗教婚姻无效。⑫ 教会法刑事程序是另一个类推适用罗马法的引人注目的事例。为了对异教徒进行严酷的镇压，教会法学派借助了罗马刑法中规定的非常恶劣的叛国罪。在中世纪

---

⑩ 过度的条文主义受到了改革家的非难，这些改革家认为中世纪晚期的教会过于重视制度和行政管理的问题，而对其自身的神圣性关注太少。

⑪ 被称为 paleae（这个术语的具体含义不清）的教会法（更多不计其数的）补充的文本来源尚未确定；它们归功于格拉蒂安（Gratian）的学生。

⑫ J. Gaudemet, 'Droit canonique et droit romain. A propos de l'erreur sur la personne e nmatiere de marriage', Studia Gratiana 9 (1966), 47 - 64. 显而易见，关于主体的错误是罕见的；但是关于配偶社会地位的错误则是更时常发生的。并且，根据一些学者的意见，这些可以比作主体错误；如此一个人由于错误和一个农奴结婚，那么她可以援引错误而主张婚姻无效。

时期，冒犯神的尊严的犯罪行为和在古罗马冒犯皇帝尊严的行为相类似。罗马法专家为基督教法庭创造一个被称为罗马教会程序的现代教会法庭程序贡献良多；在这里，罗马法和教会法的因素融合在了一起。⑦

教会法对于世俗法的影响是相当大的；事实上，如果没有教会法的贡献，欧洲法律的历史是不可想象的。后格里高利时代的包括等级制、中央集权制、管理和官僚制等在内的教会组织制度，为中世纪晚期以来的王国与公国（principalities）提供了模范。

在私法的一些重要的领域，甚至非神职人员也接受基督教法庭的管辖。最显著的例子是婚姻家庭法，这对于法律继受不可避免地有间接影响，在法律继受中，合法性与非法性的问题经常是具有决定性的。在订婚、结婚、离异和生父的确认这些问题上，人们在数不清的案件中必须运用共同法抑或至少是其教会法形式。⑭ 同时，它们也与罗马教会法程序邂逅，运用其自己的证据、裁判和上诉规则。这是许多人在实践中第一次运用罗马法。因为世俗法庭只是在教会法已经广为传播之后，才真正开始运用罗马法，即使是地中海地区也一样（和更加靠北的地区）。⑮

一些现代的法律理论是由中世纪的教会法学家所发展的。其中一个例子就是无偿契约理论，该理论受道德考量的影响（单方合意约束；pacla sunl servanda：每一个同意，即使不包含必要

---

⑦ 参见后文第 38 节。

⑭ C. Vleeschouwers and M. van. Melkebeek. Liber sentenciarum van de offic-ailiteit van Brusset 1448 - 59 (2 vols, Brtssels，1982 - 3；Commission rovale des anci-ennes lois et ordonnances. Reccueil de I'ancienne jurisprudence fde la Belgique，7 serie).

⑮ 例如，在佛兰德国度，共同法已在大约 1200 年在 the officialite of I'ournan 的实践中被发现，但是在其长期的实践中，法学家对实践的影响的首次踪迹直到 14 世纪才被发现，尤其是在 Audience of the counts of Flanders。

的形式,也应得到遵守);另一个例子是债法中的动机理论。⑯在刑法方面,教会法中可归责性的理论⑰为现代刑法铺平了道路,其中最重要的是确定可归责性(自愿的或非自愿的,预谋,减轻情节等等),与此相反,古代刑法最关注伤害后果和损害赔偿。

共同法对一般法律实践的影响

注释法学家(正如我们所知道的)对教会法施加了早而深刻的影响,但是对于罗马法学习的传播并未局限于教会法。教会法运用的领域限制在"有关物法"和"有关人法"。总体来说,罗马法在总体上越来越深入地影响了欧洲的法律生活和实践。从一国到另一国,罗马化的程度变化很大,但是没有一个国家完全不受影响。因此,中世纪大学的罗马法塑造和引导了整个欧洲法律的发展。

罗马化的范围和速度

在中世纪世界的一些地方,共同法早在13世纪就作为法律体系的基础被采纳。在这些地方,每个国家或城市的特有的习惯和法令(法规)被认为是地方的、局部的变种,这些变种当然是有法律效力的,但是适用的范围受到限制,而且受制于共同法的

---

⑯ 即使是在今天,在民法学家中也存在着两个学派,即"因果关系学派"和"反因果关系学派"。cf. J. Limpens, De wording van het contract (Brussels, 1970; Med. Kon. ve Akad. Wetenschappen, XXII, 3) and H. Capitant, De la cause des obligations (Paris, 1927). 关于中世纪的理论, see E. M. Meijers, 'Les theories medievales concemant la cause de la stipulation et la cause de la donation', Revue d'histoire du droit 14 (1932), 376; G. Chevrier, Dictionnaire de droit canonique m (1942), col. 1-10。

⑰ S. Kuttner, Kanonistische Schuldlehre (Vatican, 1935; Studi e testi, 64).

一般规则。意大利和法国的南部那些实行成文法的地区⑬是这种罗马化的典型例子。在西班牙，有着更为持久的地方法传统（当地法律的汇编，有时候是已不通用、陈旧的和西哥特（Visigothic）渊源），而且，普通法并没有从整体上成功地进行"接管"。

在北意大利和法国南部，由于罗马粗俗法的传统，罗马共同法更容易渗透。在意大利，大学作为共同法的中心很明显在罗马化的过程中是一个重要的因素。12世纪，意大利也在欧洲国家中发展最快，不仅是在政治方面，在经济和社会方面也是如此。在法国南部的Occitan地区和伦巴第（Lombardy）和托斯卡纳（Tuscany）之间，有着强烈的文化联系：意大利注释法学家在12世纪已经开始在法国南部授课，大学和法律教学在13世纪上半叶开始在那里出现。因此，罗马粗俗法或习惯法向共同法的转化可以在没有官方干预的情况下在意大利和法国自然地发生。那里的执业者可以毫无困难地认可在博洛尼亚讲授的普通法的优先性，并且很自然地认为它优先于当地的陈旧的和不发达的法律。这些法律在罗马粗俗法的基础上已经成长了数个世纪。

在法国，由于南部对于共同法的自愿接受和北部对古日耳曼习惯法的保留，因此，产生了成文法地区和习惯法地区这一制度

---

⑬ 南部成文法和北部习惯法地区之间的界限确立于13世纪。它从Oleron岛上面的大西洋以西伸展到Saintonge、Perigored和Limousin以北，然后到Auvergne南部、Maconnais以北，Bresse和the Pays du Gex直至日内瓦湖。它大约相当于法国的和Occitan之间的语言学的边界，Occitan位于正南方。参照H. Klimrath地图。'Etudes sure s coutumes'. Retur de legislation et de jurisprudence 6 (1837), 107-35, 161-214, 321-93; the map has frequently been reprinted inter alia in J. Brissaud, Cour d'histoire generale du droit francais, I Paeis, (1904); J. A. Brutails, La geographie mounmentale de la France (Paris, 1923); J. gilissen, Introduction historique au droi (Brussels, 1979), 241.

化的划分，这一状况一直持续到旧制度的结束。[79] 国王容忍这种划分，但经常拒绝承认罗马法是因皇帝权威而在南部适用。相反，在他看来，罗马法仅仅是建立在这一地区古代实践的基础上，从而不得不被国王所尊重。[80] 教皇阿诺里三世颁布了 Super specula 教令集，且在1219年，教宗阿诺里三世应法国国王[81]之邀，访问了法兰西王国的"Francia[82] 和其他省份"，上述地区的老百姓都不受罗马法规则的统治。在这个官方文件中，法国法律的二分被公开地承认。

在稍晚的时期，在一些北方地区，共同法得以引进并被接纳作为国家法，代替了迥然相异的和不方便的习惯。德国就是这样的一个例子，在德国，继受开始于大约公元1500年，而在苏格兰，欧洲大陆的共同法在16世纪期间得以建立。一个德文版的普通法在现代的早期发展起来，并被称为 the Usus Modernus Pandectarum（《学说汇纂的现代应用》）。《现代应用》最后一次繁荣是在19世纪，特别是归功于 B. 温德沙伊德（卒于1892年）——学说汇纂学派中最重要的人物的著作。当《学说汇纂》和一般意义上罗马法的法律权威均已消失殆尽时，德国民法典（BGB）在1900年开始生效。不变的是，潘德克顿学派的影响力仍然存在，并且温德沙伊德在德国民法典的起草中扮演了非常重要的角色。苏格兰在12世纪至13世纪之间受到了英格兰的强力

---

[79] 它遥远的起源可考于中世纪早期的章节。二分法一直持续到古代政体末期，至少从理论上是这样；实践中的差异即使在现今也存在着。

[80] 这一概念发现于有关 seneschalsy of Beaucaire 的1254年7月的皇室法令中。1312年7月的一个法令规定该王国不受成文法管辖；虽然该王国的部分人口在王室的同意下依靠成文法，也就是说不是因为制定了成文法，而是因为他们传统的习惯法符合成文法。这种政治上的似是而非并未影响地方律师的视野，其享有 the Parlements of Aix 的一席，Granoble nad Toulouse；对他们来说，有充足的理由适用国法大全，并且事实就是这样。

[81] 参见后文第43节。

[82] I. e the IIE-de-France. The old domaine direct of the Capetians.

影响，最后该影响导致以苏格兰法变为普通法而告终。由于英格兰和苏格兰开战，这个发展历程被中断。并且，为了弥补自身不发达的习惯法的缺陷，苏格兰决定去引进大陆普通法，因为其包括了所有最恰当的资格。它可以为苏格兰提供一个精良的法律体系，适用于各个地区而且它也显著区别于英国法。[33] 在所有这些国家，共同法、罗马法和教会法处于首要地位，国家普通法、地方法则扮演着配角。

在其他地区，比如法国北部和南尼德兰，传统习惯法的官方汇编也被制作出来并颁布施行。尽管在以后的几个世纪里，这些地区保持了习惯法上的特性，但是普通法并未被忽视。它扮演了一个官方补充和解释的角色。即使在这些习惯法地区，对于所有那些声称要做律师的人来说，成文法教育无论如何是必不可少的，在北尼德兰，罗马—荷兰法是一项独特的发展：在荷兰，习惯并未被确认，普通法没有通过官方的形式被正式地引进。因此，法学发展了一种荷兰法和罗马法的综合体，以适应那个时代的社会。罗马—荷兰法很快获得了不容挑战的威望。到了旧制度的末期，它的影响已经相当大了。

在欧洲，普通法在英格兰的发展毫无疑问是最不平凡的。在12世纪，受封建法和习惯法的启发，皇室法院创造了一种英国普通法，并且其中没有罗马法的元素。这种普通法成为英国法的基础而且并未受罗马法传播的影响。尽管如此，除了英国普通法的管辖权以外，仍有其他法院的产生。这些法院发展它们自己的判例法和原则，这些判例法和原则在某种程度上偏离了古典的普通法，更近似于大陆的共同法，特别是罗马—教会法程序，这尤其适用于衡平法以及大法官的判例法。大法官在中世纪几乎总是主教。他们运用近似于罗马教会法的程序，相比普通法法庭，这

---

[33] 由于该原因，许多苏格兰学生学习欧洲大陆的罗马法，首先开始于奥尔良和鲁汶，在宗教改革运动后他们主要在莱顿大学学习。

显然更适合他（作为一名主教来说）。但是衡平法院和效仿其的令状法院，相对于海事法院来说，较少具有罗马法的特征。因为在那里，法官适用纯正的欧洲普通法。在星座法院的诉讼程序中，也存在教会法元素，基督教法庭亦是如此。在英格兰和整个中世纪的西方，已经开始适用教会法及其程序，这个传统一直保持到与罗马决裂。[84] 共同法在英格兰不仅局限于一些司法管辖区的法律实践，同时也在牛津和剑桥被讲授。并且中世纪最重要的普通法作者布拉克顿（卒于 1268 年）在他的著名的《英格兰的法律和习惯》一文中，显示出对共同法的深刻理解。[85] 自从瓦卡留斯[86]开始，《民法大全》从未完全脱离英国的法律理论与实践。

共同法实质上是一种跨越地域界线的欧洲法。然而，它仍然遇到社会层面的阻碍。因为只有受过大学教育的少数精英群体和能够掌握神谕体拉丁文的人，才能够接触到共同法。

共同法的动力：理念

任何一个不满足于只背诵事实的历史学家必须扪心自问，是什么导致了罗马法在中世纪和近代早期显著却并不彻底的成功。部分可以归功于《民法大全》的内在品质，它是一种高度发达的文明与历史上最伟大的法律国家长期相结合的产物。尽管罗马法已经制定了几个世纪，但它却是一种比公元 1100 年左右的欧洲更先进且无可比拟的社会进化状态的反映。古罗马已经是一个世

---

[84] 由于宗教改革运动废除了教会法的教学，所以教会法院的博学的法学家通常就是罗马法的博士。"民法专家"也在被罗马法、海事法庭和骑士团法庭影响的英国法庭发现。从 15 世纪开始，这些法学家形成了一个以"普通法博士"著称的群体。

[85] Bracton on the laws and customs of England. Ed. E. Woodbine. With revisions and notes by S. E. Thorne. 4 vols. Cambridge. Mass. and London. (1968) 77.; Latin text and English translation.

[86] 瓦卡留斯是一个意大利注释法学家，在史蒂芬国王在位时期（1135—1151 年）在牛津大学讲授罗马法，并为他的学生们著有《民法大全》的便宜的删节版，以 Liber pauperum（"穷人的书"）著称。参见 F. de. Zulueta 版本（牛津，1927 年）。

界性的、悠久的帝国，具有发达的经济；另一方面，11世纪的欧洲是一个地域褊狭而社会守旧的封建的农业社会。在12世纪，它的文化和智识发展是非常原始的。

因此，罗马化意味着现代化。罗马法是一个现代体系，进步且定位于未来；而习惯法则是传统的、过时的，并受一个越来越过时的发展阶段的束缚。罗马法也有在大学里被讲授和研究的优势，在中世纪晚期代表了学术思想的中心（par excellence）。为理解这一点，将方式和方法的掌握、观点的提出和罗马法专家的论文和注释的严谨推理，与那些试图相对清晰地制定习惯法的同辈们的无技巧的尝试之间作出对比是必需的。法学是一门必须在罗马法学院中才能获取的技术。当教授们在他们讲课过程中注意到时代的实践需求，正如巴托鲁斯主义者（Bartolists）所做的那样，他们的信息的魅力不可抵挡。下面便是这种"症状"的表现：当布拉克顿着手对未受罗马法影响的英国法进行表述和评论时，他感到不得不借鉴阿佐和其他注释法学家的关于法的一般理论。

但是，共同法的内在品质并不是可以解释西方"罗马化"的唯一原因。博洛尼亚教师的讲授，尽管很优秀，但如果缺乏其他更为有利的社会因素，也是根本不充分的。在一个特定的社会里，法律制度和重要的立法实践实际上是由于占统治地位的群体和组织决定的。脱离了政治历史的背景，就不可能理解法的历史。从广义上看，法对社会的作用本身就是一种政治现象。因此，考虑在何种政治和社会环境下允许共同法传遍欧洲，如今是十分恰当的。

基督教是中世纪世界坚决支持罗马法的首要力量。基督教法学家的教育建立在《民法大全》的基础之上，从《民法大全》中获取了教会法的方法，甚至有时候是其原则。教会法庭的程序在如此大的程度上受到了罗马法的影响以至于它被称为"罗马—教会法"。中央集权、等级制、官僚、理性至上、法的重要性和管

第三章 欧洲和罗马—日耳曼法 1100 年—1750 年

理：这些都是包含在罗马法中的元素，可以为基督教的掌权者所运用。从格里高利改革开始，它们是教皇政策的大致轮廓，并且这些政策也具有罗马法特别是保存于《民法大全》中的罗马帝国晚期的法律所展现的特征。尽管有重要的作者生活在无宗教信仰时代的事实，但由于《民法大全》和伟大的基督教皇帝优士丁尼的威望连在一起，基督教还是毫不犹豫地接受了罗马法。

国王和皇帝们也意识到他们可以从罗马法中获取的好处，在神圣罗马帝国，罗马法的权威是不证自明的。因为这些皇帝认为他们是古罗马的基督教原则的继承人，国王也认为他们自己是《民法大全》的原则的继受者；从 12 世纪开始，"国王在他的王国内就像皇帝一样拥有主权"成为陈词滥调。对于中世纪的主权者来说，《民法大全》尤其成为巩固他们地位的无穷尽的证据来源。《民法大全》对于人民权利或对国家权力的限制无任何表述；其不知道什么是民主。因此，支持皇帝的无限权力和国家威严的原则就更清晰地凸现出来。法律格言"皇帝免受法律约束，君主意志即具法律效力[37]"正好符合了那些力求完美的主权者的胃口：他们急切企盼脱离封建制度，创建现代政治结构。这就是为什么腓特烈一世皇帝在 1158 年的隆卡里亚会议上向博洛尼亚四博士寻求对王权下一个定义（用以反对城市），以证明皇帝的至高无上和不可剥夺的权力。在法国，公正王菲利普四世的法律顾问运用罗马法证明对作为法国国王的封臣的弗兰德斯伯爵定罪的合法性。传统的封建概念现在"跳出来"反对现代关于国家主权的不可分割的理念。[38]

---

[37] "法律并未束缚着君主"而是"能取悦皇帝的东西就具有法律效力"。

[38] 莱顿的菲利普（卒于 1382 年）是一位荷兰的职员和学者，他服务于荷兰的伯爵威廉五世，并著有 Tracatatus de cur a rei publicae et sorte principantis，其中，他主张扩张王权与市民地位，并反对贵族权力；为了达到上述目的，借助了他曾在奥尔良学习过的罗马法（他也是一位巴黎大学教会法的博士）。参见 P. leupen. Philip of Leyden：14 世纪法学家（the Hague and Zwolle. 1981；Eechtshistorische Studies，7）。

对于在王国内追求法律合理化和统一化政策的最高统治者来说，接受罗马法的模本是颇具吸引力的。[89] 毫无疑问，持以下观点是不正确的：即认为近代主权国家的兴起是注释法学派教学的结果；但无论如何，显而易见的是，在接触罗马法以前，主权国家在英格兰和弗兰德斯已经成型。以下事实是毋庸置疑的：《民法大全》增强国家权力以反对封建分裂，提供了权威和强有力的令人不得不同意的论点。在关于国家权力的当代辩论中，许多罗马法的注释者均采用绝对主义立场。[90] 法学家们[91]居于力量的中心，他们发展了支持最高统治者所追求的集中化、合理化和标准化政策的理论。

共同法的动力：法学家

40　方兴未艾的国家权威的树立不仅利用了罗马法的原则，而且还得到法学院的毕业生的帮助。除了理念和规则以外，大学可以提供在共同法的推理和辩论能力方面受过培训的官员。从13世纪开始，法律人已经占据了中央机构与法院中有影响力的职位，这甚至扩展到地中海地区以外。在法国，他们从13世纪开始，便坐镇在巴黎的议会[92]中，在法庭中，他们证明自己是公正王菲利普四世的帝国主义政策的忠实拥护者。在弗兰德斯郡，他们从

---

[89] 例如1254年和1258年的法国路易九世的法令，这些法令希望引入一个罗马—教会式的程序法版本到法国。这遭到了来自封建势力的阻力，他们更喜欢例如审问中的决斗这样的东西。

[90] 比如，巴尔都斯，在其一本评论中，写到关于 on c. 1. 14. 4 that "supremo, et absoluta potestas principis non est sub lege"; cf. R. W. and A. J. Carlyle, History of medieval political theory, vi (London, 1950), 20. On political exploitation of the auctoritas of Roman law, W. Ullmann, Law and politics in the Middle Ages. An introduction to the sources of medieval political ideas (London, 1975).

[91] 之所以这样叫，是因为他们在大学研究罗马皇帝的法律（例如，《民法大全》中的民法）。

[92] 参见下面第53节。

1278年开始便出现在盖伊·德·丹皮尔（Guy de Dampierre）的法庭。首批的议员还是意大利人和法国人，但是在14世纪，大多数是在博洛尼亚或奥尔良学习过的弗兰德斯人。⑬

那些大而有实力的城市也意识到从政府官员的服务中可以获取的好处。他们的法律教育背景使他们具备执行专门的市政管理任务的能力。这些城市更愿意让大学的毕业生为他们的法律活动做准备和辩护。尽管城市官员并未对支持最高统治者权力的理论印象深刻，但他们可以感受到法学所提供的专业教育可以转化成他们的优势。而且，在《民法大全》的巨大的"储藏库"中，要发现支持他们自己利益的印证并不是特别困难。

这里需要注意的是，中世纪思想并没有反对完全脱离背景的引用古代资料或者将罗马法运用于罗马人从未希望他们适用的情形。因此，《民法大全》可以满足多样化的需求。有这样一句箴言："众人之事，应该由众人支持"⑭，为了支持代表制度和人民参与决定和他们有关的事务，以上箴言被援引作为一项原则。一种字面的解读可以赋予这种箴言以一种民主的内涵。毕竟，优士丁尼法典是权威主义政权下的著作。因此，从中发现这样一条规则将是令人吃惊的，除非它和国家权力没有联系。并相反，其只适用于私法上的制度：监护人的地位。影响一个被监护人的财产的行政法令的通过必须经所有监护人的同意。由于以上的原因，自从13世纪开始，意大利的城市开始吸引法律教授、建立大学并委派法律人到公共机构中工作。在12世纪，罗马法仍被认为

---

⑬ 参见 J. Gillissen, "Les legists en Flandre anx XIII ET XIV Siecles", Bull. Comm. Roy. Anc. Lois 15 (1939), 117 – 231。

⑭ G5. 59 – 5 – 3. The rule was wrenched from its context and applied, in favor of the conciliarist thesis, to the organization of both church and state. Cf. J. Maravall, "La formula" " 'quodomnes tangit'y la corriente democratic medieval en Espana". Album E. Lousse, IV (louvain, 1964), 1 – 13; A. Maarogiu,' Le "quod ones tangit" et une legend dure a mourir', Revue historique de droit francais et etanger 48 (1970), 10 – 11; W. Ullmann, 法律与政治, 281 – 282。

是皇帝权力的工具。但是至 13 世纪，罗马法在北意大利城市的适用发生了变化（博洛尼亚已经成为反对皇帝的坚定而忠实可靠的中心），以至于腓特烈二世在那不勒斯创建了一所有利于他自己利益的大学。在那里，《民法大全》将得到更正确的解释和阐明。在北边地区也有类似的发展：法律人被委派到城市的政府部门，而大学则是由市政发起建立的，如 1425 年建立的鲁汶大学。但是所有这些都比在意大利要发生的晚许多。[95]

最终，法律阶层对于共同法的传播作出了自己的贡献。律师经常在寻找证据适用于他们自己案件的过程中，会毫不犹豫地援引《民法大全》以使他们的当事人印象深刻。[96] 在辩护中，诉讼当事人别无选择，只能向律师求助。律师要么可以援引《民法大全》的其他内容以反驳他的对手的论点，要么证明他的对手所援引的内容是不相关的。从现在开始，对于共同法的掌握成为一张重要的王牌。[97] 另外，《民法大全》不仅对当事人有用，对法官来说也是如此。当遇到新的问题时：共同法是如此的包罗万象、咨询（Consilia）如此详细以至于在缺少习惯法的时候，法官总

---

[95] 从 1304 年到 1332 年，Hendrick Braem 在根特担任法学教授（legum professor），薪水为 100 镑。豪瑟姆的约翰（John of Hocsem，卒于 1348 年）在列日也担任法学教授（legume professor）。

[96] 关于他的观点的最古老的证据，see A. P. Schioppa, 'II ruolo della cultura giuridica in alcuni atti giudiziari italiani dei secoli XI e XII', Nuova rivista storica 64 (1980), 265 - 89; L. Schmugge, ' "Codicis Justiniani et Institutionum baiulus". Eine neue Quelle zu Magister Pepo von Bologna', Ius commune 6 (1977), 1 - 9。

[97] 从注释法学家时代以来，马赛的圣维克多大教堂的一位修道士所写的一封信件尚存。该修道士曾旅经意大利并经他的修道院院长同意而研习罗马法：他指出，将来，教会应因此会处于更好的地位来维护自己对其诽谤者的攻击。该信件的时期无从考究了，但是近来的研究将它定位于 1124 年和 1127 年间。参见 j. Dufour. G. Giordanengo and A. Gouron, "L'attrait des 'leges', Note sur la letter d'un moine victorin (vers 1124/1127)", Studia et documenta historiae et iures 15. (1979). 504 - 529。

能够在共同法中发现一项原则。⑱ 大的政治辩论的需要也使人们感到有参考罗马法的必要或者援引《民法大全》以反驳对手：当公正王菲利普四世借助《民法大全》攻击弗兰德斯伯爵的时候，伯爵感到被逼着去寻求法律人的帮助以巩固他的地位，因为传统的封建法律规则对此没有做任何规定。

学术和大学

大学⑲是法律人强有力的跨国组织体的共同基础。它的来源可以追溯到12世纪的博洛尼亚、萨莱诺和巴黎。在接下来的几个世纪里，大学传遍了整个西方。尽管有地区差异，中世纪的大学也有各种各样共同的特征。在法律的讲授方面，以下是值得注意的。最重要的是，在中世纪大学是世界性的：国家的界限（在那个时候并不分明）并没有比本土化造成更多的障碍。在所有的大学里，从波兰到葡萄牙，从苏格兰到西西里，都用拉丁文讲课，基本的著作都是相同的，而且文凭在所有的国家都可以获得承认。从欧洲各个地方来的学生云集到较大的大学并自己组成"国家"；举例来说，在奥尔良，来自德意志帝国的学生组成了日耳曼国家，代表了来自布拉班特、列日和尼德兰的学生。教授的招募也是完全国际性的，规章和教学大纲也是如此。其新的基础大多借鉴自悠久的有时是遥远的大学。

像所有的教育机构一样，中世纪大学也具有基督教会的特

---

⑱ For the circumstances in which the first arguments of learned were made before the Flemish courts, see E. I. Strube, 'De receptive in de Vlaamse rechtbanken van midden veertiende tot einde vijftiende eeuw', Revue d'histoire du droit 29 (1961), 445-62 (also, in idem, De Iuister van ons oude recht. Verzamelde rechtshistorische studies; Brussels. 1973), 601-15.

⑲ 最初，universitas 意味"团体"、"社团"或"组合"：它开始被用作一个城镇的教授或学生的联合。渐渐地，他变成了一个城镇的 studiem generale 教授和学生群体的标准术语。

性。大多数大学因教皇的敕令而建立并将其置于作为名誉校长的教师的权力之下。起初，所有的学生都是神职人员，尽管绝大多数仅仅才进入较低的等级。而且只有一少部分能够在结业的时候被任命为牧师。中世纪末期，大学的基督教特性开始褪色。从那个时候开始，大多数学生由非神职人员组成。

中世纪的大学在其管理和财政事务上十分独立。对于那些成长在一批著名教授身边的首批学生来说，这是很自然的。但即使大学由于建立的特许状、规章和来自公共机构的财政支持而变得体制化，它们仍保持广泛的独立性。国家对指定课程和委任教授方面的干预是一个较晚出现的现象，更多的是近代早期的特征。在那个时代，大学的特定意义上的"国家化"也会发生。从中世纪晚期，一些统治者已经专门创建了用于实现他们的目标和为其管理和统治提供需要的大学。最突出的例子比如1224年在那不勒斯建立的"政治"大学，留学国外在事实上被禁止。在近代早期，这种垄断有扩大化的倾向：举例来说，16世纪南尼德兰所支持建立的鲁汶大学和杜埃大学，更多出于政治和宗教方面的动机。

起初，大学并非有意创立的：他们是自发的联合体或团体（在中世纪非常流行）或者由官员和学者一起组成，或者由"教师"和"学生"分别组成。[100] 由于内部的差异、长期存在的争议以及与城市当局的冲突，一些教授与学生离开原来的学校，并在另一个城镇创建一所新的大学，有些大学就是这样产生的。举个例子，剑桥大学就是在从牛津大学退出的人员基础之上建立起来的。晚近，官方有意创建大学是和官方机构的设立及国家或地方的资助密切相关的。在意大利的几个城市里，教授的薪水给付列于市政的财政预算之外。在1228年的维切利，公共团体承担了

---

[100] 有时，教授由学生团体任命并支付酬劳：在13世纪，博洛尼亚大学是一个自主管理的学生社团。许多人是有着法律和管理经验的人。在14世纪，管理权落入了该城市自身手中。

法律方面七位教授的薪酬支付。这意味着官方对大学内部事务的进一步干预。

首先在知识的意义上，大学是精英教育。学习的过程是长期的（七年或更长时间也是正常的），并且费用也非常高。（学生）必须要熟悉拉丁语，这是为了参加"讨论"，以及学习《民法大全》（常常是需要死记的）及其注释。其次，学生中的小团体[101]也是根据社会出身划分的。他们常常要在国外进行学习，而且花费也昂贵；奖学金却罕见。[102]一些学生通过为那些富有的学生服务[103]，从而才能有能力负担起他们的学业，而这些富有的学生大多数属于贵族或上层资产阶级（haute bourgeois），这些阶级在近代早期输送行政阶层和长袍贵族。小资产阶级分子、技工和乡下人则很难被代表。终于，这些学生借助于他们的权利被包装成了一个精英：大学的成员享有很多的特权，特别是他们不受普通法庭的管辖。腓特烈一世的 1158 年 Habita 宪法已经将重要的特权和豁免权给了拥有大学教育背景的学者。近代早期，特别是拥有大学教育背景的法律家们倾向形成一个排外的精英团体。具有同种的社会地位的资深官员和法官的内部同盟时常发生；推荐或晋升常常依赖家族联系。然而，尽管有这种影响，法律家们在政府和法律时间之外的权力扩张方面却没成功。政治上的决策仍保持在君主手中，部分法院，比如巴黎高等法院，因尝试扮演政

---

[101] 1200 年左右的博洛尼亚大学，主要的法律学院被认为已经有了大约 1 000 个学生。奥尔良和阿维尼翁到大约 14 世纪末期拥有的学生却相当少（前者拥有 256 个学士和 368 个学生，后者拥有 339 个学士和 467 个学者）。科隆大学大概拥有 15 世纪德国最重要的法学院，其法学院的学生估计是 100 人到 200 人之间。总的来说，较大的大学学生从 500 人到 1 000 人不等，较小的大约 100 人。

[102] 《民法大全》的注释五卷本的手稿全套加起来差不多要花费一座市区房屋的价钱。奖学金有时由市政当局颁发，希望吸引获得者致力于做法律实务家；绝大多数的奖学金基于同样的理由，由教会团体（分会或修道院）颁发给他们中最有前途的会员。

[103] 他们被登记簿载为贫民就可以免除入学考试费用。

治上的角色而引发了数次与王权的严重冲突。

近代早期大学的教学大纲以及法律人的精英主义并没有根本改变。罗马法和教会法仍然垄断了所教的科目。[104] 一方面，国家加强了对大学事务的干预；另一方面，法律教育中的思维水平和创造力在下降。

大学和理论方法

几个世纪以来，一流的法律人在法学院接受教育的事实对于欧洲法律的发展具有重要的意义。它不仅为欧洲大陆法提供了罗马—日耳曼法的基础，而且还有其概念和理论方面的典型特征。从一般历史的视角来看，令人十分惊讶的是，这些法律人在远离日常生活实践的情况下接受了他们的专业教育。他们的教育发生在大学里，而且以持续几年投身他们的"神圣课本"为特点。普通法系的法律人的教育更具有典型性：那些致力于法律职业的年轻人被执业律师雇为学徒，并在伦敦这个皇家法庭坐落的地方担任秘书或者助手。他们住在为学生提供的住所里、法院的小旅馆里，他们寄居于此并接受基本的培训，但不能与大学里的教学大纲相比。在12世纪以前，英格兰没有进入大学学习法律的需求。大多数著名的法律人（包括高级法院的法官）不是法学院的学生，而是从工作中习得技巧的执业者。只是在最近，对于那些想

---

[104] 对生效习惯和法令的参考非常罕见。679年Ordonnance de Saint-Germain-en-Laye的特别法典在法国首先确立了犹豫不定的对非共同法的教学的开端。该法典规定法国法的教席应该在巴黎和其他地方建立。巴黎第一个法国法教授安东尼·洛思里著有《洛思里法学总论》(the Institutes of Loisel)，参见上文第26节的评注。Cf. A. de Curzon, 'L'enseignement du droit français dans les Universites de France aux XVIIe et XVIIIe siecles', Revue historique de droitfrangais et étranger (1919), 209 - 269, 305 - 364 (also published separately, 1920). 1713年the Consejo of Castile的秩序用本地法替代罗马法是无效的，这多亏了法学院的反对。

第三章 欧洲和罗马—日耳曼法 1100 年—1750 年

成为法律人的人到大学里学习法律并获得法律学位，成为一条准则。[105]在欧洲大陆，12 世纪以来，实践中接受培训的法官和律师执业时，身边都是熟练的大学毕业生。在尼德兰，只是从 15 世纪开始[106]，后者才获得真正的重要性，而"大学教育对于高等法院的法官及出庭律师必不可少"成为流行的观念已经是近代早期的事情了。[107]一种类似的演化也出现在医学方面。起初，外科医生和在实践中培训的医生占控制地位，而（大学）毕业生只是少数；但毕业生渐渐确立了他们自己的地位并最终在医疗技巧方面获得了合法的垄断。

每一种教育制度——欧洲大陆的理论模式、英格兰的实践模式——均有其优点与缺点。欧洲大陆的方法提供了获取一个理性法律体系原则的详细知识的前景，但是它远离真实的法律实践，而且没有使毕业的法律人学会运用习惯法；从另一方面来说，英格兰的方法是意图成为法律人的人立即面对日常实践和活的法

---

[105] 1976 年，新的事务律师中的 70% 和新的出庭律师中的 90% 到 95% 是法律专业毕业。大约 19 世纪中期，实际上英国在法律学习上并未留下什么东西；令人不惊讶的是 1846 年的特别委员会报告中审查该问题，并以一长串抱怨目录结束，该报告做了很多对国外形势的参考。因此，仅仅在 19 世纪下半叶大学才开始授予法律学位。然而，许多杰出的法官反对这项改革。并且在 1904 年，Vaughan Williams LJ 注意到法学院将会带来法典编纂，因此没有法学院也挺好：参见 A. H. Mnachester，英国和威尔士近代法律史（伦敦，1980 年），54－66 页。

[106] 在 Audience，其后来变成了弗兰德斯的委员会，在 16 世纪的进程中，法学家的数量曾经变得更多，直至他们获得垄断地位。从那时候高级法院的几乎所有的议员必须具有法律教育背景。在议会（1473—1477 年）和米兰的大谘议会（1540—1794 年），几乎所有的议员要么是医生要么是法学专业毕业。从 15 世纪开始，在重要的老人团（aldermen）法院，每个法庭拥有一到两个博学的法学家，但到了 18 世纪，他们就是多数派了。在下级法院，老人团（aldermen）法院要求一个合格的法律家作出适当的裁判。

[107] 为此目的，也曾有过临时的制定法：布拉班特议会的 1501 年法令要求律师应该获得罗马法或教会法学位。H. de Ridder Symoens，'Milieu social, etudes universitaires et carriere des conseillers au Conseil de Brabant（1430—1600）'，Album amicorum J. Buintinx Louvain，(1981)，257－302.

律，但它并没有为他们提供大学所特有的理论和分析方法，也没有使他们熟知罗马法并开阔其智识视野。

对"普通法"的反对

43 　　在习惯法时代的欧洲，人们并不总是赞同继受罗马法。但值得注意的是，反对的主要理由像每一次革新一样，普通法的传播使保守的阶层感到不安，将其视为对他们传统利益和思维方式的挑战。封建法不只是一个抽象的权利义务体系，而是众多贵族家庭土地和财产的基础；他们没有完全看清革新会威胁到要改变所有权的性质及与之相关的权利和负担，农民平等地占有。通过适用绝对所有权的罗马法概念，共同法威胁要推翻历史悠久的服务于地主利益的剥削农地与使用普通土地的实践。[108] 在其他地区，封建主义也反对博学的法律人的革新。因此，在1236年，英国的男爵们阻止教会法（和罗马法）的这一原则：通过嗣后婚姻认领而合法化（legitimatio per subsequens matrionium）。因为它对传统的继承方案有重大的影响。他们拒绝采用共同法的态度是明确的：我们拒绝改变英格兰人的法律[109]，在法国也发生了类似的反对现象。在那里，13世纪后半期，骑士阶层强烈反对受罗马—教会法启发而引入的审判程序，因为其被希望用以代替传统的决斗方式。由于骑士对共同法的总体抵制，习惯法地区仍保留它

---

[108] 参见讨论 in A. Stern, 'Das romische Recht und der deutsche Bauernkrieg', Zeitschrift fur schweizerische Geschichte 14 (1934), 20-9. 0-9. The peasants' registers of grievances took particular exception to the code for Baden compiled by Zasius, 可能是因为它改变了幸存配偶与罗马法一致的继承权（也即有利于母系家族）。农民也要求法官应当由社群来选举产生，并且所有包含"Juristerei und Sophisterei"的书都应当被烧掉。

[109] 封建主义基于长子继承制，并且根据传统观点，在父母未婚而生的不正当的儿子被视为杂种。其被排除在所有继承权以外，甚至父母后来结婚也如此。但是，如果他因结婚的认领（legitimatio per subsequens matrimonium）而合法化，他就继承了整个领地，并且他父母婚后出生的年幼的弟弟并不能这样。

们自己的特征。巴黎高等法院的议员（councillors）不得不根据地区的习惯来裁决这些地区的上诉案件，而不是根据共同法。在 1278 年，菲利浦三世甚至禁止律师在来自习惯法地区的案件中援用罗马法。[⑩] 议员和律师发现他们自己处于进退两难的窘境。因为他们接受罗马法的教育，并根据事物的类别进行推理。为了达到目标，他们根据《民法大全》原则准备他们的判决或诉状，然而却被禁止公开使用这些原则或者引用它们以阐明自己的观点。

特定阶层的保守主义并非对传统习惯法提供唯一支持：区域的和地方的特殊主义是支持它的另一个因素。在尼德兰等其他地区，地方习惯被视为政治独立的要素，尤其对于城市来说，习惯构成了中央政策的障碍。具有代表性的是：当勇敢者查理（Charles the Bold）征服了里尔以后，他废除了那里的习惯并以普通法取而代之。在他死之后，勃艮第人的占领结束时，这项措施又被撤销。

对于罗马法的反对也是基于国内政策的考虑而引起的。在法国尤其如此。被认为是帝国法律的罗马法引起了法国君主政体的恐慌，其总是急于反驳神圣罗马帝国皇帝潜在地声称法律的至高无上。因此，法国国王经常反对罗马法的理念，罗马法由于德国皇帝的原因而具有法律效力。这种反对带来了另外一种进退两难的局面：国王委派法律家（Legists）到巴黎的议会并让他们在政府中任职，但是拒绝认可"帝国"法的任何权威。这就是 1219 年教皇阿诺理三世应法国国王请求，颁布 Super

---

[⑩] Ordonnances des rois de France xi (Paris, 1769), 354, art. 9, 'Li advocats ne soient si hardis d'eus mesler d'aleguer droict escrit, la ou coustumes aient lieu, mais usent de coustumes'. （"律师并非那么胆大在习惯法适用的地方援用成文法，而是利用习惯"）。

Specula 教令的背景：禁止在巴黎大学讲授罗马法（但不包括教会法）。⑪

在 16 世纪，主权国家和国家意识的兴起越来越有成效。在法国，Fr Hotman 坚持认为需要法典编纂的法国法律。他的首要计划之一就致力于在国家层面实现整个私法和公法的法典编纂。这发生在法国法实行国家化和标准化的背景之下，并和建立一个强有力的国家君主政体有关系。Hotman 强调了罗马法的权威的相对性及其不完善之处。

尽管有内在的优良品质，但罗马法呈现出的某些缺点也是一个事实；不管任何事情，法律人都会在"法律的花园中发现荆棘"。这样批评并非毫无根据：共同法及其程序超越了普遍的理解能力；法律活动和上诉的秘密性、冗长和成本加剧了这种不满。法律活动根据查里曼大帝的教令集在露天场所一天就可以完成，这种对黄金岁月的记忆常常被唤起。博学的法律人陷于狡辩和争吵之中并自相矛盾也是共同法的一个缺陷。中世纪的表述"doctors certant"的精确性经常得以证明：对于法律博士（doctor legum）的每一条意见，稍经查证，就可以发现相反的意见。这会危及法的确定性。举例来说：几个最高统治者也采取 lex citandi 宣示；相较于其他学者，巴图鲁斯具有排他的权威。但这只能非常马马虎虎地缓解其基本弱点。

---

⑪ 虽然该禁令在某种程度上经由"私人"授业被逃避，但它直到被路易十四在 1679 年废除时止，仍旧有效。教皇的文件中宣称，其中一个理由（除了别的以外）是对罗马法的学习使得巴黎的太多教士偏离了他们固有的专业：神学。参见 G. Peries, La faculte de droit dans l'ancienne de Paris (Paris, 1890), 99-108; W. Ullmann, "The prohibition of Roman law at Paris", Juridical Review 60 (1948), 177; S. Kuttner, "Papst Honorius III und das Studium des Zivilrechts", Festschrift Martin Wolff (Tübingen 1952), 79。

商　法

商人在罗马法的传播中起到什么样的作用呢？人们可能会认为《民法大全》及其先进的债法促进了中世纪后期国际商业的日益发展，且那些商人应该是普通法中最活跃的出口商。然而事实并非如此。商法和海事法是独立于罗马法和教会法发展的（且在涉及贷款利息方面的内容时与后者是相反的）。普通法和商法都是国际性的，且是多维的：二者都很兴盛，但都有各自的实现途径：前者体现于大学及高等法院中，后者则适用在日常实践、商人习惯及商人的市场和海事审判。相比于商业实践，罗马法更适用于法学和行政管理，因此，从 12 世纪到 15 世纪，一种惯例性质的国际性商法在实践中发展起来。这本质上是由实践需要以及各种情况下的商业效率决定的，其体现于商品及货币市场，以及商品交易会、公司、银行运作以及保险和信贷的工具等方面。

虽然从 16 世纪开始就有人尝试着按照法学标准将这个体系系统化，商法及海事法仍然与实践保持着如此密切的联系，以至于在 17 世纪，一个商人而非律师完成了第一部关于商法的伟大专著，且在法国路易十四时期，商法的法典编纂工作大部分是由商人完成的。⑫ 西方的商法（ius mercatorum）主要形成于大型的国际贸易中，尤其是 12 世纪、13 世纪香槟地区的贸易，古代的经验成为普遍公认的惯例和规则，汇票就是一个例子。海事法

---

⑫ I. e. the Consuetudo vel lex mercatoria of Gerard Malynes of 1622 and the Ordonnance sur lecommerce of 1673 or Code Savary, 以 the merchant Jacques Savary 命名，Savary 在它编纂过程中起了很重要的作用。商法的构成要素经过很长时间才在实际操作以及诸如度量衡、大地测量、数学、经济学等这些繁杂项目中被人们发现。

的两大谱系——地中海区域遵守的是《罗得岛法》[13]和《海事法汇编》；在北欧适用的是《奥列隆海商法》（Roles d'Olemn）和丹麦与维斯比海事规则[14]——和商业协会规则为欧洲商法的形成做出了贡献。

商人自己有其司法、市场和海事法院（Consulat de Mar），在那里，商法规则得以适用，商人受其同等地位的人审判。通常商事习惯是不成文的，但自 1154 年于日内瓦已开始对其进行汇编的工作，1205—1209 年 Ziani 总督统治下的维斯比也开始了对商事习惯的汇编。也有许多西班牙汇编，至少可追溯到 1370 年，在巴塞罗那版本的《海事法汇编》中达到了顶峰。[15]

商法的例子表明中世纪有能力根据其经济需求以自己的方式发展一种新的法律规则体系。中世纪晚期经验和习惯发展了一个令人印象深刻的法律体制，这个法律体制整体上调整商业，尤其是调整信贷、保险、银行组织。这个制度非常适于那个时代，其

---

[13] 自从罗马法时代，《罗得岛法》（lex Rhodia）这一表述（在罗得岛和商人团体建立在那里后）就已经相当于地中海上习惯法的成形，其中除了《学说汇纂》中的引用外，只有很少有人知道该习惯法。从 8 世纪到 10 世纪，诞生了一个书面的拜占庭汇编，这可以被认为是中世纪海洋法的起点。共同海损是对古代学者有最重要的影响的概念，这就是古代法律被称为"抛弃的罗得岛法"（lex Rhodia de jactu，jactu 意味着抛弃）的原因。

[14] "奥列隆法的角色"是奥列隆岛商事法院的一部 13 世纪裁判汇编，奥列隆岛位于大西洋海岸，在地中海连接佛兰德和英国的繁华航线上。Wisby Hanseatic 城市，位于波罗的海的 Gotland 的瑞典小岛。

[15] 总体的概览，see H. Pohlmann, "Die Quellen des Handelsrechts" in H. Coing (cd.), Handbuch der Quellen und Literatur der neueren europdischen Privatrechtsgeschichte, 1 (1973), 801 - 834; L. Goldschmidt, Universalgeschichte des Handelsrechts, 3rd edn. 1 (Stuttgart, 1891); H. Mariage, Evolution historique de la legislation commerciale de Vordonnance de Colbert a nos jours (Paris, 1959); G. Colon and A. Garcia I Sanz, Llibre del Consolat de Mar, 2 vols. (Barcelona, 1981 - 1982); M. Bottin, "Le Developpement du droit de la mer en Mediterranee occidentale du XII e au XIV e siecles" Recueil de mimoires et travaux des anciens pays de droit ecrit 12 (1983), 11 - 28。

中一些在中世纪发展出的基本原则（尤其是信用证和汇票）在现代国际贸易中被保留下来。商法与普通法一样与共同法有着根本不同的方法；共同法，不同于普通法和商人法，它有一个整体的法理论；它从一般概念和类型出发解决具体问题；它相信成文化的资料（民法大全的文本内容）和逻辑性而非经验、先例和实践。

第六节 制定法

11世纪的复兴

如今，制定法是法律的主要渊源。立法者根据政策和社会需要废除旧规则、创造新规则。立法是一种按照期望的方向来操纵法律和社会的活动。之前，不可能清楚知道的是，法律可以在审慎的与目的性的干预下而形成。相反，法被认为是一种固定的、永恒的事实，它顶多是用来被适用或者阐述，但是主要关切在于维持古老良法的地位。中世纪最初几个世纪的"立法无意义论"[116]部分是基于此种观念，部分则是中央权力的无能为力。[117]尽管在中世纪晚期和近现代此种境况有所改观，但与18世纪法

---

[116] 参见上文第15节。
[117] 这很大程度上也适合于中世纪早期最重要的一系列成文法及盎格鲁—撒克逊法律。不过，他们当中也有新法律的元素，不论是关于僧侣的特权（一定是新的，在盎格鲁—撒克逊人转变为基督教徒后）还是关于同无拘束的私人封地的斗争，这些成文法也包含了很多传统的法律，后面的法律，尤其是 Cnut 的非常冗长的法律，逐字逐句复述了较早法律的大部分规定。在其成文法的序言中，艾尔弗雷德大帝明确地指出，他重复了在其前任的制定法中是公平的东西，并废弃或更正了其他的规定，但他不敢颁布他自己草拟好的许多成文法。他的成文法大约颁布在9世纪末，刚好是在敕令集，实际上是全部的欧洲大陆的立法活动正逐渐消逝的时期。

典编纂昌盛的时期相比，制定法的作用在此时仍然显得微不足道，更不用说与拿破仑力图追求制定法占垄断地位时期的境况相比了。

旧秩序中制定法作为法的渊源之一居于次要地位，来自普通法的竞争解释了这一现象，也使得在无立法干预的情况下改变旧有的欧洲法律成为可能。然而制定法的复兴（法律发展中有意干预的意义上）明显可追溯到 11 世纪末期。从那以后，成文法领域缓慢但平稳地扩大着。尽管伟大的国家法典直到 18 世纪——有的国家甚至到 19 世纪初——才出现，制定法与法学理论和判例法一样，成为旧欧洲法律的一个成熟渊源。这个时期的教会法、国家法和城市法引导着法学的发展。广义上说，存在着两种不同类型的制定法。一种是教皇和世俗统治者根据他们的政策颁布的、并施行于其国民的制定法。另一种是为了公众利益（荷兰语将其表述为"keur 或 willekeur"——意思是"选择权"或者"自愿的选择权"，强调这种制定法的基础是公众的自由意志）而贯彻执行的社会公众所需求的制定法。在中世纪晚期的城市可以发现这种制定法，这种立法发展中的民主形式随后伴随着专制主义国家的产生而归于终结。

立法者罗马教皇

46　　教会法的复兴是与教皇革命一致的。自从 11 世纪下半期起，宗教会议和改革中的教皇试图抗争所谓的"陋习"——即传统惯例上教会对于世俗权力的附属地位。革命的信号是由格利高里七世发出的，他在加冕成为教皇之前就已经在皇家法庭中有一定的影响作用。在他任教皇期间制定法的复兴并非偶然，教会权力需要立法来发起革命和革除"陋习"。教皇格利高里七世清楚地意识到了这一点，如同他所明确主张的那样——只有教皇才有权力根据时下的需要而颁布新的成文法[118]，他反对将习惯作为法律渊源之一。习惯已神圣化了现存情况，但是教皇决定制定新的法规，他必须对习惯加以防范，因为他的政策的成功取决于其立法动议的有效性。罗马议会为整个罗马天主教公布了新的法规，而与民众联系更为紧密的地方议会则分别在自己的区域和国家对这些法规做了区别对待和补充规定。但是，自从11世纪后半期以来，保障立法传统的并非议会和教会法规，而是教皇。[119] 罗马教皇的连续不断的立法活动普遍地影响了西方的思想，并且反映出有意操纵立法以实现特定的社会目的的意图。

罗马教皇卜尼法斯八世的加冕标志着伟大的教皇立法时期和典型的教会法时代的结束。后来，在两个截然不同的时代和环境中，议会提出了主要的立法动议。首先是在教会会议至上主义理论时期，从14世纪到15世纪上半期，在这一时期，教会议会被组织议会控制形势的努力所支配。这是一种对天主教教廷的中央集权主义政策的回应，但这种有趣的宪制实验并未产生持久的影响。其次是特伦特议会时期（1545—1563年），这个会议是为了组织反宗教改革运动而召开的。会议决定强烈反对新教而坚定不移地支持中央集权。他们一直在型塑教会直到梵蒂冈二世时期。

作为立法者的中世纪国王

经过了几个世纪的缺隙，国王和领主立法也经历了徘徊往复的复兴，并逐渐彰显其重要性。他们最初的立法动议仅涉及细节上的要点或问题，或者仅仅是废除他们认为不公平（mala consueludo）的习惯法规则。在英国，征服者威廉（1066—1087年）修改了陪审制度、刑法以及证据法；亨利二世（1154—1189年）

---

[118] Art. 7 of Dictatus Papae，格列高利改革的一种声明，追溯于1075年。
[119] 参见上文第35节。

引入了对土地和平占有的保护措施，且普及陪审团制度从而代替司法决斗作为刑事案件中的一种证据手段。在弗兰德斯，伯爵鲍德温四世（1194—1205 年）规定了高利贷禁令。西西里诺曼王国现存的皇家文件从 12 世纪就对封建法和陪审团制度予以调整。12 世纪的法国只有刑事领域的法令或极少数的国王法令是已知的。只有从菲利普·奥古斯塔斯（1180—1223 年）[120]统治时期起，才开始有大量的制定法出现。同一时期在神圣罗马帝国，则存在多样的涉及封建制度尤其是刑法的制定法。日耳曼国王自认为是罗马皇帝的接任者，他们通过规定将自己的谕令（constitutions）纳入《民法大全》从而力图强调其与古代皇帝的制定法的连贯性。

最早的涉及范围全面（尽管它与真正的法典并无可比性）的制定法可追溯到 13 世纪。如被提及的 1231 年弗雷德里克二世为了他的西西里王国所颁布的 Liber Auguslalis 和卡斯提尔（古西班牙北部的一个王国）的 Alfoso V 以卡斯提尔语言所颁布的 Siele Parlidasol。[121] 在英国爱德华一世（1272—1307 年）统治时期，出现了公法和私法领域成文法的昌盛，直到 19 世纪才对这一时期的立法范围有所超越。这种现象并不体现于单个立法而是作为一种连续的调整一系列主题的制定法。早期立法暴露了传统的缺陷和立法者的经验匮乏。立法技术及文件起草均未明确地建立起来。最初新的法规都是以口头形式予以公布的，我们只能通过编年史或者在写作成为习惯以后进而法规得以固定时来了解它们。到 12 世纪，以著作的形式将法规记录下来已是一种常规的行为，但这种新类型的颁布法律的正式程序尚未被确定下来。最初，法律的风格并不正式，正文经常以此种方式开头——"以下

---

[120] G. Giordanengo, 'Le pouvoir legislative du roi de France (XI - XIII, sieeles), travaux recents et hypotheses de recherché', Bibliotheque ecoloe des chartes 147 (1989), 283 - 310.

[121] 参见上文第 33 节。

是国王或者伯爵的决定"——而并没有最初或最终的草案，没有任何确定性的规则，也没有日期。许多重要的法律是以特许状（charter）的形式对某一地区或城市予以代表性的"准许"，从某种正式的观点来看，这种规则无法与那些证明财产转让的真实性的文件作出区分。例如：大宪章本是一部包含宪法原则的文集，但却以一种国王准许臣民的方式颁布。这个时期的不确定性也体现在古代成文法的各式各样的名称上。有时将法规称为 assisae，尤其是在英国。因为这些法规是在皇家法庭开庭时作出并公布的。早期对法律和习惯的区分在某种程度上已经确立，初期的法规有时称为 leges el consueludines（成文法和习惯）甚至是 leges consueludinariae，在我们看来，从法律专业而言，这种称谓自身似乎是自相矛盾的。

特别是在 12 世纪、13 世纪，君主经常针对某些城市、村庄而非整个国家予以立法。这些立法通常以地方法令或特权的形式，并应有关当事人的请求而为。有时它们与当事人的意愿相违背（号称假特权，mauvais privilege）。⑫ 在荷兰，对城市授予特许状（charter）是常用的立法方法。例如，Philip of Alsface 伯爵（1157—1191 年）通过对弗兰德斯的七个主要城市授予七个内容相同却相互独立的特许状而提出了一个现代性的地方法律的标准。⑬

国家立法的立法技术和形式规则逐渐得以确立。在英国，必须由国王和议会颁布制定法的实践得以制度化，且自中世纪结束至今未曾改变。法国的皇室法令（ordonnances royales）是由政府颁布的，一般与普通阶层无涉。荷兰君主很少针对单个或几个

---

⑫ E. g. the 'mauvais privilege' introduced by count Louis of Nevers in several places, especially Bruges in 1329, after the suppression of the uprising in coastal Flanders.

⑬ 例如，"mauvais 特权"经由 Nevers 的路易伯爵引入几个地方，尤其是 1329 年的布鲁日（Bruges），在镇压了佛兰德沿海的起义之后。

省去单独颁布法令。在勃艮第人统治下，此种立法则变得更加重要[124]，但是它的影响不应该扩大化（当然，私法领域另当别论）。许多这样的法令并不属于严格意义上的成文法，而仅仅是个别的特许、委任或者其他行政措施，或者仅仅涉及征税、财政或者刑事法律。[125]

近代国王立法

48　　在18世纪的法典编纂活动之前，近代欧洲的国家立法并不充足，至少在私法领域是这样的。在英国，都铎王朝通过了很多重要的成文法，但其仅调整政治和宗教问题；随后的几个世纪，成文法是由根据国会议员的目的提出的各种各样的规定所构成的。在德国和联合行省，立法仍是非常有限的，立法体系分别建立在共同法和罗马—荷兰法（Rooms-Hollands Recht）的基础之上。在西班牙，recopilaciones 只不过是对已有法规的汇编。在荷兰南部和法国，对习惯予以确认之后，法律的发展有逐渐衰竭之势。虽然如此，法国仍有一系列的伟大的王室法令。这种重要的立法所具有的作用至今犹存。尽管这些重要的法令是在路易十四和路易十五时期颁布的，但它们在中世纪和近代的连贯性方面并不存在断层。范例有 Ordonnance Cabochienne（1413年）[126]——对政治机构的民主改革的尝试。Ordonnance of Montil-lez-Tours（1454年）致力于更好、更快的立法程序，并且规定正式将习惯

---

[124]　The ordinances of the Nieuwenwenhuysen, Recueil des ordonnances des Pays-Bas, 2 vols. (Brussels, 1965—1974; Premiere serie, Comm. Roy. Des anc. Lois).

[125]　有关这些条例迥异的特性，可以参见 P van peteghem 的批评，Revue d'histoire du droit 48 (1980)，84-88。在刑法方面，Alba 公爵的条例非常重要：M. van de Vrugt, De criminele ordonnantien van 1570. Enkele bschouuingen over de eerste strafrechtcodificaite in de Nederlanden (Zutphen, 1978)。

[126]　该法令针对的是条例颁布之前的骚乱和示威；Caboche 领导了游行队伍，他在著名的圣雅克屠宰场工作。

成文化以取得更好的立法稳定性。《维莱柯特法令》(Ordonnance of Villers-Cotterets, 1539 年) 以牺牲教会法庭的司法权为代价来扩大王室法庭的司法权——主要是在婚姻纠纷领域；同时它也调整程序问题，还包括遗赠和捐赠登记的规定（这些现在都可以在《民法典》第907、931、939条中找到）。墨兰法令 (Ordonnance of Moulins, 1566 年) 则以牺牲城市法庭的司法权为代价来扩大王室法庭的司法权；同时它规定，与确定的数额相比，赠与合同更需要一个书面的证据（《民法典》第1341条重复规定）。《布鲁瓦法令》(Ordonnance of Blois, 1579 年) 内容非常广泛，它调整各种事物：神职人员（第 1—64 条）；医院管理（第 65—66 条）；大学的改革（第 67—68 条）；司法管理（第 89—209 条）；职责和负担的免除（第 210—255 条）；贵族阶层（第 256—275 条）；军队（第 276—320 条）；法庭（第 321—328 条）；王权（第 329—354 条）；警察及对高速公路的维护（第 355—356 条）；行业协会（第 357—363 条）。

中世纪王室政府在与其王国内掌权的世俗权力及神职人员磋商之后制定出法令，法令的起草工作则留给那些为国王服务的法律家们。地区议会（中世纪的"议会"）并不参与到这种立法活动中去（相比之下，在英国，它们是参与到立法中去的）。16世纪后半期，法国君主制度面临重大危机，最高议会有能力扩大其影响，但是它们的作用在下一个世纪又减弱了，因为它们在1614—1789年之间就从没召开过会议。

路易十四和路易十五时期的伟大法令

法国的法令有些是非常言简意赅的，并且仅规定单一的问题，例如1510年内容简短的路易十二法令[127]；另一些则（如我

---

[127] 大多数都重复规定在《法国民法典》中，第 2271-2277 条。

们已知的）内容广泛且多种多样，但关于私法的内容却最罕见。这种局面因路易十四和路易十五的法令而有所改观。路易十四期间颁布了三部法令，主要得益于柯尔贝尔的政治支持——他认识到工商业的发展需要适当的司法制度，也得益于纪尧姆·德·拉穆瓦尼翁（Guillaume de Lamoignon，1677 年逝世）和亨利·皮索尔（Henri Pussort，1697 年逝世）的法律知识上的支持。

《关于民事司法改革的民事法令》（The Ordonnance civile pour la reformation de la justice，1677 年）因其规模而被公认为是路易斯法典。它致力于为整个王国推行一种统一的民事程序体系，加快法律进程，这些将会按照一种书面的步骤来进行。1806 年的民事程序法几乎全文引述了这部法令，并且这部法令的影响在 1967 年的《比利时诉讼法典》（Belgian code judiciaire）中仍有痕迹；1804 年民法典则引述了法令中的另一些规定。以其主要创作者命名而被称为 code Marchand 或 code Savary 的《商事法令》（Ordonnance sur le commerce），起了持久的作用，且为拿破仑时期颁布的《商法典》（Code de commerce）奠定了基础。与《商法典》相同的第二卷重述了 1681 年关于海事方面的法律 Ordonnance sur le commerce des mers 或 Ordonnance le la Marine。⑬

这些法令并未试图创新，更不用说致力于法典编纂革命了。它们建立在已有的规定上，对其予以协调，并且废除那些它们未涵盖的法律。这是迈向法律清晰化和稳定性的决定性的一步。1665 年，年轻的路易十四所认识到的司法改革的重要性在其政治语境中体现了出来；改革的本质是简易化和标准化。⑬

遗憾的是，在民法和刑法这两个重要领域，改革委员会的著

---

⑬ 《刑事法令》（The ordonnance criminelle），事实上涉及了刑事诉讼程序，也见于 1670 年。

⑬ 例如，The Code procedure penale of 1670 是几个世纪以来审问程序发展的一个合理的扩张，该审问程序起源于罗马—教会法。

第三章 欧洲和罗马—日耳曼法 1100 年—1750 年

作没有留下任何痕迹。[130] 在民法领域，路易十五时期颁布了三个不完整的法典（简单化和标准化的，而非创新的）：1731 年的《Ordonnan sur les donations》、1735 年的《Ordonnance sur les lestaments》和 1747 年的《Ordonnan sur les substitutions fideicomissaires》。第一个和第三个法令适用于整个法国，第二个法令为一些习惯法和成文法地区提供了不同的规则。民法典在很大程度上重申了这些法令中的原则。因为它们大部分是 Henri-Francois Daguesseau 法官（1751 年逝世）的努力成果，所以它们也被称为 Ordonnances du chancelier Daguesseau。[131] 但是，这个君主国家依然并未取得民法的统一和法典编纂。它不仅仅遇到古代习惯和地区传统的阻碍，还遭到保守的旧法院（parlements）的反对。与同时期相近的英国相比，18 世纪法国的政治统一仍是不完整的。[132]

在立法进程中，司法贵族的介入是多方面的（例如，纪尧姆·德·拉穆瓦尼翁，巴黎最高法院的首任院长），但最主要的是反对权。旧法院（它们的上级是巴黎最高法院）有权拒绝备案新的皇室法令（即将法令内容真实记载于一个特殊的簿册，法律后果就是法规的颁布及生效）。拒绝备案的合法理由需要向国王提出（remontrances au roi）。理由可能源于神法（它也是王室本身的基础），或者源于国家的基本法，而这些基本法是相当模糊

---

[130] 纪尧姆·德·拉穆瓦尼翁希望将国王颁布的一系列条例编纂成一部适用于全法国的综合性的法典。在编纂过程中，他利用了条例、判例法以及最重要的习惯，尤其是巴黎地区的习惯。虽然他的初步的文本 the Arretes 完成于大约 1672 年，并至今尚未毁损，但他的激进的统一以失败告终。在他死后，人们将他的私人著作在巴黎发表于 1702 年（再版于 1783 年）。Daguesseau 受到了这些著作的影响；《法国民法典》的编纂者们也很熟悉这些著作。

[131] H. Regnault, Les ordonnances civiles du Chancelier Daguesseau, 3 vols. (Paris, 1929 - 1965).

[132] 一个区别是，区分 the pays of election 与 pays d'etats and pays of d'imposition；法国仍然存在内部的习惯障碍。

105

的习惯法规则，它们从来没有被明确公布过，它们的内容好像也只有法律顾问才知道。国王有权力选择是接受这种反对意见并撤回该法规，还是拒绝采纳旧法院的理由而命令对规则予以备案。如果旧法院坚持它的反对权，国王最终可以通过诉诸审判会议（lit de justice）：国王加入旧法院的审判会议，且亲自命令书记员对法规进行备案，其中还包括国王的司法官、贵族和议会。旧法院的反对权的频繁使用（虽然路易十四治下有所减少）及随之而来的严重冲突严重影响了法国法律的发展，但是与公法领域相比，这种情形对私法领域的影响相对较小一些。[133]

城市立法

50 现如今，"城市立法"的表述听起来很矛盾：城市当局有权颁布诸如关于交通和高速公路的行政法规，但是从严格意义上讲，制定私法并不在其立法权限内。然而较早时形势则不相同。中世纪后期，那些取得了政治独立的城市获得了一种立法权力，其权力大小取决于国内各种力量的平衡，中央集权的国家（比如英格兰），地方立法机关顶多有制定规章的权力；但在那些城市处于强势地位、而且中央政权立法有困难的国家（如意大利），地方政府的立法将是非常重要和广泛的，影响可能甚至遍及整个欧洲。12世纪和13世纪，法国由路易六世（1108—1137年）之前的支离破碎的君主制国家转变为菲利普四世（1285—1314年）时期一个统一的中央集权制君主国，这个时期的法国地方立法有很重要的地位。在地方和王权之间的力量平衡处于不稳定状态的

---

[133] S. H. Madden, 'L'ideologie constitutionnelle en France: le lit de justice', Annales. Economies, sociites, civilisations 37 (1982), 32 – 60; S. Hanley, The lit de justice of the kings of France: constitutional ideology in legend, ritual and discourse (Princeton, 1983); M. P. Holt, 'The king in Parlement: the problem of the lit de justice in sixteenth-century France', Historical Journal 31 (1988), 507 – 524.

荷兰，由地方议会颁布的立法对法律的发展起到了重要作用。公元 1127 年，弗兰德斯的城邦布鲁日从新的执政官威廉·克里图那里得到"修订"关税的权力。在其特许状中，菲利普·阿尔萨斯授权那些大的城市可以在伯爵的监督下制定规章，但是伊珀尔到 1300 年就取消了这一最后限制。14 世纪，根特颁布的一份重要法律文件的汇编被保存下来，这些法令依靠公共的罚金制度得以施行。[134]

16 世纪，城市立法的伟大时期走向终结：王权的力量以及共同法的传播使地方立法的发展陷于停顿。这些城市或者沦为地方附属行政部门或者被纳入小的公国。习惯、普通法以及学说是民法典的主要渊源；而地方立法却不是。但是，处于顶峰时期的这种立法对于欧洲法律的历史来说是具有意义的：它是社会基层改革和法律发展的首次尝试。地方立法的内容和风格十分有趣，而且与王室立法或者《民法大全》有着显著区别。在社区里施行的是对公民进行和谐调解而非镇压的政策；在那里，自愿的团结比对政权的屈从更为有效；与盲目接受古代习惯法的权威相比，它是一个更有活力的法律模式。

第七节 判例法

判例法同习惯、成文法、学说一起构成法的渊源，且与其他渊源具有密切的联系，这是由于习惯的起源和发展在法庭的适用中得以发现；成文法（无论别人怎么说）无法预见一切，需要判例法来完善和解释；同时，法学如果不涉及对判例法的研究，那

---

[134] N. de Pauw (de.), De voorgeboden der stad Gent in de XIV; eeuve (Ghent, 1885).

它与脱离世俗的空想就没有什么不同。共同法通常是通过法学家在法庭中的参与和辩护而提及才用于实践，有时它就不被重视。多亏了巴黎最高法院的判例法，巴黎习惯法的诸多原则开始形成法国普通法。而且当学术观点存在分歧的时候，需要判例法来决定采纳某种理论（罗马教廷法院常发挥此作用）。判例法不仅是数百年来法律的一个重要渊源，且因而记录得相当完备，并作为欧洲高等法院重要的司法证明文件。这众多的司法档案中最原始的资料源于1200年左右的英国王室法院及1250年法国法院。虽然判例法一直在起作用，但其在不同国家的作用却因其他法律渊源作用的不同而有很大差异。在制定法和学说处于次要地位的普通法系国家，判例法显然具有基础的重要性。相反，教会法则更注重制定法和学说，因而判例法的作用很小。接下来就是判例法从一个法律体系到另一个法律体系，从一国到另一国的发展概况。

在12世纪和13世纪的典型的教会法中，主教教廷的判例法作为一种教令法的渊源显得黯然失色。当14世纪教令法的创造力消灭时，最高教会法庭——罗马教廷法院——的判决的重要性增强。法律需要不断发展，立法的欠缺使判例法有机会取而代之。14世纪，法院工作人员汇编了一些挑选出来的圣伦法院案例。成百上千的此类手稿被保存下来，其中一部分在较早的时候还被印刷出版。圣伦法院之前的法律实践，甚至世俗法院（例如德国的帝国商会）的法律实践，对程序法的发展作出了主要的贡献。⑬

在英国，判例法一直并将继续占据重要地位。自12世纪起，皇家法院对先例的一系列案卷记录活动没有中断过。然而，在法

---

⑬ 参见 G. Dolezalek and K. W. Norr, "Die Rechtsprechungssammlungen der mittelalterlichen Rota", in H. Coing (ed.), Handbuch, I, 849–655。

律实践中,个人为了辩护(年鉴⑬)而做的匿名收集有更大的作用。这些从 13 世纪开始的收集,颇类似于法律新闻:他们在法庭上常常逐字逐句重复事先提出的法律论据,并给出了一副法官和律师之间互动的生动场景。年鉴是以时间顺序编排的;从 15 世纪开始,它们被重新编写以后,被用作系统收藏的基础(删节本),它们是按照主题进行重新分类的,对培养年轻律师也起到了很大的作用。⑬ 最近的年鉴是对 16 世纪中叶的(判例)编纂,它们的作用最后被《法律报告》所取代,《法律报告》部分发展为事实上的注释。⑬

在法国,判例法同样是法律的重要渊源。最早运用巴黎最高法院的判例和夏特勒判例的创始人已经被提到。他们通过参考一系列的案卷来搜集信息,那些案卷涵盖了 13 世纪中叶以来法院的所有活动,不仅包括最终判决书,还包括当事人、内部讨论以及辩护律师的辩护。⑬ 与这些官方资料并列的,有那些私人收集的供从业者学习用的汇编作品,诸如笔记和评论。这些作品除了包含法院判决,还包括其他有价值的渊源,多借鉴于共同法。其中一个汇编《让·勒考克的问题集》(Questiones of Jean Lecoq),

---

⑬ 从 15 世纪伊始,该判例汇编的名字就不时被人们知晓。从亨利七世统治以来(1485—1509 年),该年鉴就被刊印出来;该中世纪年鉴的近代版诞生于 19 世纪并一直在延续着。

⑬ 亮点是有关法律和公平的大规模的综括性摘要,ed. Charles Viner 在 1741 年和 1753 年间的 23 卷本。

⑬ 例如,the Commentaries of Edmund Plowden (卒于 1585 年),基于 1550 年代到 1570 年代的案例。

⑬ M. Langlois gives a sketch of the collection in Gride des recherché dans les fonds judiciaries de I'ancien reime (Paris, 1958), 65 - 160. 佛兰德郡在 1320 年至 1521 年间的裁判和上诉判决都已经由 R. C. van Caenegem 所编辑,Les arrest et juges du parlement de Paris sur appets flamands conserves dans les registres du Parlement 2 vols. (Brussels, 1966 - 1977; Comm. Roy. Anc. Lois)。

就是收集1383—1398年间巴黎最高法院的判决并加以注释。⑭
巴黎最高法院以及行省法院判决的汇编正好在旧制度下得以
出版。

原则上，法庭的工作是运用法律解决现实争端；制定法律
规范是立法者的职责。早期的法院一般只负责司法工作。然
而，在法国，行省法院发布的许多规章决定（arrets de regle-
ment）是个例外。这些决定确立了法律适用的一般规则，以至
于在法院的管辖权限内它相当于一种立法活动。当一个新的法
律问题出现时，它们就被应用到诉讼过程中。⑭ 虽然它们甚至
早在15世纪就出现了，但总的说来在现代社会其地位才开始
变得重要起来。

在荷兰南部，出现了三种相同来源的类型的判例法：以判
例为基础的法律书籍（rechtshoeken）；政府的一系列决定；律
师注释和汇编的法院判决。以下是其典型代表：中世纪的法律
书籍基本上是由判决所构成的，对 Salle de Lille（13世纪末到
15世纪初）的法庭判例的汇集有着特殊的重要性。⑭ 另一个重
要的汇编囊括了伊普尔市老人团（aldermen）的成百上千的裁
判，被其香槟地区圣迪斯亚的同僚用作指导准则。圣迪斯亚在

---

⑭ Modern edition by M. Boulet, Questiones Johannis Galli (Paris, 1944). From the same period there is also a collection of notes on the case law of the Parlement, gathered by an anonymous lawyer and published by Fr Olivier-Martin, 'Notes d'audience prises au parlement de Paris de 1384 a 1386 par un practicien anonyme', Revue historique de droit frangais et etranger, 4th edn, 1 (1922), 513 - 603. Cf. the edition of the Arresta lata in parlamento by G. Naud in Bibliotheque de l'ecole des chartes 121 (1963), 77 - 131.

⑭ See G. Deteix, Les arrets de reglement duparlement de Paris (Paris, 1930); B. Beignier, 'Les arrets de reglement' Droits. Revue frangaise de thiorie juridique 9 (1989), 45 - 55.

⑭ R. Monier (ed.), Les lois, enquetes et jugements des pairs du castel de Lille. Recueil des coutumes conseils et jugements du tribunal de la salle de Lille 1283 - 1406 (Lille, 1937).

1228 年接触到伊普尔的法律，以伊普尔市的老人团的判决为其指导；当遇到一个新的法律问题时[143]，他们会在参考他们的意见之后作出判决。现在人们开始研究这些包含相当多登记册的古老的法院司法档案。其中最著名的是弗兰德斯议会[144]和米兰大议会的档案。[145]

需要提及的还有案例报告（arretistes）。在现代早期，出版了经过挑选和注释的判例汇编。它们主要关注如米兰大议会、弗兰德斯议会以及布拉班特议会等高等法院的裁判。这些汇编的标题通常声称其是由 decisiones 构成的；例如：保罗·范·克里斯蒂内（Christinaeus，卒于 1631 年）的著作，他是米兰大议会的代言人。[146]另一个赞美案例报告（arretistes）的是皮埃尔·斯托克曼（Pierre Stockmans，卒于 1671 年），他是布拉班特议会的顾问以及 Decisiones curiae Brabantiae sesquicenturia 的作者（布鲁塞尔，1670 年）。这部作品实际包含 150 篇法律评论，经常但并

---

[143] Comte Beugnot (ed.), Les Olim ou registres des arrets renduspar la cour du roi, 11 (Paris, 1842), 718 – 853 (the so-called 'Tout-lieu de Saint-Dizier'); also published in L. Gilliodts-van Severen, Coutumes des pays et comte de Flandre, quartier d'Ypres. Sources et developpement de la coutume d'Ypres, 11 (Brussels, 1908), 62 – 162 (Comm. roy. anc. Loi). 这个系列的问题与判决从 1305 年延续到 1470 年。

[144] 这个汇编的目录最近已经完成：J. Buntinx, Inventaris van het archief van de raaad van Vlaanderen, 9 vols (Brussels. 1964 – 1979)。

[145] J. T. de Smidt and E. I. Strubbe, Chronologische lijsten van de ge 'e' xtendeerde sententien en procesbundels (dossiers) berustende in het archief van de grote raad van Mechelen, 1, 1465—1504 (Brussels and Utrecht, 1966); J. T. de Smidt, E. I. Strubbe and J. van Rompaey, n, 1504—1531 (Brussels and Utrecht, 1971); J. T. de Smidt and J. van Rompaey, in, 1531—1541 (Brussels and Utrecht, 1979); J. T. de Smidt and J. van Rompaey, iv, 1541—1551 (Brussels and Utrecht, 1985); 此时期到 1580 年间的新增的两卷档案正在准备之中。

[146] Practicarum quaestionum rerumque in supremis Belgarum curiis acrarumsions et observatarum decisions (Antwerp, 1626). 该著作包含了几卷本的 1 346 个引用判决书和论文，全部沿袭优士丁尼法典的命令。Christinaeus 常常意指外国的判例汇编。

不总是与布拉班特议会的决定相联系；每篇评论包含了针对政党观点以及有时是议员的推理所作的分析。⑭

德国许多对市议员（Schoffenspruchsammlungen）裁决的汇编形成于中世纪；这其中以莱比锡和马格德堡的汇编最为出名。但是在近现代早期以普通法为基础的法学的主要成就是论文以及学说意见的汇集，对判例的汇编则居于次要地位。⑭ 在意大利，从中世纪后期开始，在普通法和 the consilia 之前⑭，判例法变得不再重要。最高法院的缺位（政治分裂的结果）是判例法不具影响力的另一个原因。然而，在意大利南部，情况却有不同：一个区域君主制政权自主建立，其首都为那不勒斯，且出版了那不勒斯法院的重要的裁判汇编。⑮

这些简短的说明表明在判例法、制定法和学说之间存在某种联系，且部分由政治因素决定。⑮ 这是一个相当有趣的问题，后文将会予以详细阐述。

---

⑭ See P. Godding, 'L'origine et Pautorite des recueils de jurisprudence dans les Pays-Bas meridionaux (XIII-XVIII siecles)', Rapports belges au Viii congres international de droit compare (Brussels, 1970), 1-37.

⑭ H. Gehrke, Die privatrechtliche Entcheidungsliterarur Deutschlands, Charakteristik und Bibiliographie der Rechtssprechung und Konsitiensammhungen vom 16. His zum Beginn des 19. Jahrhunderts (Frankfurt, 1974).

⑭ 参见上文第 31 节。

⑮ 那不勒斯 Sacro regio consiglio 的判决汇编归功于 Matthaeus de Afflictis (1448—1528年)，并且 editio princeps 的出现早到 1499 年（通行本出版于 1537 年的里昂）。

⑮ 关于判例法的中世纪渊源的总体概览参见 P. Godding, La jurisprudence (Turnhout, 1973; Typologie des sources du moyen age occidental, ed. L. Genicot, 6)。关于欧洲判决汇编与现代早期的 consilia 的概览, see H. Coing, Handbuch, 11. 2, 1, 113-445。

第三章 欧洲和罗马—日耳曼法 1100 年—1750 年

第八节 法院和程序

总体考量

中世纪后期法院的结构和程序相当不同于中世纪早期,并且这些现代体系直到今天一直保留着其基本的重要性。从来源可以很清楚地看到法院的现代化是与程序现代化一起发展的,并且法院和程序的发展很显然是相互关联的。但是很难说其中哪一个发展超越另一个:是为适应新的程序才建立了新的法庭,还是新的法庭带来了新的程序?12 世纪末政府创立教会法庭的例子可以阐明这种(鸡和蛋的)问题。法官是主教官员的一种新的类型,是受过大学法律教育的官员类型;法庭的程序是符合罗马教规的。很难得出结论以下哪种情形最先发生:最初是主教想引进专业化以及把他们自己的法学委托给一个有资格的神职人员(这种神职人员学习过专业的法律并能够自觉地运用新的符合教规的程序),还是教会权力想引进一种新的学术性程序(这引起了新的法院形式的创立和新法官的任命)?传统的主教教廷(curia episcopalis)无法轻易适应新的体系。虽然这一历史性问题并未解决,但至少已明确的是:罗马—教会法程序(并且是关于程序的第一篇学术论文)(恰恰)在政府权力创立之前就已经建立了。

无法避免的是,一个国家的情势肯定不同于另一个国家,但是法院系统和民事程序的改革和发展的根本的普遍趋势还是可以轻易辨别的。在中世纪最后几个世纪与近代一直到启蒙运动之间具有显著的连贯性;在此期间,中世纪和公元 1500 年左右的近现代之间存在的传统差别没有任何解释的价值。现在我们转向旧

52

制度下法院发展历史中的五个基本问题：集权化、专业化、脱离民主制的运动、国家控制以及证据法的合理化。

集权化

53 集权化代替了中世纪早期的地方独立，对法院系统的形成无疑起了很大作用。在教会和国家的发展过程中，决定性的因素是在整个社会或侯国之上建立一个拥有司法权的中央法院。多种途径导致了这种结果。位于英国威斯敏斯特的普通诉讼法院，集权化是最根本的方式。它对全国大量的诉讼拥有一审管辖权（与罗马的诉讼相比），这些诉讼是通过王室的信函或令状来发起的。这种辩论发生在自由人之间，他们有权利直接求助于王室的管辖，并且在涉及土地权利的时候他们通常是这样做的。亨利二世（1154—1189 年）中央司法权的出现自然侵占了旧的封建领主法院的权力领域。诉讼当事人对强大的王室法院有着更大的信心这一事实，有力地解释了这种现象。随之而来的是地方法院的衰落，并且，它们的管辖范围仅限于并不重要的案件。英国国王强大的权力和英国迅速地统一，使一个中央法院司法活动的集权成为可能。周游全国的巡回法官以及县郡陪审团的地方性考察减少了诸如到威斯敏斯特的长途跋涉这种实践中的不方便。近乎彻底的集权化在英国存在至今。随着一审地方法院体系的建立，最近才开始产生分权，与 19 世纪郡县法院相比，这些地方法院有着更为广泛的管辖权。

在教会及大多数国家，通过建立中央法院来实现集权化，这些法院或者是罗马教皇法院，或者是王室法院或联合法院，它们具有有限的一审管辖权（mariores causae，企业或者重要的自然人）和普遍的上诉管辖权。这种法院的典型代表是罗马教廷（后来的罗马圣轮法院），它的司法活动自 13 世纪以来非常集中。它是第一个欧洲法院，因为它的管辖权扩及至整个西方的法律诉讼，从瑞典到葡萄牙，从苏格兰到西西里。大量来自拉丁基督教所有国家的诉讼人，迫使教皇将许多案件委托给罗马教皇的法官代理，这些教皇的法官负责以教皇的名义调查并裁决来自主教教区的纠纷。这种教会的集权化是以地方监督（local instances）为代价的——主教、大主教、教长、执事长及政府官员——他们位于罗马的严格监视之下。集权化不可避免地意味着一种司法等级制。

就相关的世俗法院而言，以下是主要的几点：在法国，直到13世纪中期，巴黎最高法院变成了最高的王室法院。它对某些事件和重要的主体有管辖权，受理上诉案件时具有普遍的管辖权。[159] 荷兰的司法议会在不同的省份得到发展：例如，在弗兰德斯，14世纪初的 Audience 以及14世纪末的弗兰德斯议会。根据勃艮第的法律规则，荷兰省份的统一推动建立了作为勃艮第荷兰整体的中央机构：（巡回）的菲利普三世大议会逐渐在1435年至1445年间的公爵议会内发展起来；及从1473年到1477年大胆者查理公爵建立的米兰议会；1504—1794年的米兰大议会（再次设在那里）。在德意志帝国，15世纪，帝国最高法院（Reichskammergericht，法学家曾就职于此）取代了 Reichshofgericht。1495年等级制会议（Assemblies of Estates）提议创立了帝国枢密法院（Reichskammergericht），其独立于皇室。人们打算利用它来维持德国的统一和政治改革。最初，法院是由等同数量的法学家和贵族组成的。在帝国最高法院（Reichskammergericht）之外，德意志帝国还存在一个最高帝国议会，即帝国最高参事院（Reichshofrat）。

---

[159] 在以后几百年里，地方法院减轻了巴黎地区法院的负担。

专业化和职业化

54　　集权化要求法院人员的专业化和职业化。在古老的封建御前会议（curia regis），国王和他主要的封臣讨论各种各样的事情，有时也包括一些法律问题，尽管这些法律问题远不如那些政治和军事讨论重要。王室法院的封臣是主教、修士、伯爵和公爵，他们未受过法律教育并随着年龄增长获得在封建法律方面的经验。在新的中央管辖权中有着相当不同的规定：采用严格的劳动分工；议会需要明确保证司法权的执行；并且，它们需要裁判的案件中的法律问题占据了它们所有的时间。这些议会在一个地方固定下来，而不是像古代御前会议那样随国王的旅行而不停迁移。

议员是职业法官，至少在欧洲大陆他们受过大学教育。后来，低级法院也聘请职业化的受过大学教育的法官。这种普遍的发展首见于教会。在那里，从12世纪末发展起来的教区代表（officialities）体系在13世纪变得普遍化。教区代表（officialities）代替了主教教廷（curia episcopalis），在主教教廷（curia episcopalis），各种各样的案件由各种各样（有些是外行）的没受过专业训练的人来处理。罗马—教会法的程序被引入。在12世纪上半期，法律人发展出了一种程序法学，它以教会法文本和东罗马帝国皇帝的汇编为基础。他们整理且评论了罗马教会的资料来源，规划了一个连贯的程序性体系，经过几个世纪，这个体系的影响遍及整个欧洲，首先是在教会自身（尤其是教区代表，officialities），然后是在长期的法院实践中。这可能是由于君主的法令或者法学家议员的鼓动，法学家议员模仿他们的共同法方面的程序方式。甚至在英国都能发现这种影响，尽管并未出现于普通法法院。

吉约姆·杜兰特（Guillaume Durant）的《司法论》（speculum judiciale）（1271年6月第一版，1289年9月第二版）详细考察了罗马—教会法程序的原理。这个程序由一个（或一组）职业法官来引导，他们负责案件的调查和最终宣判。所以他的任务就包括对事实问题和法律问题的评价。程序的核心是对证人的审查，必要的时候还有对证据材料的审查。在程序中记录是很重要的一部分：证人证言需要记录下来，证人证言的书面概要需要向对方当事人展示。原告通过诉状（libellus）来提起诉讼，诉状主要是用来陈述当事人的事实理由，原告还出示另一个包含协议（articuli）的材料，对此要审查证人，且对方当事人必须予以反对或者承认。对被告来讲，他可以提出各种反对和异议。在争讼程序（litis contestatio）中详细记录了诉讼的主题。

法律特别关注上诉的程序，如同程序中的其他部分一样，详细地规定上诉程序。审查证人需要秘密进行以保证其表达自由；广义上讲，保密是学术程序的特征，公众要保持距离。官僚机构支配着程序，正如议员审讯所显示的那样（例如），议会要在议员报告的基础上作出决定。[153] 关于证据的详细规则有必要另节专述。[154] 在中世纪后期可以发现这种程序模式的传播：博洛尼亚和教会法庭及巴黎最高法院之间有联系，它的 Stylus Parlamenti 启发了荷兰的法院程序尤其是米兰的大议会。

脱离民主制的运动

这些发展产生了一个直接的结果，即在司法执行中广泛的参与已不再重要。在中世纪的第一个 100 年中，也就是在日耳曼古代，人们直接而主动地参与决策；有时法官也寻求帮助，要求人们表达同意还是不同意一项特定的决定，这个决定是由找到适用法律的法官提出的。这种程序完全是口头的和公开的。中世纪后

---

[153] 该特征在近代变得是如此显著以至于它产生了下述措辞 quod non est in actis non est in mundo（直译就是"证据中不存在的东西，这个世界上也不会存在"）；法官首先考虑书面的东西而不是案例中的人。

[154] 参见上文第 57 节。

期以后，这种实践消失了。这也许是夸大其词。把这种变化仅仅归因于罗马—教会法程序的传播，可能是过于夸张，即使在它的影响范围之外，人的作用被削减。[155] 更不用说，先例和学术程序的威信对公众参与法律的衰落起了一定作用，这点是很明显的。人们也变得越来越不能抓住有争议的问题或理解法院的专业术语。当地方法官的招募范围被限制在大学毕业生，并且更多的是通过官员的腐败（即最高法官的席位被议员分配给出价最高的竞标者）时，这种分裂更加剧了。从那时起，地方法官形成了一个排他性的富裕贵族阶层，正如他们在实践中适用排他性的法律一样。

英国的法律程序也变得更神秘。很难接近英国的地方法官，并且法律语言对于任何一个未接受法律教育的人（non-initiate）都是不可理解的。这不仅是因为其技术性，而且因为被使用的语言甚至不是源自英语，而是源自12世纪（"法国法"）的诺曼法语的僵化的形式。然而，这种普通法程序（甚至是民事程序）确实保留了一个传统的制度，这个传统的制度通过陪审团维持着普通法与人们之间的联系。既然职业法官有义务用容易理解的语言向不是法律人的陪审团成员解释法律原则的意义，人们因而并非完全被排除在法律体系之外。

国家控制

56　　在现代化进程中，国家接管了法院组织。当然，一些法院伴随着王室司法权而存在，但是它们的权限受到严格限制。主要有封地的法院和庄园领主的法院，其起源可以追溯到中世纪早期，并且其管辖权遍及各自的领地及其辖区的居民。封建法院的管辖权基本上被限制在与土地所有权相关的法律中（与领地有关），然而庄园法院的管辖权被限制在初级司法案件中，较高级别的司

---

[155]　例如，阿尔萨斯的菲利普大宪章中禁止反对老人团法院的裁判。

法案件被其他地方管辖。这些管辖权通过上诉的方式也受到中央控制。即使在罗马天主教国家，教会法院也失去了大部分的管辖权，他们对非教会人员的管辖权被转移至王室司法机关，与此同时，新宗座法的公布也受制于世俗主权的同意。

地方政府管辖权的重要性也降低了，其权限被限制于一个城市内并且有时候几个世纪也一直如此；它们的管辖权限被限制并且反对它们的决定的上诉途径得到扩展。然而，尽管王室司法权具有优越性——执行官、执事、旧法院——法院体系即使在18世纪也不是金字塔式的等级制。历史上的紧急情势（exigencies）已经创造了不同的司法网络和体系，有时其中也会出现权限冲突。在旧制度的末期，这些不同的司法网络和体系依然共存。建立单一的体系因而对于18世纪开明的专制主义和法国大革命而言是一项重要的议题。

证据法的合理化

中世纪早期的证据法是由不合理的神明裁判体系所支配的。国家事务在我们如今关注的这一时期发生了彻底的改变。从12世纪开始，神明裁判体系被废除并且逐步被合理的取证方法所代替，这种方法以严格的和合理的审查为基础。此种变化在12世纪的英国、弗兰德斯和意大利已经非常明显，并且一个世纪后扩展到中欧和东欧。一些神明裁判的残留形式（比如封建主喜爱的司法决斗，在16世纪和17世纪政治迫害时期用水来审判的复兴）仍旧在之后被发现。但是，总的来说，从13世纪起，证据法在欧洲基本上采用了合理的调查方法。[156]

---

[156] 神明裁判制受到了来自各方面的批评。执政当局不信任神明裁判的不确定性，以及它们有可被操作的潜在可能；教会开始视其为对上帝的挑战，而来自上帝的新奇迹是常常可期待的；城市反对神明裁判是因为商人在与骑士的司法的决斗中不可避免地处于不利地位；法学家反对神明裁判是因为《民法大全》通过其沉默（silence）含蓄地谴责了它们。

罗马—教会法的程序也影响了这次发展，但其重要性不应被夸大。罗马法的复兴不是这次变革的直接原因。证据法的合理化可以在12世纪的英格兰和弗兰德斯发觉。这意味着其出现于罗马法进入这些地区之前以及教会法庭运用这种新的程序之前。因此，英国现代的证据法能够基于国家机构（很明显是陪审团）而独立于罗马法发展起来。任何其他地方只要证据法的合理化出现得晚，就会更容易去遵循罗马—教会法的方法，例如13世纪的法国。成熟的证据法最终在欧洲大陆的每个地方盛行，并且变成一项典型的现代欧洲制度。对于这次扩散而言，普通法是唯一的但却是重要的例外。英国司法制度保留了陪审团制度（并且现今仍然适用于刑事案件，直到最近才不适用于民事案件）。

新程序中最显著的部分是"学术的"或"合法的证据"。为了理解其重要性，我们必须记得古代证据方式的消失产生了一个严重的空缺。在古代体系中，天命不可反驳的征兆决定了什么是正确的什么是错误的，哪个当事人是无辜的哪个是有罪的。怎样去代替这种陈旧的方式呢？迫于环境，法官不得不依靠书证、人证、真实证据，等等。但是很明显的是，书证可能被伪造，证人证言可能是彼此矛盾的，并且证据有时是有歧义的和带有误导性的。法官必须被允许去自由地评价这些证据并基于其内心确信去判断（像现在这样）吗？或者，一个体系应该这样被设计，即每种类型的证据根据自己的价值、接受或反对各种证人证言以及书证的真实性，这些应受到明确的规则调整吗？在普通法体系中，这种左右为难的困境通过委托处理事实问题的权力职责的陪审团来解决。另一方面，欧洲大陆选择了"学术性证据"规则，对特定证人类型的挑战（例如妇女、父母和农奴）受到详细的规制；证据的每一个成分（直接和间接证人，品行证人，真正证据，推定，坏名声）被指定为一种数字表示的证明价值。在这个体系中，完全证明对应着两个直接的佐证证人（corroborating witnesses）。这种制度原初的、无疑值得赞美的目的是旨在保护当事人的权利，反对法官一方的任意专制。讨论证人的可接受性和证据的可信赖性的法学理论当然有助于使地方法官相信不同证据类型的相对价值。但另一方面，这个制度也是极其理论的和受人为操控的。⑮⁰

第九节　各种因素

为了不削减博学律师的重要性，我们应该注意一些整体的政治的、智识的和物质的发展，这些因素对我们所描述的发展有决定性的作用。首先，必须认识到权力集中在教会和国家有多么重要。法学研究的现代化和司法执行在集权化和官僚化的政策下完美地适配。自由的城市也支持法律的现代化。中世纪的最后几个世纪中，正是这些政治机构废除了古代的封建体系，并且坚定地建立了新的政治结构。

法律变革很明显地受到一般意义上文化环境的影响，尤其是古代文化兴趣的复兴和经院哲学的影响，它曾经尝试把理性的批判与对神圣文本的绝对权威的信仰结合起来。尤其重要的是日益增长的特别是受亚里士多德作品影响的西方思想中的理性的品

---

⑮⁰　在刑事案件中，它常常导致刑讯逼供：为了获得一项完整的证据，例如，当只有一个目击者（抵得上半个证据），以及负面的暗示（例如从犯罪地带出的证据，只抵得上四分之一的证据）时，全部证据则通过刑讯逼供获得的犯罪嫌疑人陈述（价值为四分之一）而得到。G. Alessi Palazzolo, Prova legate epena. La crisi del sistema tra evo medio e moderno (Naples, 1979; Storia e Diritto: studi e testi raccolti da R. Ajello e V. Piano Mortari, 6).

格。⑬ 亚里士多德的社会分析是现代社会形成的一个基本因素。理性理解社会组织并且深入分析的意愿，不仅对法理学有显著的影响，也对法律变革有一种刺激作用。

最后，法律的发展受到物质因素的影响。城市的复兴和货币经济的发展确保了教会和国家利用财政手段去重组（地方法官和法律教育出身的政府官员的薪水）并且允许它们支付数千名大学生的长期的（不是直接有产出的）学习费用。农业和封建世界的社会经济危机引起了关于那个社会的法律结构和基本观念的危机。从现在起拥有工业和商业因素的新经济结构的复杂性，也要求一个更具适应性的和更复杂的司法体系。特别是，如果没有更大程度的合同自由、良好的信用体系和从封建的和家族的掌管中解放出来的土地权利，商业和货币体系就根本不能发展。这些要求超出了中世纪早期西方世界所能提供的条件。它能够导致乡村头领们无休止的争论以及提供一种地区之间各不相同的传统智慧。基于理性投资和国际市场的新经济形式的增长现在依赖于一种单一特定的体系，这个体系能够被预见与预测。

第十节　评　价

出于对法律的尊重，和考虑到各种各样的社会团体和个人为发展它而不懈的努力，当古代法被看作一个整体时，其非常杰

---

⑬ Cf. H. Coing, 'Zum Einfluss der Philosophic des Aristoteles auf die Entwicklung des römischen Rechts', Zeitschrift der Savigny-Stiftung für Rechtsgeschichte (R. A.) 69 (1952), 24–59; G. Otte, 'Die Aristotelzitate in der Glosse', Zeitschrift der Savigny-Stiftung für Rechtsgeschichte (R. A.) 85 (1968), 368–93; G. Otte, Dialektik und Jurisprudenz. Untersuchungen zur Methode der Glossatoren (Frankfurt, 1971; Ius commune Sonderhefte, 1).

出。然而所有这些努力既不相互协调也不被中央权威所指导。古老的欧洲法是系统化和自然发展的典型结果，有它的优点（富饶、灵活、更新），也有它的不足（极其复杂、重叠、缺乏确定性）。在这方面，这段时期的发展要与在它之前发生的和随后将要发生的情形相互比较。由于传统习惯统治所有的法律关系，中世纪早期的法律十分简单。启蒙运动时，简化法律的愿望以国家法典编纂的方针显示出来，这个方针的目标是用一个清楚、确定的文件来制定一部统一的法。在那个时期，我们发现那里没有真正的欧洲法，尽管欧洲法理学缩小了地方习惯和条例之间的差距。更不用说，国家的法典或者说国家法律体系（除了英格兰）；在地方习惯和来自普遍的普通法之间的国家法的位置是模糊的且在某种意义上是不确定的。没有一个单一的法律体系占据垄断地位；法律以多元主义和调和主义（eclecticism）为特点。律师乐意于从不同的法律渊源中归纳出法律原则和概念：罗马法、基督教教会法、习惯、王室或城市立法、国内法或外国法。不同地区和国家的动乱导致了权威性渊源的俱增（大概在现代人看来适合于国家立法和中央司法系统）。从现代开始，这种俱增遭到批评；这种趋势在 18 世纪得到扭转。为取代有机发展结果的古代法，改革者主张引进大量法典。它们被设想为实施现代化和社会经济政策的工具，并以确保法律的清晰性和稳定性为目标。

参考书目（略） *60*

第四章
18 世纪中叶至 19 世纪初的启蒙运动、自然法与近代法典

第一节 特 征

61 　　这一短暂的时期可谓极其重要。该时期经历了旧的法律传统的废除，自然法的短暂胜利以及更持久的法典编纂信仰的产生。这一时期大约起于 18 世纪中期，当时对罗马法的批判以及自然法的兴起开始在一些重要的法典编纂活动中得到体现。该时期终于 19 世纪初期；自然法已失去了其启蒙的意义，并且被实证主义和历史法学派所掩盖。然而，上述这段相对短暂时期的遗产却保留了下来：法典编纂的信仰一直持续至今（尽管没那么狂热），并且法典编纂的实际重要性仍然相当可观。在这短短几十年内，几个世纪以来奠定的观念和制度就被它废除并取代。这是一个基于新原则和新组织指导的政策结果，其中部分政策至今仍在使用。

第四章　18世纪中叶至19世纪初的启蒙运动、自然法与近代法典

第二节　启蒙运动

我们必须在启蒙运动的背景下去理解法律的革新，启蒙运动是在全欧洲范围内对旧制度社会和思想进行全方位批判的运动。尤其在下述几个方面进行批判。第一，法律面前的不平等：它是由等级制的政治制度以及贵族和教会阶层的财政特权所确立起来的，但普通民众却无这些特权。第二，对平民及其财产的限制：农奴制仍然存在，而不同的封建制度以及社团主义者的各种限制抑制了经济活动。因此，"自由"和"平等"就如同在法国大革命期间一样，在受过启蒙教育的专制①制度中就成为必不可少的要求。第三，对于王权的不可预估性和任意干涉性，以及排斥民众（特别是第三等级）参与政治事务批评。另外，也存在对教会的控制以及被多数人看作是腐朽过去的残余的宗教态度的不宽容批评。由于基督教学说存在不同的解释，基督教的启示使欧洲陷入了宗教战争，且现在基督教的专制权力也是人们猛烈抨击的对象。启蒙运动于时人而言的希望是：在全欧洲建立起一个全新可靠的以逻辑与科学为指导的学术基础。

教会与国家之间的政治联系曾饱受批评。这些联系是指社会治理与秩序服从于超验的价值与教会的重点事项。启蒙学说认为社会不应该脱离现实，应该力图保证最多数民众世俗利益的最大化。社会生活的许多方面无人情味的特征也曾饱受批评。刑法的目的在于设置高额的罚金、体罚和肉刑等刑罚；刑事诉讼程序仍

---

①　这是约瑟夫 II 于 1786 年在 the Allgemeines Burgerliches Gesetzbuch（ABGB）中明确的表述，（这是开头的部分，以 Josephinisches Gesetzbuch of the ABGB 而著称：参见后文）。

然借助酷刑：这些是批评的特殊对象。统治几世纪的权力理论遭到了罢黜。过去，只有一种来自圣经的绝对价值适用于不同的领域——宗教、学术、法律。因此，人们深信古老的东西就是好的和高尚的。现在，信仰必须要和过去脱离，以获得一个更好的未来。现在，进步的信仰替代了传统的信仰。

总而言之：旧世界经历了一次经由人类的理性和实现人类幸福的目标所引导的根本性革新。现在看来，该革新的功绩在于要求推翻前世纪带给人们的负担。至于法律，该方案是应该明显减少法律规则的增长，并且一个推进改革和系统化路径的方案应该替代法律的渐进发展。最后，这种绝对的权威既不应该为传统价值观（如罗马法）所主张，也不应该为那些自封为法律"神谕"的有学问的律师、法官所主张。[②] 旧的习俗和权威书籍必须被现代人自由构想的新法律所取代，而新法律唯一的指导原则是理性。新的法律应要摆脱一切蒙昧主义。它将构成一个清晰、确定的制度体系，为人们所理解，因为从今以后法律也将为人民服务。为了实现这一目标，必须要满足两个条件。一是实质性的：在新的来源基础上建立新的法律制度；二是形式性的：我们必须要发展一项新技术确保新的法律符合实践。第一个条件通过自然法来满足，第二个条件通过立法来满足，特别是通过引入整个欧洲大陆的国家法典来满足。上述两方面现在需要更多细致的检视。

[②] 这一表述来自 J. P. Dawson,《法律的神谕》（密歇根州，1968 年）。在更早的作者的著述中也发现了这一表述，例如布莱克斯通（参见下述，第 68 节）。

第四章 18世纪中叶至19世纪初的启蒙运动、自然法与近代法典

第三节 自然法

法律以人性为基础这一思想源远流长，并表现为两种形式。在古希腊，自然法是理想的不成文法的主体，而不是日常生活中的实际且不完善的法规。在罗马，现行法被认为是对原初自然秩序的扭曲：因此奴隶制度不属于自然法而属于氏族，因为它是战争的结果。对罗马人来说，自然法合乎自然法则：比如，动物的伴侣与人类的婚姻，都表现了所有动物和人都服从的普遍规律。在基督教中世纪，自然法有着宗教内涵，并被认为是不同于人类法的神法（并且人法不能违反神法）。然而，另一方面，许多法学家确信自然法作为一种完美且永恒的指导原则，与罗马法是一致的，具有"书面理性"。但其他的法学家则不同意此说法。他们认为如同其他法律体系一样，民法大全只不过是一个没有永恒价值的历史产物，并不完美，需要加以改进。

所以在近代，一个新的自然法概念构建了起来。该概念仍然言及人类和社会的本质，但在某些方面又不同于早期的概念。它否定了自然法的概念，认为自然法是一种比积极的法律秩序意义更大的正义理想。相反，它认为自然法应是现行法源自其中的基本原则的载体：它是一个可适用的自然法。近代自然法学派拒绝从诸如神法或《民法大全》这类外部体系中推导出自己的原则。通过理性的研究和对人性的批判，自然法学派的创始者探求着可以自我证伪的和公理原则，从中他们可以演绎出所有更精确的其他规则。因此，"理性法"（Vernunftrecht）——这一标题比"自然法"更为准确，含有更丰富的内涵。

近代自然法学派的第一个伟大的代表是胡果·格劳秀斯（卒于1645年），《海洋自由论》（1609年）和《战争与和平法》（1623

年）的创始者。在他的著作中，格劳秀斯企图发现能为普遍认可的国际法基础。他在自然法的基本概念中发现了上述基础：全人类和所有文明国家都必须接受的某些基本规则，因这些规则合乎人的本质并因此构成了由全人类共享的共同基础。这些规则独立于 ius divinum（神的法律）而存在，因为即使人们承认上帝并不存在，这些原则也有效。这一论证使得格劳秀斯得以击败其宗教对手，因为自然法可以团结天主教徒、新教徒，甚至"自然宗教"的信徒。这些规则也独立于罗马法（格劳秀斯清晰地将这一体系从罗马法中区别出来），因为《民法大全》只承认帝王的普适的权力，因此其不能为调节主权国家之间的关系提供必需的基础。此外，这些规则也不依赖任何立法者，因为现在没有任何超国家机构可以声称将积极的法律规范强加于现代欧洲各国。基于人类知识和智慧的国际法规则的系统阐述，也已使格劳秀斯成为自然法学派的一员（虽然在私法领域，是后来的学者才发展出其思想）。③ 然而，他并不能被看作是一个实实在在的自然法哲学家，因其仍然受到例如圣经、各色的古代经文（作为一个人文主义者，他对拉丁文文学有深刻的了解），包括罗马法文本的影响。④

塞缪尔·普芬道夫（卒于 1694 年）做出了决定性的一步。他在海德堡拥有一个自然法的教席和一个国际法教席。普芬道夫著有八卷本的《论自然法和万民法》（1672 年），从中他也出版了一部节略本——《依据自然法论人类和公民的义务》（De officiohominis et tivis iuxta legem naturalem libri II，1673 年）。在这些著作中，他阐述了一个理性的且独立于所有宗教信条，并基于演绎和观察的体系。他的作品中清晰地显示出当代科学思想的

---

③ 尽管如此，格劳秀斯确实重视私法的理论，特别在所有权、债务和婚姻方面（见后文，第 72 节）。

④ 直到 18 世纪，对罗马法的尊敬才减弱，甚至演变成公开的批评。例如，莱布尼茨（卒于 1716 年）仍然把《民法大全》作为其法典编纂的基础。

影响，尤其是笛卡尔和伽利略的影响：必须从自我证成的事实和严格的科学观测中加以阐明。普芬道夫的通论对具有现代欧洲法典特征的通则（Allgemeine Teile）产生了非常强大的影响。普芬道夫发展了与合同和财产有关的理论，并经常在格劳秀斯的理论基础上被继承发展。

克里斯蒂安·托马修斯（卒于 1728 年）——普芬道夫的一个学生，他继承了其老师的成果并将其学说朝着实用的方向发展，以便立法者可以将其理论付诸实践。在莱比锡，他也已展示出了他的实用性的方向，在那里他首先放弃了用德语、拉丁语教学。他受托为普鲁士立法做一些准备性的研究工作。托马修斯出版了《自然法与万民法基础》（Fundamenta juris naturae et gentium，1705 年），该标题再次主张了自然法和国际法之间的联系。他也是通俗作品的创始人，认为法律必须现代化。在这些著作中，他批评了蒙昧主义，被司法折磨的野蛮以及所谓的"狩猎女巫"⑤。他宣布自己坚决赞成新的、理性的并去除了古代法律（尤其是罗马法）中的绝对权力的立法。

克里斯汀·沃尔夫（卒于 1754 年）是一个学识渊博的学者，除此之外，他讲授哲学、神学以及数学。他的主要法律著作的题目为《以科学方法研究的自然法》（Jus naturae methodo scientific pertractatum）（8 卷本，出版于 1740 年至 1748 年间）。此书标题宣示了一种新的方案，这是因为沃尔夫已经提出了这样一种观点，即法律的原则必须按照现代的科学方法来确定。⑥ 沃尔夫的研究特点就是通过详细的实例来详细阐述自然法的原理，并严格按照几何证明的原则（斯宾诺莎已经为其提供了样式）用科学的方法推导出所有的法律规则。正如沃尔夫本人在 1754 年

---

⑤ Dissertation de tortura foris christianis prosenbenda（1705）；Dissertatio de crimine magiae.（1701）.

⑥ 一个删节版，institutines juris naturae et gentium，出版于 1750 年，并在 1754 年被翻译成德文。

提出的，"所有的义务都是从普遍体系中的人性中推导出来的"⑦。正是沃尔夫的著作成为后来自然法学派学者们的研究方向的基点。也正是他的方法影响了法院的判决，使其从一般概念和基本规范中采用逻辑演绎，而不是以判例为例。现今，欧洲大陆的法律实践仍然是根据沃尔夫的法律作为一门学科和一个封闭的逻辑系统这一概念形成的。⑧

德国法学家的著作已闻名全欧洲。虽然自然法学派也孕育出少数法国的学者，德国学者的著作仍被认为是有权威的，尤其在法国。其中最重要的法国学者是让·多玛（卒于 1696 年），他是集哲学家、数学家和医师为一身的帕斯卡尔的侄子。多玛的著作野心勃勃地企图按照基督教原则以及纯理性准则建构法律，并最终实现一套为所有时空和所有人类都适用的法律体系。实际上，他的著作《论自然秩序中的民法》（Les lois civiles dans leur ordre naturel）只在形式上（一个新的结构和体系）是原创的，实质上却不是。因为其本质依然是罗马法，虽然其顺序不同于《民法大全》。⑨ 总而言之，自然法学派的作者们每当需要为具体的问题制定具体的规则时，都要借鉴罗马法的原则。⑩ 他们的目的不是拒绝整个传统的法律规则。那几乎是不现实的。反而，其是为了现代化法律方法并将法学从古代的权力强加的限制中解放出来。

孟德斯鸠的《论法的精神》不是一篇有关自然法的论文，而是一个对立法的作用与公共机关类型的哲学的和比较的研究。孟德斯鸠为民族性格、气候和地理这些决定法律体系多样性的因素附加了特殊的重要性。

---

⑦ Cited by Wieacker, Privatrechtsgeschichte, 319 - 320.
⑧ 尤其在德国，begriffsjurisprudenz 这一表述实际上被用于 19 世纪。
⑨ M. F. Renoux-Zagame, 'Domat, le salut et le droit', Revue d'histoire des faculties de droit et de la science juridique 8 (1989), 69 - 111.
⑩ 参见后文第 71 节。

在联省共和国，也有一些反对《民法大全》绝对权威的法学家。他们主要担心的是平民的矛盾和其中微妙的关系，以及缺少法律透明度和安全性的结果；也不再有罗马的立法者能够颁布有约束力的规范，并且甚至学者（就其存在来说）的共同主张也没有了约束力。因此，威廉·肖勒（卒于 1800 年），赞成在荷兰进行法典编纂，他为格劳秀斯新出版的《荷兰法导论》(Inleidinghe) 写了评注，对传统的罗马法学术进行了猛烈的批评，特别是论文《关于我国现行法律学说和实践体系的谬论》(1777 年)，引起了一场激烈的论争。⑪ 威廉·肖勒本身是位于荷兰泽兰省米德尔堡的弗兰德斯理事会的会长，他毫不含糊地说：在他看来，罗马法充满了"平淡的微妙，无理由的空穴来风以及无价值的假说"；它的渊源是 a corpus ineptiarum，通常以《民法大全》著称；并且该作者对"成文法"感到遗憾，其中他将之描述为一颗迷失方向的恒星，如同晴天霹雳一样撞击了欧洲。⑫

在奥属尼德兰，启蒙运动法律的一个典型代表是戈斯温·德费兰特（卒于 1804 年），他主要在争取更人道的刑法方面活跃。在为启蒙运动和社会进步献身的人当中（这使他与法国占领势力合作），我们也应提 J. B. C. 沃赫鲁（卒于 1797 年），虽然他首先是一个古布拉班特（荷兰的封建公国）法专家。⑬

---

⑪ 见下述，第 71 节。

⑫ L. P. van de Spiegel, Verhandelign over den coursprong en de historie der Vaderlansche Rechten (Goe, ……).

⑬ See Jan van den Brocck, J. B. C. Verlooy, vooruittrevend jurist en politicus uit de 18e eeuw (Antewerp and Amsterdam, 1980).

第四节　启蒙运动中的法典

64　　立法，尤其是国家法典，是将理性法律概念付诸实践的手段。⑭ 两种不同的政体负责颁布近代法典：一个是开明专制，另一个是法国大革命。首先，现代化是皇帝、国王和达官贵人们为了战胜新思维采取的深思熟虑的策略。有时，他们的现代化政策却与人民的保守主义相违背，只有通过富有教养的和进步的官员中的精华才占据了优势。在奥属尼德兰，约瑟夫二世的理性改革实际上引起一场国内保守派起义，该起义即通常所说的布拉班特革命。在德国、奥地利、托斯卡纳、那不勒斯、俄国、葡萄牙、斯堪的纳维亚以及荷兰南部都实施了现代化政策。然而在法国，启蒙运动虽然催生了思想家，但却未催生任何开明君主。在法国，是革命性的人民决裂于旧制度，正是由于大众的支持，现代化的思想才得以殊途归一：由一小撮杰出法学家编纂的伟大法典最终得以颁行。它们将主宰19世纪的中产阶级社会。⑮

如同11世纪的罗马教皇格里高利七世一样，现代改革家们依靠立法实现他们的政治路线；他们对于习惯法和判例法等对立法律来源怀有敌意。在他们看来，公众的利益完全依靠于准则，而对习惯的依赖暴露出人们对社会的发展缺乏信心。他们认为法官们不应该与立法者竞争，也不应该以尊重固有的不成文的原则为借口限制性地适用成文法。法官的角色有意被简化为充当"法

---

⑭　判例法只起到了一点儿作用，因为法院遵循一条非常保守的线路。如同我们将要看到的，（参见第65节），大学的角色也特别有限。

⑮　该情况对于专制主义的法典和1804年《法国民法典》都是一目了然的，虽然民众有时能参考。该法典是拥有独裁权力的将军以及一小撮经验丰富且博学的法学家的产物；国民议会的代表并无实际的机会参与到制定法典的过程中。

第四章 18世纪中叶至19世纪初的启蒙运动、自然法与近代法典

律的代言人"。否则，在法典编纂过程中的所有努力都将白费；且法律确定性的目标将被按照根据个人信仰的法官判决所危害。⑯ 来自法学的竞争也是不能容忍的：必须要对猜忌和诡辩做个了断，这只会搅乱法典的完美的透明度，并最终使得它们为一般民众所不能理解。皇帝和国王乐于颁布对法典进行评述的禁令或其他的限制性手段。另一方面，立法也被提升到"科学"这一级别。⑰

这一时期的第一部重要的法典是巴伐利亚的选帝侯（Elector）约瑟夫三世的《巴伐利亚法典》，该法典以德语于1756年颁布。它是克莱特迈尔（巴伐利亚枢密院顾问）（卒于1790年）的成果，其求学于德国和荷兰并在帝国法院实习。巴伐利亚法典是一部真正的法典编纂，但它仍然遵循了对共同法起补充作用这一传统。普鲁士和奥地利的法典编纂更进一步：法典之外的任何处理都被废除，反之法官不能由于其以前并未生效，就拒绝适用新的法律配置（这在专利函中明白地表述出来，其中下令在1721年出版了旧普鲁士法的一个修订本，命名为 Verbesserles Landrecht des Königreiches Preussen）。

1738年，腓特烈·威廉一世下令为普鲁士制定一部法律全书。该书将基于罗马法（Gesetzbuch gegrundet auf das fomische Recht）。然而，1746年，伏尔泰的一个朋友——塞缪尔·冯·科切吉（卒于1755年）受腓特烈二世大帝的委托编纂《完全基于理性和国家法律的德国法典》（bloss auf die Vernunfft und Land-

---

⑯ 弗朗西斯·培根（卒于1626年），在17世纪初期表明自己赞成英国进行法典编纂，并预见到法官不能变成立法者，因为 si iudex transirel in legislatorem、omnia ex arbitrto penderent（quoted in Handworterbuch zur deutschen Rechtsgeschichte II、col. 915）。该著名的表述"法律之口"来自孟德斯鸠的《论法的精神》第6卷："国家法官只能是说出法律的嘴巴，是无法缓和法律的强力或严厉的无生命的存在物。"

⑰ G. Filangieri. La scunza della legislazione（Florence，1764；French trans，Paris，1821）.

esverfassungen gegründetes Teutsches Allgemenes Landrecht）。这是一个指导方针上的根本的变化，如同它被一个贬损的参考"靠不住的拉丁罗马法"以及通过禁止所有的评述这样一种表述所证实的那样，防止教授或拥护者的任何解释。⑱ 科切吉未能完成他的任务⑲，但他的工作由法学家 J. H. C. 冯卡莫（卒于 1801 年）和 c. g. 斯瓦雷斯（卒于 1796 年）接手，他们的观点更接近于自然法，更远离罗马法。他们的劳动成果终于以 1794 年《普鲁士一般邦法》（Allgemeine Landrecht）的颁布为标志达到了顶峰。这部宏伟且详尽的法典不但涵盖了民法，而且囊括了商法、公法、教会法、刑法和封建法。这部法典探究的（或者说迷失在）实例在细节方面究其极致，妄图预见并调节所有可能出现的事情。任何按照先例的法律解释、扩充、评述或学术区分都被禁止；以防止从官方的立法委员会寻求对疑问的解释。沃尔夫通过普芬道夫对该法典体系施加的影响是显而易见的。

在哈布斯堡皇室领土，自玛莉亚·特蕾莎女皇以及尤其是她的儿子约瑟夫二世（一个真正的改革家）支持启蒙运动以来，就开始了重要且循序渐进的法典编纂工作。1753 年，皇室任命了一个委员会要求其提出一个基于普通法（以便订正并补充之）和理性法的法律草案。该草案完成于 1766 年，但其遭到了国家议会的返回，因为议会认为该草案虽有作为其法律汇编的优点，但它的缺点却是不易为人理解并且作为一部法典，篇幅未免太大（该草案由八卷对开本组成）。故一部新的旨在简单和自然公平的草案将被拟定；它不是一部教科书，而是一部简洁、明确、不受罗马绝对权威影响，并以自然法为基础的法典。该法典的第一部

---

⑱ 在 vorrede（前言）中，1949—1951 年的 Corpus Juris Fridericiani 项目委托给了科克采伊，据说"所有出现在罗马法中的法律疑点或者被 the doctors 发现的疑点"都必须坚决地定夺且 a Jus certum et universale 必须颁行适用于所有皇室统治的地方。

⑲ 只是一些片段，以 "Projekt des Corpus Juris Fidericianum" 著称，脱稿并颁行于 1749 年，根据 cocceji a jus naturae privatum。

分于 1786 年由约瑟夫二世颁布，但直到 1806 年，冯·泽勒（卒于 1828 年），其是一位自然法的教授，也是起草《奥地利宣言》（Austrian Aufklärung）的主要人物，才完成了该项工程。因此，《普通民法典》（The Allgemeines Bürgerliches Gesetzbuch）颁布于 1811 年，最初施行于哈普斯堡皇室帝国统治的古老世袭的德国土地上，后来施行于该帝国统治的其他领土上。与普鲁士法典相比，它当然更具现代化。比如，普鲁士法典仍然给隶属于前法所具有的不平等留下了重要的地位，且其仍然充分尊重贵族的特权。奥地利《普通民法典》（第 10 条）完全排除了现有的且甚至是将来的习惯法。自然法原则失灵的比喻将被用于填补潜在的缺口。

普鲁士的和奥地利的法典在很长一段时期内仍然有效。直到 1900 年，普鲁士法典才被德国民法典所代替；除了在 1914 年至 1916 年间的一些大张旗鼓的修改，奥地利法典至今仍然有效。这些法典中的任何一个都使不同的人民受到一部相同法律的支配；政治上的目标旨在促进分散的、不相干的领土结合起来受到普鲁士王和奥地利帝王王权统治。

法国法典编纂的情况已经说了个大概。在过渡法时期，法典不再是开明君主的作品，而是革命民众意愿的表达。然而，对比在君主政体下和革命下的法律发展情况，法律走的并不比草案走得更远，过渡法的法典不过是草案而已；而且拿破仑的法典尤其反映了当权政治家的意志和受过教育、负有哲学思想的有教养的法律官员的成果。他们具有如同教授、市长和属于普鲁士和奥地利的法典编纂委员会委员的一样的社会地位。

第五节 因 素

65　　强劲的社会潮流推动着法典编纂运动。首先是政治因素。君主们把国家法典的颁行作为其统一政策的主要成分。"一个国家，一部法典"的原则完美地契合该项政策。在多瑙河君主政体下，该原则分外清楚，它统治着一个由不同种族组成的国家；但是在法国，"一个单一且不能分割的共和国"的原则也对为整个国家制定一部单一的法典产生了兴趣。法律的民族化以普通法的全球化和特殊地方习俗作为代价。

　　自中世纪以来，国家法典编纂在法律的一般演变中已经占有了一席之地：如今，罗马教皇和君主们的普遍权威已被民族国家主权所取代，这些民族国家或多或少都在其法典中提出了自己的法律秩序。政治统一较晚国度也在最后得到了它们的国家法典：意大利在 1865 年颁布了《意大利民法典》（Codice civile），德国在 1900 年颁布了《德国民法典》。各国政府希望本国的法典能给予它们对法律发展牢固的控制权：这种情况总是模糊且难以捉摸的，但如今中央政权有能力掌握主动。新的法律秩序规定了不同的法律渊源以及繁多的司法权的终结（例如，教会法院特殊的权限已在世俗法院的某些案例中得到认可）。

　　另一个重要的政治发展是：如今，人们认为国家的任务是为了保护公民的共同利益，而非保卫上帝的荣誉，也非保护教会或者王朝的权力。在开明君主统治的国度，该任务留给了统治者（因此就有格言"民享万事，民治无物"）。这一概念尤其清楚地显现在 1786 年的 Josephinisches Gesetzbuch（i. i）中："每个臣民都指望他的统治者清楚地拟定出他的臣民的权利，并为了公民个人和公共的利益安排其行动。"所以在日耳曼国家，公民是法律的产物，反之在法国，法律是公民的产物。因为在法国，法律是公民的产物，法律并非衍生自统治者，而是来自共同意志（"volonte generale"）。[20] 如今，当权者有了政治上给予人民权利的意愿，而该意愿曾因博学的法学家阶层的干涉以及他们私下对待法律事务的倾向而失去过。

经济因素也起到了重要作用。现代法典回应了自信进取的中产阶级的要求：例如，个人自由和责任，废除封建障碍和歧视（例如对土地转让、社团主义、"命令"特权等的限制）。一些法律论据的经济前提也能被轻易地识别出来。由此，例如，17 世纪的荷兰是一个靠海上贸易而繁荣起来的小国。然而，不无巧合的是，格劳秀斯作出结论：自由航行权是自然法的一个原则。[21] 约翰·塞尔顿（卒于 1654 年），时值英格兰开始宣称其海上霸权，他作为一名英国法学家在其 1653 年的《海洋封闭论》(Mare clausum) 论文中以相反的论点答辩。该时间是在克伦威尔颁布航海法案的两年后，该法案限制了英格兰到英吉利海峡间的商业运输。另外一个例证是在法国大革命爆发的第一年内，经第三等级提议引入的有关土地和抵押方面的大量的立法，其目的在于解放封建和教会的土地，以便使该土地能在信用体系内得以使用。[22] 然而，暗示在法国民法典和工业革命之间有种直接的联系则是不准确的，因为工业革命到达欧洲大陆是在第一次尝试法

---

[20] 'La loi est l'expression de la volonte generale'：Diclaration des droits de Vhomme et du citoyen of 1789, 1791 年宪法第 6 条重述了这一规定。也可参见这部宪法第 3 章的第 2 条，"作为所有权力的唯一来源的国家无法通过授权行使这些权力"以及第 3 条"在法国没有任何权威位于法律的权威之上"。

[21] 格劳秀斯受鼓舞而写了《海洋自由论》（1609 年），通过西班牙语与葡萄牙语主张殖民地贸易的垄断地位。葡萄牙在 1581 年至 1640 年间隶属于西班牙。

[22] 在 1791 年 6 月 5 号至 12 号的法令中，《农业法典》(t. i s. i) 第 1 条规定，"法国的领土在其完整意义上像生活于其上的人民一样是自由的"。参见此卷 La Revolution et la propriiti Jonciere (Paris, 1958) in M. Garaud, Histoire genirale du droit privi frangais (from 1789 to 1804)。

典编纂很长时间以后，甚至是在法国民法典已经颁布之后。尽管如此，近代法典编纂运动产生的这些法律证明了其自身完美地适应了 19 世纪资本家和中产阶级经济的需要。

最后，值得注意的是智识因素的重要性。启蒙哲学拒绝旧的教条和传统（尤其在宗教方面），并且将人和他的福祉作为重中之重。这一态度的改变部分是因为近代科学的影响：由可测量的元素和经逻辑证明的物理学定律统治的宇宙的新概念，已替代了旧的宇宙论及其精神和天文周期。18 世纪自然法的特点在于从公理中精密和准确地演绎，就如同数学一样。该方法明显受到笛卡尔的《谈谈方法》（1637 年）、牛顿的《自然哲学的数学原理》（1687 年）和斯宾诺莎的《伦理学》（在其死后的 1677 年发表）的启示。[23] 根据新的理论，人和社会是这个可被理解的宇宙的一部分，该宇宙受到自然法的支配。现在，按照上帝的形象创造的人类且其可高于自然的这一观念从科学论述中排除了出去。

在这一时期，大学只起到了次要的作用。除了德国，有些大学根据启蒙精神建校启蒙（1694 的哈勒大学、1737 年的哥廷根大学），并且对自然法的讲授充满着热情。尤其在法国，法学院事实上对 18 世纪的法律发展没有做出任何贡献。当然，一些法学家认可普芬道夫、托马修斯和沃尔夫的学说，有些教授对法典编纂产生了很大的影响，但是大学的衰落仍在继续。奥尔良大学就是一个典型的例子：当时最有影响的一个法学家——波提尔（1699—1772 年），在奥尔良授课；但是该所大学（不论如何，相对其曾经是所辉煌的学校而言，该大学现在只不过活在其辉煌后的苍白阴影里）由于缺乏学生不得不于 1793 年关门大吉。18世纪，其他国家的大学也呈衰落的迹象，并且在法国大革命时

---

[23] D. von Stephanitz, Exakte Wissenschaft und Recht. Der Einfluss von Naturwissenschqft und Mathematik auf Rechtsdenken und Rechtswissenschaft in zweieinhalb Jahrtausenden. Ein historischer Grundriss (Berlin, 1970; Miinsterische Beitrage zur Rechts- und Staatswissenschaft, 15), 52 - 100, 120 - 133.

期，大学被压制的现象几乎不足为奇。科学和近代哲学形成于大学机构之外；大学则由于"将学位授予那些没有经过严格测试的人，甚至只是将学位卖给那些唯一的优点只是不怕麻烦长途跋涉到该所大学的人"而蒙羞。大学声望及其学位价值的命运就很容易可想而知了。[24]

第六节　法院和程序

概　况

法院及其程序也并没有逃避对旧政权法律的批判。这主要对准的是法院形成的无序的混乱。该批评也旨在消除法官在法律发展中扮演的角色，因其角色时常易于渐渐变为真实的立法权，像在原则性判决（arrêt de règlement）的案件中那样。[25] 一些特别例外的批评针对的是学术的罗马—教会法程序：因其对于大多数人来讲是费解的；因其是书面的，所以既冗长又昂贵；并且它自身招致的更大的攻击是因为它本身的秘密性和官僚作风。因此，启蒙运动的支持者改革的方向可想而知。革命的热忱推动着他们，对人类天生善行的信心（尤其在卢梭的影响下）鼓舞着他们。实际上一些革命党人甚至提出废除所有的正式审判程序：其理由是被争执离间的好公民经由仲裁人或治安法官的调解，且无须任何正式程序和严格的旧制度的程序法规则。在过渡法律

---

[24] 下列 pont-a-Mousson 大学的一则逸事表明：即使与学术无关，教授们也有起码的幽默感。一个获得了法律学位的学生也想为他的马买一个法律学位；对此问题，法学院的答复是"只能授予驴子（暗指笨蛋）而非马以学位"。

[25] 参见上文，第 51 节。

(intermediate law) 政体中进行了各种各样的尝试，但是其中只有调解的初步措施得以幸存㉖，甚至事实表明仅仅一个正式手续没有多大价值，因为实际上人们只有当他们的矛盾不能友好解决的情况下才会诉诸法院。大部分的改革家认为法院及其审判工作是不可或缺的，但它们必须从根本上实现现代化。以下是他们对于法院改革的建议。

错综复杂的法庭、法院和具有重叠管辖权的贵族们必须被废除，取而代之的是国家和整个公民的合理和统一的法院等级制度。这就是约瑟夫二世尝试在奥属尼德兰进行的：废除从中世纪继承下来的制度，代之以一种新的"金字塔式法院系统"㉗。同样，整个法院的组织机构在 1790 年至 1791 年间的革命初期被废除，并且取而代之的机构是现今仍在法国和比利时存在的法院组织的基础。在私法管辖区（商业法庭除外），该制度为每个县设立了一个治安法官；为每个郡设立一个初审法院；全国 27 个司法管辖区分别设立一个上诉法院；全国只有一个最高法院，设法使法律被统一适用。法律没有规定超国界的，全欧洲的或者全世界的权力凌驾于国家法庭体系之上。

法律实践必须变得更民主：如果正义未被完全托付给人民，那么起码使它离人民更近些。最激进的方法是在一个临时授权下选举法官（这一体系在美国的一些州仍在使用）并且废弃所有司法职位资质限定，特别是法律阶层所需的必要条件。在一个相当短暂的时期，法国大革命采用了这样一个体系（1791 宪法，Ill，2 和 5），但在拿破仑的压力下人民法院遭到了压制。1799 年宪法（1799 年 12 月 13 日）再次采纳了职业法官传统的保守体系，即法官必须接受法律的教育并被第一执行官任命终身。买卖司法

㉖ Code de Proc. civ. n. i, arts. 48 – 50.
㉗ 参见后文，第 68 节。

第四章 18世纪中叶至19世纪初的启蒙运动、自然法与近代法典

职务这一不受欢迎的制度明显被较早地放弃了。㉘

成文法：唯一的法律渊源

成文法作为法律的唯一渊源必须确保其垄断性：法官被命令严格遵守他们的职务并拒绝干涉任何立法。如果联系到由孟德斯鸠固守的三权分立学说，这一现象就能被理解。㉙ 罗伯斯庇尔实际上将会很乐意看到"判例法"一词从法语中消失，因为"在一个有着宪法和立法的国家，法庭当中的判例法只不过是法规"。1804年《法国民法典》第5条规定："法官对于其审理的案件，不得用确立一般规则的方式进行判决。"法官对于成文法的从属关系也可以在这些必要条件中看到，即法官必须对他们的判决给出具有法律基础的理由。㉚ 但在旧的法律中，情况却相反，如果法官对其所作的判决说明理由（就像维兰特注意到的那样）则会被认为是个傻瓜。但是如果成文法的内容是难以理解的呢？每个法官是否享有根据自己的经验解释成文法的自由？改革家们认为答案是否定的：他们更喜欢的答案是保留必要的解释给立法者们。㉛ 但是1790年的宪法采用的程序参考立法（"参照立法机

㉘ 1790年8月16-24日的有关法院体系的法令：U. II ART. 2."司法职位的交易将永远废除，法官将受到免费的公平对待并由各州支付其薪水。"

㉙ 法国1789年8月26日颁布的《人权与公民权宣言》第16条规定，"凡权利无保障和分权未确立的社会，就没有宪法"。分权原则同样也确保了司法权相对于执行权的独立。J. P. A. Coopmans, 'Vrijheid en gebondenheid van de rechter voor de codificatie', Rechtsvinding. Opstellen aangeboden aanprof. dr. J. M. Pieters (Deventer, 1970), 71-109; K. M. Schonfeld, 'Montesquieu en "la bouche de la loi" ' (Leiden, 1979; doctoral thesis); H. Hübner, Kodifikation und Entscheidungsfreiheit des Richters in der Geschichte des Privatrechts (Konigstein, 1980; Beitrage zur neueren Privatrechtsgeschichte der Universität Köln, 8).

㉚ 1794年宪法第208条；比利时1831年宪法第97条。

㉛ 1790年8月的成文法第16-24条要求法院在认为需要解释成文法时，要时时接近立法机关的原意。

关")就没有如此激进。一个单独的最高上诉法庭㉜被建立用来撤销那些已经滥用法律的判决或者将这些移交给另一个受理同样案件的法庭。如果三级法院都坚持同样的判决,那么最高上诉法庭(Tribunal de Cassation)不得不将这个案件移交给下议院从而获得一个立法的成文法,然后该成文法将会对所有法官产生效力。比利时也采纳了该制度,并且在 1830 年革命后,这一制度通过 1832 年的基本法创立了比利时最高法院。将案件提交给立法机关裁判的制度仅在 1865 年才被废除。当这一制度被现行制度所取代时,当两个下级法院对一个案子作出同样的判决而同时其判决都被上级法院宣布无效时,那么下级法院在被发回的案件上必须遵循最高上诉法庭的判决。这一制度最终产生了解释成文法的有限制的司法权。

近代法典

68   在民事诉讼中也提倡改革。程序性的规则将会编纂成法典,从而确保法律的确定性和明确性,而在繁重且晦涩的罗马教会程序法文本中则完全缺乏上述品质。㉝ 新的法典在诉讼程序方面作出了实质性的改变,使正义更接近公民,换句话说,使得审判工作显出更仁慈的表象。诉讼程序毫无疑问是公开的(除了法官的评议之外)和口头的,以压缩花费的物质和时间成本。对证人的秘密讯问将被废除。过于理论化和复杂的法律证明制度也得以废除,至少在刑事案例中是如此;现在,法官根据他自己来判案,而其内心确信合理的以他面前的证据为基础。通过废除律师这一

㉜ This court, which was set up by decree dated 27 November- 1 December 1790 to annul all formally defective procedure and all judgments contrary to the law, had antecedents in the ancien regime in the case law of the Conseil du Roi for which rules had already been made in 1738.

㉝ 《路易斯法典》(参见上文第 49 节)是欧洲程序法的一个显著的例外。

职业，正义将被民主化，因为公民只需要适当地了解法律，便能完全地维护自己的利益。㉞ 英国法上的陪审团制度将会被引入，以便每个公民都能被他的邻居所判决。㉟

废除律师制是非常短命的。在民事案件中增设陪审团的建议在特隆切特干预下遭到了议会的拒绝，特隆切特主张事实问题不同于法律问题。但是改革家们都差不多在维护旧的 Verhandlungsmaxime方面保持一致。㊱ 例外是腓特烈大帝，作为一个启蒙君主，他认为法院有责任找出事实，即使这涉及法官对超出当事人提出事实之外的调查。腓特烈对诉讼程序的分歧产生于指令主义（instruktionsmaime）与职权主义（Offizialmaime）的冲突上。在这一组原则的选择中，他以强调法官在诉讼中的职责作为民事诉讼的指导原则。法官的任务是保护市民，并使自己独立于当事人的指控去判断案件的是非曲直，即使当事人保持沉默或犯错。案件由法院指定的机构进行调查，其可与刑法的"预审法官"相对比。这些原则规定在《普鲁士民事诉讼条例》（即1781年腓特烈法典）的第一卷（诉讼条例），该法典还废除了由当事人选择并付费的律师制度，取而代之的是附属法院的官方机构。㊲ 然而，如同法国一样，普鲁士的情况也相同：律师这一职业快速地重建自身，而腓特烈大帝的实验不过昙花一现。然而在12世纪，关于法官和司法援助的角色这一类似的概念又再次引起了人们的注意。

㉞ 这是《人权与公民权宣言》与1791年和1795年宪法中的众多改革之一，律师制度的废除是同旧制度特权复兴的斗争。它并未持续很久：拿破仑在1804年重建了律师制度，附带的必要条件是它的会员必须获得法律学位。

㉟ 在1790年，E. J. 西耶斯建议制宪时期所有刑事和民事案件都应由陪审团裁决，他的提议在实践中只在刑法中得到落实。如同罗伯斯庇尔观察的1793年的惯例，陪审团和非专业性的法官之间的区别仅仅是名称上的。

㊱ 亦即诉讼程序掌握在当事人手中。法院的裁决必须基于当事人以及他们所传讯的证人的意见。

㊲ 传统的律师被认为是唯利是图者。

当时最重要的几部民事诉讼法典有普鲁士的《弗雷德里希诉讼法典》[38],法国的拿破仑诉讼法典以及奥地利约瑟夫二世的《普通裁判法》(the Allgemeine Gerichtsordnung)。该法典颁行于1781年的哈普斯堡皇室统治下的欧洲中部地区,并且对于奥属尼德兰同样重要。《裁判法》(The Gerichtsordnung)是一部系统且全面的诉讼法典。它也是一部具有启蒙精神的法律现代化法典。《裁判法》(The Gerichtsordnung)是一部罗马—教会法的程序法,其中保留了传统的诉讼程序。然而它的现代化特征来源于同其他欧洲制度的比较,来源于启蒙运动创始者的思想,以及常常被法典编纂委员会引用的孟德斯鸠的著作。口头诉讼的新实验在后来的立法中发展得更为系统。但是奥地利诉讼法的彻底改革是随着 F. 克莱因教授草拟的《民事诉讼法》(Zivilprozessordnung)于1895年左右才得以起步。在荷兰,约瑟夫二世通过于1787年废除现存的法院体系而代之以金字塔形的法院系统,从而试图对法院系统进行一次彻底的改革。他的改革方案设计了63个初审地区法院,并分别在布鲁塞尔和卢森堡设立两个上诉法院,以及一个位于布鲁塞尔的最高委员会。上诉法院负责审理申诉案件,同时最高委员会主管复核其判决。该制度也已预示了现代制度。然而在约瑟夫二世时期,该体系冲击了传统既得利益集团的利益,而激起了发生于1789年10月的布拉班孔革命。权力当局发觉自己处在被迫恢复旧司法体系的境地,后者直到法国人1794年占领该地后才消灭。

作为约瑟夫政策的一部分,他于1786年在布鲁塞尔颁布了一部《民事诉讼法》(Reglement de procedure civil)。该法典包含了451个条款并且很近似于奥地利模式。其中特别规定,只有

---

[38] 这些法典主要由冯·克莱默和 Svarez 创作,上面已经提及过他们。它被弗雷德里希威廉二世时的 Allgemeine Gerichtsordnung für die preussischen Staaten(1793年)和1799年的条例修订过。1843年和1846年的条例伴随着传统的习惯又对其进行了吸收。

第四章　18 世纪中叶至 19 世纪初的启蒙运动、自然法与近代法典

法律专业毕业生才可以从事律师职业。法官要严格适用该条例的规定：其禁止法官通过求助于"法律真意"、"裁判官衡平法 praetorian equity"、"违反惯例"或者"任何其他的借口"来改变条款的适用。如果一个法官听凭一件案子久拖不决，那么他就必须赔偿损失并支付利息。如果成文法中存在漏洞，法院可以根据类推进行判断，或者如果不行，就将该案件移送到即将建立在布鲁塞尔的最高审判委员会来审理案件。法条的前期准备工作已经自 1782 年于布鲁塞尔开始展开，但是在荷兰制定的草案遭到了维也纳当局的拒绝，取而代之的是一部更"启蒙"的法典，该法典当时已经在哈布斯堡皇室版图内的意大利北部适用。到了约瑟夫二世执政时，被否决的草案过于传统，仍旧过度依附于当地习俗。[39]

总之，值得回忆的是启蒙运动的诉讼法典，或者最起码存在了一段时间的启蒙法典，毫无疑问都是保守的。在法国，其诉讼法典重述了 1667 年特别法典的基本要素，不仅使自身显现出实用性的特征，更设法避免了罗马教会学说的教条主义。1781 年的《裁判法》（Gerichtsordnung）保留了"普通诉讼程序"（gemeiner Prozess）的精髓，虽然它在现代精神方面进行了一些修正。然而在一些地方，新思维起初对诉讼程序并未产生什么影响。在西班牙，审判工作仍旧依据中世纪严格的诉讼程序执行；而英国仍保留了其中世纪的普通法程序。

---

[39] 约瑟夫二世改革的热忱也能被观察到。其中，在奥属尼德兰统治的十年他颁布了接近一千部条例。See R. Warlomont 'Les idees modems de Joseph II sur l'organisation judiciairedans les Pays-Bas autrichiens', Revue D'histoire du droit 27 (1959), 269 - 289; P. van Hille, De gerechelijke hervorming van Kerzer Jozef II (Tielt, 1972). 约瑟夫二世也通过废除酷刑激怒了比利时的法律界：E. Hubert, La torture aux pays-Bas autruhiens pendant le. XVIII siecle (Brussels, 1896)。

第七节　启蒙运动中的英国法

曼斯菲尔德勋爵与威廉·布莱克斯通

69　　欧洲大陆的法律世界经历了一连串的剧变，至少也是一场大范围的新思维与改革运动。但是英国的法律坚定地沿着其传统的进程行进着。对18世纪下半叶和19世纪初英国法律史的最好的总结就是"英国的前线都是静谧的"。没有现代化、没有革命或者其他任何事情的发生。相差甚远的是：在这一极端保守的时期，既有的法律体系事实上得到了巩固。习惯法仍旧是英国法律的基础。衡平法是衡平法院的判例法，它受到了比平常更多的限制，并且简化成许多与几个世纪以前就已出现的天赋公平这一观念无关的制定法。强大的"大主教法庭⑩"在清教徒革命中瓦解殆尽，适用罗马法或教会法的法院被边缘化了。所以习惯法保持了它固有的自身：一系列不成文的规则，虽然其依据是古代习惯法，但其定义和解释却掌握在法官手中，尤其掌握在威斯敏斯特教堂的那十二位法官手中。立法，尤其是私法中的立法是不重要的。成文法也是罕有的，即使法院没有采纳爱德华·库克爵士⑪的极端立场，法官们在解释成文法方面仍有很大的自由。有时，

---

⑩　这些是基于特权和具有专制主义特点的法院；其中最重要的是星座法院。
⑪　在邦纳姆案中，1610年库克（卒于1634年）主张旧的法典表明"在多数情况下，习惯法将会支配议会法令并时常断定它们完全无效；因为当一项法令与普通权利和理性对立时，或者与它们相矛盾或不能得到执行，习惯法将会控制这些法令并裁决该法令是无效的"。

依据英国普通法的基本原则,这就接近了对成文法的司法监督。㊷

　　法官不仅是现行法律的(保守的)担保人㊸,他们也可以通过作出建设性的先例积极地对英国法的发展做出贡献。曼斯菲尔德的威廉·莫雷伯爵(卒于1793年)在此方面久负盛名。曼斯菲尔德伯爵具有苏格兰血统(因此他熟悉大陆法和罗马法)。在结束众议院的政治生涯后,从1756年到1784年,他在威斯敏斯特的普通法法院之一的国王法官席位担任皇室法院的王座法官。同时,他仍然作为上议院的议员参与政治事务。他最根本持久的贡献是将英国的商法坚定地整合进普通法体系。商法的前身发源于欧洲大陆,特别发源于地中海地区的实践。通过建设性的,有时甚至是大胆的司法见解,曼斯菲尔德勋爵将商法发展为一种适于近代的商业和金融需要(贷款、汇票、保险、银行)的工具,并因此被称为英国商法之父。法律的发展伴随着与伦敦商人的合作:他们参与公民陪审团,并对职业实践的意义和范围等有关的细节问题作出解答。

　　制定法仅仅扮演了一个辅助的角色。根据布莱克斯通的观点(见下文),不成文法(未经修订的普通法)不同于成文法(国会的法令或严格说来是皇室法令和议会法令)。成文法仅仅是对不成文法的补充。成文法要经过公告,因为它们要使不成文法的具体要点明白显现,并且成文法是纠正性的,因为它们旨在纠正不成文法中的缺陷。此外,人们假定立法者的意图绝不是变更或废除一项不成文法规则,除非明确宣布该意图。布莱克斯通认为,

---

㊷　直到在1871年法院才明白地拒绝这个概念并宣布作为"女王与议会的仆人"的法官必须接受议会的领导,因为"这里进行的是司法的而不是专制的,如果我们用管理代替了法律,那么就会造成独裁",lee v Bude 1R. 6e P. 576,582 per Willes J。

㊸　在19世纪初期,有两个法官尤其保守且因此名声不好,一个是皇室法庭的Lord Ellenborough(1802-1818年间担任法官),另一个是衡平法院的Lord Eldon(1801-1806,1807-1827)。

147

在没有成文法的地方，法官就是活着的神谕和法律的宝库，法官们将会解决所有疑难的案例，并且因此，不成文法是且仍然是判例法的来源。

学术界在这一时期发挥的作用甚至比制定法更加微不足道。法学院和法律讲授总的来说失去了其重要性。四大律师会馆或协会完全抛弃了教学并演变成为一个纯粹的律师社交俱乐部。在牛津大学，英国维尼安法学讲座的创立是大学法学教育的初步尝试。布莱克斯通最先获得了这一讲席，从1758年开始，他的讲授使得该讲席声名显赫。在他之后，该讲席沦为平庸并变成了一个闲职。[44] 法律制度和诉讼程序仍旧停留在中世纪的模式中。

这样一种惰性与欧洲大陆的启蒙运动背景相比较而言似乎显得令人吃惊，同时奇怪的是，这一启蒙运动背景的灵感主要来自英国。更令人惊奇的是，从工业革命这一视角观察，工业革命正是在英国法律界最堕落的时刻达到顶峰的。这可被称为英国法律史上的一个悖论，社会和经济动荡可能发生在一个陈旧的中世纪法律框架之内，好像整个国家的所有精力都被用于创造经济奇迹，而对于制度框架的问题完全置之不理。

然而，理性时期并非完全没有对英国的法律或最起码对英国的法律思想产生任何影响（无论如何，法律思想与实践相去甚远）。两个杰出但立场迥异的法学家在这一时期脱颖而出：一位是当时古典习惯法的最后一位伟大作者，另一位是对前述普通法的批评家和19世纪改革的先驱。威廉·布莱克斯通爵士（卒于1780年）是《英国法释义》（1765—1768年；多个版本和修订版）的作者，该书对英国法律做了一次全面的分析和说明。虽然不乏批评之论，但他对英国法律的总体评价是积极的。他的目标是巩固英国法律体系，并用启蒙精神去证明英国法律的理性特征并揭示出其基本原则。他优雅的写作语言和风格使大众们感到格

---

[44] H. G. Hanbury, The Vinerian Chair and legal education Oxford, 1958.

外亲切，因为大多数作者都用晦涩难懂的术语写作。法律语言1731年才开始由正统的英语代替了法语和拉丁语。

杰里米·边沁

杰里米·边沁（卒于1832年）则是另外一回事。他直面现状，终其一生他都是一个精力充沛、雄辩的编纂原则辩护者。边沁对于英国制度（在边沁所处时代，该制度本质上仍是中世纪的）批判的出发点不是欧洲大陆自然法[45]，而是代之以一个全新的理念：功利原则。边沁没有制定公理，也没有从公理中推演出法律规则；反而他质疑了每个法律规定和概念的效用，以及法律服务于现代人和社会的实际目的。许多传统的价值都未能通过这一测试，因此必须被新的价值所取代。特别是这些价值不得不被打着"实用"标语的法典编纂所代替；边沁将他的学说命名为"功利主义"。按照他的观点，法典必须确保法律的确定性和"认知性"，并且立法和判例法必须旨在为"最大多数人"谋取"最大的幸福"（该标语出自J.普里斯特利，卒于1804年）。

边沁的著作中有几部组成了《政府片论》（1776年），其中边沁抨击了布莱克斯通的评述；《道德与立法原理导论》（1780年印刷，出版于1789年），该书是对被看作近代法律渊源的激进立法的一种申辩，还有《法典编纂提议》（Codification proposals, 1823年）。边沁也著有《立法理论》（仅在1931年出版）。[46] 边沁的时代被保守主义所支配；在那时任何要求变革的声音都会召唤法国大革命和恐怖的幽灵。结果，边沁所主张的对现有体制进行根本改革的工作并没有取得成功。然而，在他死后，1832年改

---

[45] "大陆性的"在这个意义上是指在那里，自然法取得了特别的成就并且对于法律实践起着显著的影响。这并不是指英国对自然法没有做出贡献；想想霍布斯。

[46] 边沁的多部著作都由他的学生E. Dumont翻译为法语并被欧洲大陆的读者认真阅读。

革法案从现代化层面实质上改革了议会，后者开始实施边沁的计划。这在很大程度上归功于英国大法官布鲁厄姆爵士，他不仅是一个狂热的改革家，还是一个比边沁更老练的政客。[47]

下述事实其实是个悖论：欧洲最伟大的法典编纂的理论家和倡导者——其实际上创造了"法典编纂"这个概念——竟然来自英国。时至今日，英国仍然与法典编纂保持距离；英国的法律体系仍然部分基于数以千计的不成文习惯法，另一部分是范围从中世纪至今并按照年月顺序排版成卷的大量成文法的汇总。法典编纂最伟大的先驱在他自己的国家遭到了抵制。[48]

英国和欧洲大陆法律不同的发展状况，和这一时期英国法律发展惊人贫瘠的状况都是其原因的。在欧洲大陆，伟大的法典是拥有独裁权力的开明君主和将军们的产物。但是在英国，则未经历过这两种政体。大陆法典的目标首先在于巩固民族国家的统一，但英国却没这种必要，英国当地的法律特征是隐蔽的，且习惯法是欧洲最古老的国家法。欧洲大陆的法典编纂热潮引起了英国人的困惑。对于这些英国人来说，欧洲大陆制定出的政治体制反而使他们最痛恨的：专制主义和革命激进主义。此外，欧洲大陆改革家们的目标部分在英国已经得以实现。例如，法国土地上社团所有权仍然被宗教组织拥有，或者因中世纪的习俗而被拒之于市场之外阻止它接近市场；但是在英国，修道院被解散，且它们的土地在亨利八世（1609—1647年）统治时期就已充公，大量的土地已经重返了市场。18世纪数量众多的《圈地法案》也解除了中世纪对公共土地和财产权的限制。因此，大量的农业用地现已向经济领域开放。

---

[47] 当布鲁厄姆爵士在下议院做了六个小时有关习惯法的演讲后，基本改革的信号终于在1828年放出，并且任命了两个王室委员会。作为1830年至1834年间的上议院大法官，布鲁厄姆爵士能够督促改革，他是1844年改善社会法案的创立者之一。

[48] 作为一个法典编纂的倡导者，边沁虽然才华横溢，但和其先驱弗朗西斯·培根（卒于1626年）一样不幸。培根是法学家、政治家和自然科学思想家。

第八节　理性法的评价

有一个理性法得失的对照表可能会有帮助。理性法的一些基本目标实现了。理性法具有解放的作用，因为它导致放弃了古典文本的权威（auctoritas）的控制体系。诚然，即使在中世纪思想中，人们也认为权威（auctoritas）毫无疑问是附属于 ratio（理性）的，但是两者中权威（auctoritas）较为盛行。现在 ratio（理性）变成了指导原则。人们不再认为古老的法律规则能确保权威的优越性。一些著者甚至采取相反的论点并肯定了每一次法律的改革必然反映出了进步。

成文法（尤其是经法典编纂的成文法）的首要地位现在被接受了。在欧洲大陆，这一地位几乎再没有遭遇到挑战，同时较早时期的一些极端主义现在也已经被抛弃了，例如 J.J. 布克莱特（卒于 1866 年）做的声明"我不知道什么是民法，我讲授的只是拿破仑法典"。自从获得认可，习惯总是伪装为成文法，但是现在被边缘化。法学却没有限制权威。只有判例法在法律实践中保持着其重要的地位。然而，结果却是还不及原本设想的（有些天真地）将成文法看作法律唯一渊源的支持者们激进，且对阻止法律家撰写教条式的评述的努力如同希望能在法典中为每个案例都作出规定一样的徒劳无功。然而成文法的较其他法律渊源优先地位的确产生明显的简化：今后法律的适用和知识无疑会更清晰确切。自然法是战胜旧的习惯法和（仍然享有声望的）罗马法的基本要素。只有一个更具普适性的法律，或者说真正意义上的普遍法律才能够挑战罗马法的准普遍适用的权威。如果《民法大全》是罗马帝国和西方世界的法律，那么自然法就是所有人类的法律；如果说罗马法是历史上最伟大的法律作品，那么自然法就是理性的唯一措辞。所以，在 18 世纪初，有可能说罗马法"任何人不能为他人缔约"（alteri stipulari nemo potest）是陈旧的，因为根据自然法原则每个协议都可以导致一场诉讼。根据这一时期的一个作者的说法，大多数的情况下，或者最起码更好的做法是，法学家承认，在这个问题上正确的是跟随自然法的简单而非跟随罗马人的精妙。㊾

自然法的方法是从一般概念和公理中推导出具体的成文法规则。这个系统化方法（Begriffsjurisprudenz）至今仍在发挥着作用。该方法代替了旧的方法，它的首要任务就是评注《民法大全》的单独的条文，对其进行训诂以达到和谐。近代的、更抽象的方法慎重地遵循严谨的自然科学研究方法，是为了法律家能根据可证明的命题建构一门普遍适用的学科。即使在今天，这一目标象征了一个对所有努力协调英国和欧洲大陆法律思想不能克服的障碍。根特大学的民法教授劳伦特清晰地表明了其信仰和抱负："法律是一门理性的科学。"法律是有目的性的，它可以作为社会政策的风向标，甚至创造某种社会，也是理性时代遗产的一部分。理性法则将法律置于政治背景下，功利主义或哲学的背景下来看待。这导致法律沾染了意识形态的色彩，容许政府加强对国民的控制。在以前这是不可想象的。18世纪也开始赋予法律人性化的成分，主要但不只限于刑法领域。㊿

法律的世俗化并将法律从神学和神谕之法的权威中分离出来，是启蒙运动的目标之一，这一目标在很大程度上已经实现。法律中引入了世俗婚姻和离婚手续，并且废除了宗教歧视，尤其是对"异议者"即基督教和犹太教的歧视。曾经一个时期内，人

㊾ Augustin Leyser (d. 1752), an important figure of the Usus modernv, see K. Luig, 'Der Einfluss des Naturrechts auf das positive Privatrecht im 18. Jahrhundert', Zeitschrift der Savigny-Stifung für Rechtsgeschichte (G. A) 96 (1979), 41.

㊿ 因负债而入狱的罪名被1793年3月12日的法令给废除了，该法令的规定是"即使在合同中订立了该条款，该条款也是无效的"。然而它还在《法国民法典》中再次出现；它在1797年3月14日的法律中再一次得以规定，且仅仅是基于这样一种目的——即该罪名的废除只是对"所有权的非难"。直到1867年的法国和1871年的比利时，该条款才被废除（在1980年的刑事案件中）。

们对上帝之城和地上之城进行区分，优越的神圣秩序和世俗秩序也附属于这种区分。世俗的秩序如今得到了解放。它能设定自己的目标以及实现这些目标的手段。

然而，在某些方面，理性法则的野心受到了挫折。自然法本身，虽然它在启蒙运动中非常流行，但其寿命却十分短暂。到19世纪初期，自然法作为法律渊源和指导原则丧失了它全部真正的重要性。它已经完成了向古代秩序挑战并启蒙法典的任务。如同大多数革命一样，（当历史使命完成以后）便可以消失了，同时，19世纪的将军们和市民们也与之无关。革命的法典一旦颁行，19世纪的社会秩序就建立起来了，自然法只不过相当于一种批评和反对的可疑的来源。在1799年宪法中，最高执政官波拿巴·拿破仑宣布革命已经结束。自然法作为法学院课程中的一门科目在没有经过任何真正的学术探讨就消失了。它没有被征服或放逐，只不过逐渐消失。虽然"自然法"这一术语仍保留在一些课程中，但实际的教学涵盖了除了自然法以外的任何事（法学理论、法律社会学、法律统计学，哲学等）。19世纪中期，温德沙伊德指出"自然法的梦想已经终结"（Der Traum des Naturrechts ist ausgetraumt）。现在自然法只不过是一个纯粹的学术科目而无任何实践意义。对于一个诉诸自然法的律师来说，他的案子肯定是令人绝望的。

第九节　理性法与历史法学派

19世纪初取代了自然法学的两大法学派是注释法学派和历史法学派。注释法学派认为法律等同于法典，并且，既然成文法现在是法律的唯一渊源，那么总的来说学术必须将其本身限制在准确地解释（或者说"注释"，该术语被神学家用来解释圣经文本）成文法的范围内，首先就是解释法典。这样一种方法不可避免地排斥所有哲学的方法，例如自然法的方法。(51) 历史法学派是由其开创者萨维尼的著作创立的，《论立法与法学的当代使命》(1814 年)，并且该学派有定期的出版物，《历史法学杂志》(the Zeitschrift für geschichtliche Rechtswissenschaft)，该出版物创立于 1815 年。这一标题（《历史法学杂志》）表明了其纲领：法学应该是历史的产物，且人类的历史经验应当是启示其法律实践的真正渊源。(52) 历史法学派认为法律是人类生命自然的固有的表达。在某一特定发展阶段，法律不能被变成法典，并不比一种语言所能做得更多。(53)

乍一看，自然法的彻底失败是令人惊讶的。然而，它的失败与当时巨大的政治和社会变迁有关（这将被详细考察），也与其作为一个思想学派内在无力有关。自然法学派主张要确立一种能为全人类客观的普遍适用的确定性。但这些壮志没能实现。对一个学者、公民、时代或文明来说，在所有情况下都是公正的，对于其他人来说却不是这样。自然法的公理事实实际上是主观的，因此它们没有作为人类普遍系统基础的价值。可以实现的是一些少数协商一致的原则（例如诚实信用原则，遵守承诺和遵守契约的原则），这些原则是如此含糊以至于它们几乎不能解决日常生活中的实际问题。在最需要法律规则的地方，自然法往往是不够的。格劳秀斯对家庭法的观点阐明了自然法的某些原则是多么不普适，多么不清晰：他说一夫多妻制并不是与自然法不相容，然

(51) 注释法学派（也可参见下面的章节）实际上对《法国民法典》的研究，就像注释法学家在他们的时期对《民法大全》的研究一样。

(52) 萨维尼的著作 vom Beruf 是一部针对 A. F. Tjonamt（卒于 1840 年）的辩论法著作，A. F. Tjonamt 是法典编纂的倡导者。两者之间的争论是 19 世纪最著名的事件之一。

(53) 如同萨维尼一样（他主要对古代和中世纪罗马法感兴趣），学者 K. 艾希霍恩（卒于 1854 年）和格林（J. Grimm）（卒于 1863 年）两人都对日耳曼和日耳曼法的历史感兴趣，上述二人均属于历史法学派。

而一妻多夫制和长辈与晚辈之间通婚却与自然法相悖。该学说得到了非常可疑的命题的支持。(54)格劳秀斯还认为，自然法支持了他对于妇女法律地位非常传统的观点。这些观点，尤其是丈夫天生是家庭的领导，他的妻子通过婚姻顺从他，在如今看来完全不合法。自然法学派拥护者不可避免地不得不大部分地折向罗马法，比较能用更精确和具体的术语阐述实践所需要的规则。受到了自然法启示的过渡法典（the codes of intermediate law）也非常重要，它是个失败的产物且不得不被拿破仑法典所取代。后者的作者借鉴了大量的古代法。(55)

萨维尼与历史法学派也有着相似的经历。虽然他们宣布民族精神和民族传统是良法的渊源，但情况很快就明朗化（特别是在萨维尼自己的著作中），即该学派具体的实用性规则的表述大部分都起源于《民法大全》。这一荒谬的结果就是，萨维尼既是历史法学派的领军人物，同时也是德国潘德克顿法学（Pandektistik）的先驱。后者是一种完全基于罗马法且与德国民族精神毫不相干的 19 世纪的理论。

因此，仅在危机时刻，对成文法的不满和批评才会围绕自然法具体化。一旦危机结束，新的平衡也已建立，自然法就不再发挥作用，新制度（19 世纪的《法国民法典》或者潘德克顿法学）就可以宣称自己象征了人民渴望的法律秩序和理想中的法律。自然法学派同样无法实现其普遍的使命。这种希望旨在从理性出发制定出普遍（或者起码是欧洲适用的）的终结非理性的法律。帕斯卡尔对此公开指责："纬度高三度就颠倒一切法理，一条子午

---

(54) 上下代之间通婚被法律排除，因为作为配偶间的亲密关系与孩子对父母的尊重不相容。即使对婚姻的法律性质的问题也存在过争议：对格劳秀斯而言，婚姻是一个法人组织（corporation），然而对其他许多人来说（包括罗马法）：婚姻是一份契约。

(55) 参见上文第 4 节。

线就决定真理；以一条河流划界是多么滑稽的正义！"㊱

实际上，国家法典的胜利推动了法律制度的国家化，这是19世纪法律发展的特点。理性法和世界的罗马法不得不让位于以国家法典和国家司法为基础的不同的国家法律秩序。这一发展伴随着同一时期主权国家的发展，也伴随着各种思潮。在法国，孟德斯鸠已经强调使法律适应人类"精神"的必要性，且在18世纪晚期到19世纪，许多德国法学家都深信，每个民族的生存均必须以自己民族的法律为基础，以适应其特殊的发展需要。因此，日耳曼学派（其相对于罗马法学派）把古代法看作可以适应德国人民需要的德国法的要素。㊲ 这不是在人民之间设置法律阻碍的问题，但最起码在国家内部实现了法律统一。习惯法地区的地理边界消失了，或者的确将在19世纪的进程中消失，并且许多古老的法团主义和社会壁垒（例如"社会阶层"）已经遭到取缔。

73　　参考书目（略）

㊱《思想录》，II，3.i. 作者继续说，"真实的公平的光辉已经征服所有的人，并且立法者不会把波斯人和德国人的空想和反复无常来取代不变的正义作为一种范式……它将会被埋入世间所有的国家直至世世代代，取代的是世间并没有所谓公平或不公平，当环境发生变化的时候它也并不会改变其品质"。且帕斯卡尔得出结论，"比利牛斯山脉的一面是真理，另一面是谬误……没有东西仅仅遵循理性，除了理性本身；凡事随着时间改变"。

㊲ G.贝泽勒（卒于1888年）是日耳曼学派最杰出的代表，同时在国家政治领域也非常活跃。他最主要的成果是 System des gemeinen deuschen Privatrechts (1847-1855)。他的 Volksrecht und Juristenrecht (1843) 是对《民法大全》的主要的攻击，其中他公开指责《民法大全》作为一个外来物寄生在日耳曼国家；对《民法大全》的继受他认为是国家的灾难，对其责难应对准共同法的法学家。

第五章
19世纪对民法典的解释和为法律的抗争

第一节 法 国

1789年至1804年间的法国恰逢多事之秋，但这也是一段极富创造性的时期：突然之间，最冒险和最不可能的创新似乎都有机会实现。《拿破仑法典》的颁布使这个短暂时期告一段落，并揭开了稳定新世纪的序幕。从法律视角看，这同样是一个缺乏创造性的世纪。民法典出现了，它符合公民的心态和利益，公众没有理由质疑它。法官只能遵从民法典并且严格适用其规定，学者只能忠实地解释其条款。判例法或学说不可能试图创新或者发挥创造性作用。法律融合了成文法，而成文法并非来源于教授或地方法官，因为他们没有以国家之名行事的权力；成文法来源于作为人民唯一代表的立法机关。

大革命期间，旧制度下的大学已被取缔，尤其是其法学院。几年以后，法学院又重新建立。1808年，大学中的法律教育重新开始，但背景与之前大不相同。新体系之下，一所帝国大学包括12个法律系，它们地位相同并接受统一领导。教学工作和所教授的科目受5位总监的严格监督。1809年，一位副院长被任命，这实际上是为了监督巴黎大学法学院的院长。这种体制并未完全运转①，但的确对

---

① 曾有批评成文法的教授被指控煽动违抗政府；即使是罗马法教科书也要被检察官没收。

法国大学产生了长期的深刻影响。鉴于成文法居于极其支配性的地位，加之对判例法和学说的不信任，对法典进行字面解释的学派实际上占据了优势地位，并因此以注释法学派闻名。② 19世纪，注释法学派在法国和比利时产生了深远影响，以致历史上没有其他运动能够企及。部分原因是所注释的立法文本具有稳定性：法国宪法迅速更新换代，但《法国民法典》像暴风雨中的岩石一样稳固。

然而，19世纪初期，仍有一些在旧制度下接受教育的律师致力于研究新法典，但却继续利用法国民法典大量借鉴的罗马法和习惯法。菲利普·安东尼，即梅林·德·杜埃伯爵（Philippe Antoine, Count Merlin de Douai, 1838年逝世）无疑是他的时代最有学问的律师之一。随着政治环境的改变，他追寻着不安稳的政治职业；在此期间，他对过渡法律（intermediate law）的发展做出了重要贡献，且在法国民法典的编纂时期担任拿破仑的私人顾问。他的著作综合起来约等于古代与现代法国法律的百科全书，其主旨是借助古代法来解释新的立法。他出版了《判例法索引与论证》（Répertoire universel et raisonné de jurisprudence）③与作为增订本的《法律问题字母索引》（Recueil alphabétique des questions de droit）。④ 上文提到的民法典汇编者之一雅克·德·马勒维尔（Jacques de Maleville, 1824年逝世）⑤ 于1805年出版《对国务院民法典讨论的理论分析》（Analyse raisonnée de la discussion du Code civil au Conseil d'Etat），对法典编纂前的文献做了综述，并进行了学术评论。德国法学家K. S. 扎哈里埃（K. S. Za-

---

② E. Glasson作出这一命名。他在纪念《法国民法典》一百周年时提到："民法学家中已经形成了一种可以称作注释法学派的学派。"

③ 巴黎，1807-1808，4卷本。（第三版事实上是对老版的修订版；第四版，1812-1825，17卷本；第五版，1827-1828，15卷本）。

④ 巴黎，11-12年，7卷本；第四版，1827-1830。

⑤ 参见上文，第4节。

chariae，1842年逝世）是一个特例。扎哈里埃来自莱茵兰（Rhineland，当时在法国统治下），在海德堡大学担任教授，于1808年出版了第一部对《法国民法典》的评注。他的民法典专著《法国民法典手册》（Handbuch des französischen Civilrechts, 2 vols., Heidelbery, 1808, 2nd edn 1811—1812年）借鉴了德国普通法（gemeines Recht，即德国适用的罗马法）的规则和方法，在法国产生很大影响，为斯特拉斯堡大学（University of Strasbourg）两位教授C. 奥布里（C. Aubry，1883年逝世）和F. C. 豪（F. C. Rau，1877年逝世）的一份权威评注（见下）提供了范本。

这些在18世纪受教育并参加法律实践的法学家象征着一个过渡阶段。在这之后，真正的注释法学家在法律舞台上占据主导地位；对他们而言，古代法仅仅是历史研究的对象。在新一代的主要法学家当中，最优秀的当属A. 迪朗东（A. Duranton，1866年逝世）；他是巴黎大学的一位教授，是首位对法国民法典作出完整注释（《法国民法典教程》，Cours de droit français suivant le Code civil, 21卷本，1825—1837年）的法国学者。这位"纯粹的注释法学家"标志着新一代的特征：与革命时期法学界前辈面临的危险职业纷争相比，迪朗东连续担任36年教职，这为他连续出版《教程》提供了条件。另外一位注释法学家是R. 特罗普隆（R. Troplong，1869年逝世），他曾任地方法官、最高法院院长。自1836年起，他开始出版首部著作《依据法典条款的民法解释》（Le droit civil expliqué suivant les articles du Code），总共有27卷。第三位有影响力的法学家是J. C. F. 德莫隆博（J. C. F. Demolombe，1887年逝世）；他教授民法课程达半个世纪，见证并维护了该时期法律的稳定性。他所著《法国民法典教程》（Cour du Cude Napoléon）于1841—1876年出版，共31卷。⑥ 最

---

⑥ 这些经典著作的多次发行也显示出政权统治的稳定性。例如，德莫隆博的《教程》在1874—1879年间印发了第5版。

后还应提到 G. 布德里-拉康提涅利（G. Baudry-Lacantinenrie），其部分著作具有权威性：《民法规范》（Précis de droit civil，3 卷本，巴黎，1882—1884 年，1889—1892 年）和《民法理论与实践条约》（Traité théorique et pratique de droit civil，巴黎，1895 年版及其他修订版）。

已提及的斯特拉斯堡大学教授 C. 奥布里和 F. C. 豪在法国注释法学派中具有特殊地位。他们总体上了解德国系统的法学理论，并对扎哈里埃的著作格外熟悉。最初，两人对《法国民法典》的注释非常接近扎哈里埃的《手册》，以至于他们将自己的作品《法国民法教程——扎哈里埃德语译本（修改增订本）》（Cours de droit civil français traduit de l'allemand de C. S. Zachariae... reuv et augmenté，1838 年）作为《手册》的改编本予以出版。但是，1869 年的第三版和 1879 年的第四版不再只是对扎哈里埃著作的翻译。《教程》本身是一部完整的、原创的法语著作，鉴于其受到的德国影响，它在法律文献中占有一席之地。其内容并非按民法典顺序排列，而是依据自然法学派之后便在德国盛行的一系列概念（排列）。⑦ 德国的影响可同样解释为何作者区分了理论上和实践上的民法，这在法国并不常见。尽管这种特殊方法受到批评且无人效仿，很多法学家仍把这部著作视为法国学界的杰作之一。

直到 19 世纪末，对注释法学派的批判几乎没有进展。在那个时期，学界的批判不仅指向注释法学派所用的方法与实证法律观念，同时也指向民法典的某些原则：过度的个人主义，缺乏调整就业的法律，过分推崇合同自由，绝对的财产权，家长的职责，等等。这些主题在 20 世纪法律发展过程中显得更为重要。下列名字应予提及：惹尼（卒于 1959 年），著有《法国私法的解释方法与渊源》（Méthode d'interprétation et sources du droit

---

⑦ 参见上文，第 63 节和第 65 节。

privé français，1899 年）；M. 普兰尼奥尔（卒于 1931 年），于 1899 年出版《民法基本论述》（Traité élémentaire de droit civil）第一卷；以及 A. 埃斯曼（卒于 1913 年），于 1902 年成为《民法季刊》（Revue trimestrielle de droit civil）的创刊人。

注释法学派基本的观点是：法律等于成文法，法的其他渊源——习惯法、学说、判例法、自然法都是次要的。为了准确理解民法典，需要从文本出发，且只从文本出发，而非从法的渊源出发。所以，学说和判例法不应该超越民法典，以免导致不确定性。立法者在古代和现代的不同可能之间做选择；如果其选择没有被遵守，法律将会被其古老渊源的多样性和不确定性影响，并会陷入旧法曾被指摘的错误。这种对成文法的盲目崇拜同样拒斥求助于自然法和"一般法律原则"。德莫隆博声称"明晰的法律"不需要解释，"即使法律与衡平法或一般法律原则看起来并不相符"，法律"也应该被适用"⑧。

按照劳伦特的观点，用"成文法的精神"来削减其字面意思的作者，要对设法复苏学说的旧有至高地位、设法在法律发展过程中取得创造性作用的行为负责，换句话说，要对侵犯立法者职权的行为负责。学说的任务是"解释成文法而非改造成文法"，没有必要声称调整法律以适应社会发展。劳伦特激进地声称：即使成文法再荒谬上一千倍，仍需遵循其文义，因为其内容是明晰且正式的。⑨

鉴于其个别性与主观性，对衡平法的考虑也无关紧要。很少出现当成文法没有相关规定、需要召集法官制定作为"衡平法使

---

⑧ 其他很多学者也有类似表述。参见 Bouckaert, Exegetsche school. 124. 451. II. 104。

⑨ Cited by Bouckaert, ibid., 127.

者"规则的情况,以致我们可以不予讨论。⑩ 应该否决不服从成文法的权利,即使不公正的成文法也应该被遵守。律师们应当指出不公正的法律,以期待立法者对其予以补救。无论如何,不公正的成文法是很少的,因为 19 世纪的法学家们相信法典代表法律的理想样态,因为法典融合了成文法、法律和自然的衡平法。这种普遍的自满是注释法学派最突出的特征。

一些学者坚决反对将习惯视为法的一个渊源;当成文法明确地提及习惯时,他们也否认习惯的存在和可适用性。过度迷恋法律文本将导致依据法典某些条款创设纯粹的假设情形,而非考虑判例法中遇到的真正案例。这种态度将法学引向了抽象理论的讨论并远离了判例法。

第二节 比利时与荷兰

75   1795 年,法兰西共和国兼并了奥属尼德兰及其附属国,因此这些地区适用法国法,尤其是《拿破仑法典》。联省共和国(1795 年建立的波塔维共和国)起先经历了数个迥异的法系:法国占领者使之成为附属国,迫使其接受帝国国王的弟弟路易斯·拿破仑的统治(1806—1810 年)。1810 年,法国兼并了荷兰,荷兰短暂成为法国领土的一部分。在路易斯·拿破仑统治期间,一部适用于荷兰的《拿破仑法典》(Wetboek Napoeon ingerigt voor het Koningrijk Holland)于 1809 年 5 月在荷兰付诸实施。这部法典融合了荷兰古老的法律传统,成为《法国民法典》一个适应

---

⑩ 又,劳伦特曾自问"法官从何处找寻完全不成文的自然法则"?(Bouckaert,如上 159,185)这构成循环论证,因为自然法恰好是永恒和至高的不成文法(agraphoi nomoie)。

性的变化。这部法典寿命很短。从 1811 年 3 月 1 日起，包括 1804 年《法国民法典》在内的法国法在荷兰生效。不久，法国撤退。1815 年，荷兰王国的威廉一世合并了比利时和荷兰。

新王国面临的首要问题之一是如何处理现存的《法国民法典》。新王国应该有新法典的方案迅速得到赞成，但这在实践上需要大量时间来贯彻。这个决定仅仅是一种期待。法典编纂正在盛行，每个主权国家都希望有自己的成文法。早在比利时与荷兰合并之前，威廉一世于 1814 年 4 月 1 日举行国家立法会议（Commisie tot de nationale wetgeving），准备在荷兰传统习惯的启发下，制定一部适合荷兰民族的新法典。1815 年后，该计划在比利时和荷兰同时开始实施。然而，由于各方面原因，编纂一部南北方统一的民法典极其困难。法国法在比利时比在荷兰的影响更深远，许多比利时人宁愿保留法国法典；在倾向于支持法国统治的比利时民众阶层中，难以感受到制定荷兰法典的民族主义热情。而且，从 17 世纪起，荷兰北方和南方法律发展情况差异很大。南部省份盛行（被批准的）习惯法；而在北方省份，罗马法或罗马-荷兰法更为重要，法学与德国法律科学及政治哲学的关系更紧密。

尽管困难重重，如教条主义的荷兰法学家约翰·梅克尔·卡姆帕（1824 年逝世）与比利时地方法官、法律执业者皮尔·托马斯·尼古拉（1836 年逝世）之间的意见争执，但准备工作确实取得了令人满意的结果。到 1928 年，在南北两方的妥协下，四部法典被制定出来，包括民法典。[11] 四部法典拟在 1831 年 2 月 1 日开始实施，但是比利时革命使得这个计划破产。最终，比利时保留了拿破仑法典，1838 年荷兰颁布了自己的民法典。法典建立在卡姆帕和尼古拉的工作成果的基础上，实质上是对 1804 年《法国民法典》的适应性调整。

---

[11] 另有商法典、民事诉讼法典和刑事诉讼程序法典。

同其他王国一样，新比利时王国认为有必要颁布自己的法典，这作为原则在宪法（139条）中确立下来。然而，制定新的比利时民法典的计划未能实现；在比利时，对《法国民法典》的大规模修订仍然有效。⑫ 虽然比利时对《法国民法典》有频繁修改，尤其是在婚姻家庭继承法领域，但最终并没有形成一部新的比利时民法典。⑬ 相反，荷兰于二战后决定制定一部新的民法典。任教于莱顿大学的民法学和法律史学家 E. M. 梅耶尔斯教授（1954年逝世）受托起草新法典大纲。梅耶尔斯的草案包括序言和九个篇章，他完成了前四篇和第五篇的大部分，并为第六、七篇列出了大纲。⑭ 第一、二篇于1971年10月1日颁布，于1976年7月26日实施；完整的新民法典序言至今没有完成。

比利时曾是法国注释法学派的"殖民地"，因此这种法学学术成就很容易在比利时发挥影响。比利时注释法学家以偏激著称，比法国学者更长期依附于注释方法。19世纪比利时主要代表人物是弗朗科斯·劳伦斯（1887年逝世），一名赢得法国和世界性声誉的法学家。作为一名律师、历史学家和政治家，他总与这个时代的种种问题紧密相连。他持有宽容的政治主张，坚决反对神权。⑮ 他于1836年被任命为吉恩特大学的教授，教授法学课程长达十四年，授课范围广泛。其主要著作是《民法原则》（Principles de droit civil），1869年至1879年间共发表32卷；

---

⑫ 截止到1976年，1804年《法国民法典》的2 281个条款中，有400个条款已经改变。

⑬ 1976年，《法国民法典》中关于夫妻间权利义务和婚姻方式的部分引入了超过200个新条款。1867年的新刑法典和1967年的司法法典也已产生。

⑭ 这九篇涉及的有：（1）个人和家庭法；（2）法人；（3）一般财产法；（4）继承；（5）物权；（6）一般义务；（7）特定合同；（8）领海权、河流权以及航空权；（9）知识产权。

⑮ 他的 Histoire du droit des gens（后命名为 Histoire de l'humanité，18卷本，1850—1870年）强烈反对天主教，以致在1857年被列入禁书目录（Index librorum prohibitorum）。

1878年以《民法基础教程》(Cours élémentaire de droit civil) 为名出版了供学生用的缩略版。这些著作的发行充分展示了注释法学派的成果。劳伦斯于1883年完成了比利时民法典草案，但由于政治因素，该草案未被采纳。

注释法学派在比利时，尤其在吉恩特大学活跃时间最长。因此，吉恩特大学教授A.库鲁斯克（1956年逝世）所著的《民法原则》(Beginselen Burgerlijk Recht) 仍保留了注释法学派的特点⑯；尽管1900年左右，科学主义学派在法国兴起并传播到比利时。这主要归功于布鲁塞尔教授H.德·佩奇教授（1969年逝世），他撰写了《民法原理纲要》(Traité élémentaire de droit civil)，这本著作影响广泛。佩奇于1933年开始创作该书，之后于布鲁塞尔和吉恩特的R.德克斯教授（1976年逝世）合作。最早攻击注释法学的比利时法学家中，有一位是埃德蒙·皮卡德（1924年逝世）。作为拥护改革和社会主义的参议员，他认为法律是一种"社会现象"，应远离"学究"风气（Le Droit pur. Cours d'encyclopédie du droit, 1899)。简·达宾教授（1971年逝世）是另一位反对注释法学派的法学家；相较于社会形态，他更关注意识形态层面。⑰

在荷兰，注释法学派从未取得像其在比利时那样教条式的垄断地位。一直以来，荷兰法学都并非仅受法国理论影响；德国理论，尤其是潘德克顿法学和历史法学派也有重要地位。而在比利时，历史法学派基本未受到重视。

---

⑯ 1, De Verbintenissen ('obligations'; 1925, 5th edn 1948); 11, De Erfenissen ('succession'; 1927, 5th edn 1954); in, De Schenkingen en Testamenten ('gifts and wills'; 1930, 4th edn 1955); iv, De Contracten ('contracts'; 1934, 2nd edn 1952); v, ％akenrecht ('property'; 1936, 4th edn 1953); vi, Voorrechten en Hypotheken ('ranking and securities'; 1939, 2nd edn 1951); vn, Personen-en Familierecht ('persons and family law'; 1942, 2nd edn 1950); vra, Het huwelijkscontract ('the contract of marriage'; 1945, 2nd edn 1950).

⑰ 见其《实在法秩序的哲学》(1929年) 及《实在法的制定技术》(1935年)。

第三节 德　国

德意志帝国直到 1900 年才制定法典，多种原因造成了这种延迟。政治事件当然有决定性作用：德国当时被分裂为王国、地方邦国和自由城市，这种政治状况不能满足制定国家法典的必要条件。一些地区公布了自己的法典，如 1863 年的萨克森邦国。一些靠近西部的地区仍保有法国的法典，这些地方支持把法国法典推广到德国所有地区，以制定一部德国现代的普通法（这已经在俄罗斯实现，民事诉讼法典于 1806 年被引进）。然而，引进法国法典激起了强烈的政治反对，因为法国曾是宿敌和占领者，整个德国民族以高度爱国热情对其发动过独立战争。[18] 当德国于 1871 年统一时，虽然旧的州仍然存在，但政治环境明显更加有利，社会普遍认为新国家应有自己的法典。民事程序法典于 1877 年完成，于 1879 年 1 月 1 日生效。民法典的制定用了更长的时间：1896 年公布并于 1900 年生效。在经济方面，有必要统一商法：1862 年，一些重要的州已制定统一的德国商事法规，到 1869 年效力扩展至德国北部地区，到 1871 年在整个德意志帝国适用。

除政治问题外，还有意识形态问题需要考虑，尤其是以萨维尼为代表的历史法学派提出的异议。[19] 法典编纂的支持者和反对者之间的争议（正如罗马法学派与德意志法学派之间）影响着德国整个 19 世纪的法律实践。虽然法典编纂的原则被接受，但是仍存在法典应采取哪些法源的问题。新德意志帝国的法典不会是

---

[18] 萨维尼坚持，如果德国将进行法典编纂，那么它必须来源于德意志民族，而不是来自不久前还威胁德国毁灭的国家。由于类似的国家和政治上的原因，在俄国采纳民法典的意图被沙皇阻止了。

[19] 参见上文第 72 节。

创新的，更不用说是革命的；它们应该是传统的，而非指向新未来。另一个问题是，它们应该以过去的哪些传统为基础。历史学派试图把自然法从实定法中抽离，德国已经生效的仅有的一套法律体系也在发挥影响。有两种可能。第一种是从1500年左右"继受"到德国的继受法：这是萨维尼的选择，已被潘德克顿法学派的贝恩哈特·温德沙伊德大力发展和系统化。这可能说明在过去的一个世纪，普通法已经完全融入德国，而它的体系有本质上的优越性。

第二种选择是原始的德国法。在那个民族精神鼎盛的时代，德国法律传统被重新发现，并已成为学术研究的重要对象。K. F. 艾希霍恩（1850年逝世）[20]和J. 格林（1863年逝世）[21]是德国学派学者的领导。他们认为旧的德意志法为真正属于德国人民的民族法（一部民俗法而非法学家法）奠定了唯一可行的基础。从学术理性来讲，这个争端实质上是一个政治问题，它把19世纪的德国法律史学家分为两个截然相反的派别。德国公众的观点是国家主义甚或是仇外主义的，这与德国学派学者想法一致；但罗马学派却主张潘德克顿法学比德国古代法和中世纪法更具理性和现代性。

最后形成的法典带有明显的潘德克顿法学派印记，虽然第一个草案中这些特征更加明显。并无必要了解自1873年开始、直至产出《德国民法典》的起草工作；只要我们知道最后的文本被德国国会大厦采纳，并于1896年颁布、1900年1月1日生效就足够了。一些非法律的、政治界和经济界的著名人物也受邀加入法典起草工作，但《德国民法典》主要由职业的法学家编纂完成，他们的观点明显优于非专业人士的观点；尤其是

---

[20] Author of a Deutsche Rechts-und Staatsgeschichte (1808) and of an Einleitung in das deutsche privatrecht (1823).

[21] Deutsche Rechtsalterthumer 的作者（from 1823）。他是一位出色的语言学家、德国语言学创立者之一。

靠学术的法学家而非法官。为《德国民法典》筹备工作做出主要学术贡献的是著名的潘德克顿法学派代表人物：贝恩哈特·温德沙伊德。[22]

《德国民法典》非常系统，在理论上具有一致性，贯彻了潘德克顿学派的精神，正如其总则部分（Allgemeiner Teil）所显示。它是学术型的法律实务家向法官诉求的成果；他们的目标并非向普通民众传授知识，但法典还是普遍流行。买卖合同是《德国民法典》从系统化结构和一般性原则走向具体规则的典例。首先，有必要遵循总则部分（第116条及以下和第145条及以下），然后是关于债的一般原则的条款（第275条及以下），接着是合同责任的一般条款（第305条及以下），最后是关于买卖合同的特殊条款（第433条及以下）。

《德国民法典》是19世纪的代表性法典，它在那个世纪最后几年的生效具有象征意义。这是一部深深烙上个人主义印记的法典：其家庭法是家长制的（丈夫是包括妻子在内的家庭成员的首领，独自负有管理家庭财产的责任）；合同自由是绝对的[23]，私人财产所有权也是绝对的。[24] 尽管这样，尽管纳粹党试图引进民

---

[22] 温德沙伊德是1881年第一委员会的Ivnch-pin，该委员会于1887年草拟了第一部草案。该草案引起了来自很多人的激烈批评，如O. van Gierke。Gierke出版了Entwurf eines bürgerlichen Gesetzbuchs und day deutsche Recht in 1888—1889。Gierke著有Das deutsche Genossenschaftsrecht（4卷本。柏林，1868—1913）。

[23] N. B the omission of the laesio enormis of Roman and（continental）common law.

[24] 民法的社会性保守主义的倾向引起了来自维也纳的民事诉讼法教授A.门格尔（卒于1906年）的抗议，尤其在他的Das burgerliche Recht und die besitzlosen Volklassen（1890）；参见，his Uber die sozialen Aufgaben der Rechtswissenschaft（1895）。

第五章 19世纪对民法典的解释和为法律的抗争

族法（Volksgesetzbuch）㉕，《德国民法典》被证明是一部稳定的法典，其显著的专业性使它成功对世界上其他国家产生了影响。㉖

19世纪，德国法学达到顶峰，在法律学说的发展、法律历史和哲学方面都是如此。在任何有法律的国家和地区都能感受到德国法律的影响。德国法学的技术质量和理论深度受到高度赞美：19世纪罗马法学派的进步学说完全改变了对古代法的理解；潘德克顿法学派把普通法发展到系统化高度；中世纪德国先驱者的工作被继承，这在今天仍有很大价值。法学学术对法律实践有深刻的影响。因为德国地区并未统一施行单一法典，学说成为解释继受法的重要手段，法学学者会将意见传达给法庭。㉗

德国民法学说在内容和方法上都与法国注释法学派有根本不

㉕ 关于这个，参见 J. W. Hedemann, Das Volksgesetzbuch der Deutschen. Ein Bericht (Berlin, 1941); Volksgesetzbuch. Grundregeln und Buch I. Entwurf und Erlduterungen, edited byj. W. Hedemann, H. Lehmann and W. Siebert (Munich and Berlin, 1942); Zur Erneuerung des bürgerlichen Rechts (Munich and Berlin, 1944; Schriften der Akademie für deutsches Recht. Gruppe Rechts-grundlagen und Rechtsphilosophie, 7); H. -R. Pichinot, Die Akademie für deutsches Recht. Aufbau und Entwicklung einer öffentlich-rechtlichen Korperschaft des dritten Reiches (Kiel, 1981); H. Hattenhauer, 'Das NS-Volksgesetzbuch', Festchrift R. Gmu'r (Cologne, 1983), 255 - 79; W. Schubert, W. Schmid and J. Regge (eds.), Akademie für deutsches Recht. Protokolle der Ausschusse 1934 - 44 (Berlin, from 1986); D. le Roy Anderson, The academy of German law (London, 1987); M. Stolleis and D. Simon (eds.), Rechtsgeschichte im Nationalsozialismus. Beiträge zur Geschichte einer Disziplin (Tübingen, 1989; Beiträge zur deutschen Rechtsgeschichte des 20. Jts., 2).

㉖ 1970年的瑞士法典主要是欧根·胡贝尔（Eugen Huber, 卒于1922年）的成果，该法典无疑受到《德国民法典》的影响。在远东，《德国民法典》的主要继承人是日本，日本曾经在法国和德国民法典间犹豫了多年，但最终在它最初于1898年生效时采纳了《德国民法典》。《德国民法典》也影响了1929年的《中华民国民法典》，很多其他的国家也被提到了。《德国民法典》的优势导致了其垄断地位，直到那时，《德国民法典》还充当了一种国际化的范式。

㉗ 参见上文第31节。

169

同。但两个国家的传统：中产阶级律师却都使用了本质上保守与文本导向的方法。正是这一点在 19 世纪中后期的德国激发了强烈的抗议。对主流学说提出质疑的革命者并未将法律看作由经精心提炼的文雅法律概念构成的学术活动；与此相反，他们把法律看作对立的势力和利益之间的较量。对他们来说，法律首先是社会产品、社会运动的工具，而非饱学的法理学家享有特权的领域。他们的学说称为利益法学（Interessenjurisprudenz），与传统的概念法学（Begriffsjurisprudenz）[28] 相对立。因此，有必要确定法律可以帮助达成哪些社会目标。所以才有耶林的激进著作《法律的目的》(Der Zweck im Recht)[29] 和其格言"目的是所有法律的创立者"。耶林最开始是一个传统的罗马法学家，但是他对抽象的逻辑理性不满，卷入了其时代的社会问题，并建立了自己的法学概念。他的思想沿革体现在其著名的《基于不同阶段的罗马法精神》(Geist des römischen Rechts auf den verschiedenen Stufen seiner Entwicklung, 1852—1865 年)[30] 的多个版本中，书中越来越体现出将社会学的方法引入古代法的倾向。他的《为权利而斗争》(1872 年)[31] 明确表明，当前的法律是为了多数人的利益或为达成权力斗争的目的，并且最终是政治力量斗争的结果。这种分析是实证主义法学不可避免的后果；因为，如果法规是法律的唯一渊源（所有的涉及更高层次的秩序，比如自然法，都已被抛弃），法律将成为国家和立法机构发挥力量的工具。[32]

---

[28] P. Heck, 'Interessenjurisprudenz und Gesetztreue', Deutsche Juristenzeitung (1905), col. 11042; ide. 'Was ist die jenige Begfiffsjurisprudenz die wir bekampfen', ibid. (1909), col 1019 – 24.

[29] 'The purpose of Law'. 耶林的著作被 O. de Meulenare 翻译成法语，命名为 L'évolution du droit (Paris, 1901)。

[30] 'The spirit of Roman Law at different stages of its development'.

[31] 'The struggle for Law'.

[32] 这里反映出社会学家奥古斯特·孔德的影响，他为了支持观察和经验而拒绝任何形而上学的原则。

第五章 19世纪对民法典的解释和为法律的抗争

第四节 保守的英国

穿过英吉利海峡，来自欧洲大陆的律师就进入了另一个世界。因为英国的法律并未进行法典编纂，在这里不存在对民法的注释。学术上的概念法学也不为人知，因为直到最近才有法学系；甚至直到现在，学术在法律实践中的作用仍然非常有限。所以，判例法是最主要的法律渊源，其次是逐渐增多的制定法。19世纪初，英国法律已经过时，其中很多基础结构和概念都直接源于中世纪。世界上经济和社会最发达的国家却仅仅保留中世纪的法律体系，这似乎有点自相矛盾。法律的现代化到来得很晚，杰里米·边沁的致命打击并没有改变普通法的基本特征。民法并未进行法典编纂；它仍和近几个世纪一样，是一个建立在习惯和成千上万的判例之上的体系，并且由判例法日益发展起来。普通法和成文法之间的分化仍然存在。

法官的作用和威望仍然重要，他们所作的判决具有相当高的威信，甚至有时到了荒谬的程度：最高法院声明它受其生效先例的约束，这恐将导致致命的固化。[33] 但现在情况发生了改变，法官已经认识到成文法的重要作用，不会以所涉及的普通法原则来操控成文法的效力。然而，在适用那些看似内容更为明确的成文法时，有时判例法表现出惊人的灵活性。[34] 仍有很多人认为成文法造成了普通法的毁损，因此应对成文法该做限制性的解释；普通法仿佛应处于支配地位，而成文法只是特例。正如牛津大学的法学教师斯坦利布瑞斯（Stallybrass）在其法学课上所做的评

---

[33] 英国国会上议院，伦敦市区电车道 v. LCC 案（1898）。
[34] 例如，上议院 Roberts v. Hopwood 一案的判决书（1925年）；成文法允许地方政府按照工人们认为适当的薪金调整其待遇，然而当地方政府按照最低每周4英镑的标准调整薪金时，该方案被上议院认为是不合理的，并认为其受到了"反社会主义慈善原则"的影响。

171

论：他称赞牛津大学法学院有很好的判断力，能将那些以成文法而非先例为依据的法律分支排除在外。㉟

大学和法律教授所起的作用是有限的，他们的威望也比较低，尽管与19世纪相比已有所提升。在英国法律界，大学仍处于次要地位。法学（至少英国法）的大学教育起步很晚：牛津、剑桥和伦敦大学从19世纪的下半期开始，省级大学则都是在一战后才开始。这种迟延可部分归因于大学的态度，它们认为法律教育几乎无法带来什么名望；大学教育的重点并非理论，而是职业和技术教育。专业机构对大学法学教育的迟延也负有一定的责任，因为它们偏向于建立实践性的法律院校，实际上确实建立了几所。另外，法院对于学术及理论性的法学教育有着根深蒂固的不信任。传统法官更倾向于综合性的大学教育，比如历史、政治，其次才是在法庭或者法律学校进行的职业教育。所以，人们总会建议想从事法律的有为青年去大学学习一些更正规的、法律之外的学科。㊱ 学界先驱也公开表达了对大学法律教育的怀疑。1883年，A. V. 戴雪教授（1922年逝世）甚至在他于牛津大学的就职演说中专门讨论这个问题：大学中能进行英国法教育吗？他满心希望律师们会立刻回答"不"。鉴于上述原因，大学法律教育和法律学位的授予在19世纪后半期才慎重开始。

学术的作用从过去到现在一直很小。1846年，布鲁厄姆苛刻地总结了英国法的这一特点：它不但没有教授，甚至没有替代教授的书籍。但英国确实产生了享有国际声望的学者，尤其是在

㉟ W. T. S. Stallybrass,《大学中的法律》，法律公共教师社会期刊，n. s. i (1948) 163。

㊱ 参见 A. Philips.《法学院的文凭》（南安普敦，1958年）。大多数法官都曾是牛津或剑桥的学生，但实际上并未在那时学习法律。即使在1963年，例如在利物浦讲授法律的 Lord Shaweross 这样的头面人物，也劝告打算做律师的人不要在大学期间主修法律；当时已经是社会法学派的成员之一的 Lord Cross 教授，也表扬了那些取得的学位不是法律而是其他学科的法官。

19世纪的法哲学和国际法领域。得注意的有：约翰·奥斯汀（卒于1859年），著有《法理学的范围》（1832年）和《法理学讲演集》（朴次茅斯，1863年），实证主义者；亨利·梅因爵士（卒于1888年），著有《古代法》（1861年）；F. W. 梅特兰（卒于1906年）和F. 波洛克，合著《爱德华一世以前的英国法律史》（1895年）；A. V. 戴雪（卒于1922年），著有《宪法研究导论》（1885年）和《英国冲突法简述》（1896年）；霍兰爵士（卒于1926年），著有《法理学原理》（1885—1924年）和《国际法研究》（1898年）。然而，英国没有欧陆那样的专著、教程或教科书对英国民法作大规模注释。而且英国法律史上的重要人物并非学者或教授，而是一些有名望的法官，如丹宁勋爵、Lord Shavwcross、加德纳勋爵和德夫林勋爵。

第五节　英国的革新

英国法的基础结构在一段时间内保留，但从19世纪早期开始，其体系经历了一些重要转变，主要体现在立法机构限制古老而晦涩的普通法并用清晰准确的成文法取而代之。这种做法是为破除传统法律的神话观念。

最初，立法机构试图将自己从成文法中解脱出来，它们自中世纪以来开始颁布成文法，数量众多又不协调，有时相互矛盾，无法清晰地把握其主旨。1796年，据下院计算，一千条已不再适用的成文法仍在发生效力。㊲ 19世纪，尤其是在1928年布鲁厄姆对下院讲话、1932年改革法案使下院相对民主之后，英国

㊲　在1810年至1822年间出版了九部成文法，时间可追溯到1713年。它们同时也是法律实践汇编、史料来源集，是19世纪改革运动的起点。

做出很大努力来废除封建过时的法律和制度机构（如司法裁判），并大力原创了现代化的成文法。为了达成目的，国会发布了要废除的成文法的列表，颁布了废除法案。即使是大宪章也成了现代化祭坛上的牺牲品。[38] 但一些保守的学者坚持认为古代的成文法不能废除，即使不能证明它们的实际效用或潜在功用。[39]

这种现代化与功利主义原则相一致，正如边沁的死后复仇。

废除陈旧法律是一个重要计划，但并未涉及法典编纂，而只涉及对大量有效的成文法的汇编。法案体量巨大，政府在1870年收集了不下18卷。[40] 很多古老的成文法被废除，但也有很多被保留下来；这些"旧法"就像在法国革命时期那样，从未被废除。无论如何，"旧法"概念对以连续性著称的英国法来说毫无意义。如所有英国法律著作开头的索引所显示，传统与现代的成文法、案例并驾齐驱。

议会并非仅废除旧的成文法，除此之外还进行积极主动的工作，在法庭系统和民法程序方面最为显著。必须强调的是，在普通法中，对程序的任何重要更改都不可避免地牵涉实体法的改变。普通法系统以"诉讼形式"为基础，每种诉讼形式都由某种法令发起，并遵循相应规则。这套体系直到19世纪都明确存在，所以只有当某种诉讼形式符合相应法令时才可诉讼。几个世纪以来，新法令不断产生，也有其他一些被废弃不用；到1830年左右，一共产生了近70种法令。如果立法机关废除这些诉讼形式，它也就推翻了普通法的程序基础。同时，英国形成了由高级和低级法院组成的更为体系化的法院层级，以此取代从中世纪发展起

---

[38] A. Pallister，大宪章。《自由的遗产》（牛津，1971年）详细讨论了该观点。

[39] G. Sharp, A declaration of the people's natural right to a share in legislature (London, 1774)，202-3；"这一光荣的宪章必定不断延续其效力，即使是现在看起来无用的条款也必定继续有效。"

[40] 这为之后一直延续到20世纪的修订做了准备。但修订并非意味着删减：第三版《修订版成文法》（1950年）达到32卷之多。

来的相对混乱的法院和审判系统。下面介绍法院改革的主要方面。

1846年，英国建立了专门负责小微案件的郡县法院。对于更重要的案件而言，中央高等法院作为第一审法院，与上诉法院联合，取代了中世纪起源的各种法院（包括宗教法庭）。中央高等法院和上诉法院都位于伦敦。普通法和衡平法之间不再有传统区别，其各自的法院都被废除。同时，英国也打算取消上议院的司法权。事实上，1873年的司法改革法案就已经做了废除上议院司法权的规定。然而，该规定于1875年被废止，所以上诉法院依然从属于上议院，上议院作为第二上诉法院而非最高上诉法院（cour de cassation）；这种双重上诉系统是英国法律系统的特色。根据1876年上诉法院法案，上议院的司法活动仅由作为专业律师的成员（上议院高级法官）承担。程序法得以实现基本的现代化。传统的诉讼形式被废止[41]，取而代之的是一套更简单、非正式的程序。自此以后，启动法律诉讼程序的统一令状得以更简明地表达诉求，而非已规定的技术性的。衡平法和普通法程序之间的区别也消失了。新程序利用了两种系统，但衡平法的原则起决定性作用。民事案件中的陪审制度确实来源于普通法，但是其作用急剧减小，直至最终在实践中已不复存在。1875年司法改革法案依靠法院自身所颁布的法院规则（Rules of Court），促成了程序法的法典编纂。

这些改革具有明显的民主意义，因为程序法极具技术性，是英国法中最不易被公众理解的部分之一。然而，知识的平民化并未带来财政上的民主化，程序费用仍然相当昂贵，因此很多案件求助于仲裁与和解。只有那些很富有的诉讼人（尤其是大公司）才怀着能找到先例的希望，将案件进行到底。最终，伦敦中央高

---

[41] 其中主要步骤是1832年诉讼程序的统一，1833年民事诉讼法，1833年不动产限制法，该法案将60个不动产和相关的法案缩减至4个，以及1842年、1851年和1860年的普通法诉讼程序法案。

等法院只有极少数有资质和名望的法官在处理极少数的案件。

19世纪的伟大改革第一次为英国引进了现代化的上诉程序。这种罗马或者欧陆型的程序允许对案件事实重新审理。在此之前，普通法规定仅能对一审中的错误判决进行有限的程序修正。

民事法改革也在更有限的范围内开始了。新法规仅处理引发公共关注的特定领域。以1870年和1882年的成文法为例，它们规定妇女在婚前和婚姻存续期间所得薪水和个人财产归其个人所有。再以离婚为例：以前离婚要遵循极昂贵的民事程序，但现在人人都能办到，而且程序也很简单。㊷ 1869年，债务人破产时的监禁也被废除。民事法和商法领域几乎未进行法典编纂。㊸ 直到1965年法律委员会创立，政府才主动开始编纂民法法典。㊹ 刑法是19世纪唯一进行法典编纂的法律部门。尽管法典编纂在1882年就被列作政府改革计划之一，但《刑法解读》的作者斯蒂芬爵士于1877年起草的草案还是遭到否决。重要法典的缺乏毫无疑问影响了当今英国的法律实践。英国法的规则和原则，仍需要从国会自13世纪上半期所经手的3 000多个法案或35 000多个判例中去寻找。㊺

参考书目（略）

㊷ 当时有效离婚原因只有通奸、遗弃或虐待（虽然最后一个词可以从更广义上解释）。直到1969年离婚改革法案中才规定了协议离婚。

㊸ 1882年的汇票法，1890年的合伙企业法，1893年的货物销售法。

㊹ 国会摘要明确指出"所有法律……考虑到其系统发展和改革，尤其是民法的法典编纂……"

㊺ G. Wilson. Cases and materials on the English legal system（London，1973），271.

第六章
成文法、判例法与学术

第一节　问题的提出

前述章节已经阐述了许多不同的法律渊源，尤其是成文法、判例法（常常与习惯紧密相连）与学术研究（可被看作是自然法产生的原因）。现在必须要做的是对这三种伟大的创造力的作用和重要性进行一次系统的考量。上述每种法律渊源的优点是什么？哪些社会力量利用了何种法律渊源？本章旨在证明，历史上对于这些法律渊源的利用并不是任意或偶然的；它们是在面对法律现象时社会的基本选择。并且，如果法律是社会控制的一种手段，则重要的是谁控制着法的渊源；这个基本问题远比专业的或学术问题要重要得多。制定法的渊源与判例法的渊源非常不同；但它们又与社会中哪些利益团体相联系？立法者、法官和学者各自表达了哪些社会观点呢？

各自的优缺点

每种法的渊源及其发展过程都有着各自的优缺点。制定法的优点是能清晰地阐明法律规则以及确保受到尊重所必需的权威。

事实上，判例法与学术研究有时在认为成文法过时或非正义的情况下，极端地修改甚至通过解释废弃制定法。然而，即便是自由地解释成文法也要有个限度，并且其也证明了没有其他法的渊源能像制定法那样既能保证法律的确定性又能明确地阐述规则。当制定法业已编纂成法典，便会出现一个新优点：那就是协调一致的、易为人们获取以及范围有限的立法材料。

但是制定法也有它固有的缺陷。一部成文法不可能穷尽或规范实践中可能出现的所有案例；《德国民法典》旨在制定出详尽的法规则，旋即迷失在无穷地列举案例当中。单独的成文法（不是法典）也许多少能根据立法者的意图轻易且迅速地被颁布或废除，以便抓住机会或制定临时性规定。对制定法这样的操控必然会影响良好社会运行所必需的法律的稳定性[①]，并且过度的操控甚至会导致目无法纪。但是这种当局可以决定法律在某一点上不再适用（或反之亦然）的观念只是一个新近的概念，且其并不被多数文明社会所了解。这样一种观念随即出现了，即肯定存在一种过度或恣意的制定法的对应物。这种对应物是一种独立于制定法且有时又与之相反的更高级别的、不成文的一种永恒的规则，一种"自然"法则或"神明"法则。然而，法典的难题完全相反：一部构思巧妙的法典力求稳定性与逻辑自洽性，以至于其倾向于抵抗变化并且非常缓慢地失去规范的有效性。历史上完全废除或取代一部法典的事例实际上极为罕见。

法学能够通过可能会导致制定法革新的批判来解释成文法或司法裁判，并且最重要的是，法学能为法律研究提供合理的基础。这就需要理论反思，密切关注一般原理和作为整体的法律的

[①] 制定法的颁布与废除有时是那样得偶然，以至于法官或立法者都不能确定当前有效的法律是什么。因此，在维多利亚女王统治时期，通过了一部旨在废止在维多利亚统治初期就已被废止的安妮女皇和乔治二世的制定法的法令；在 REG. V. Great western railway（1812）案中，英国高等法院认为爱德华六世的成文法已在十四年前就废止了；G. K. Allen Law in the making. 442。

一致性，并对法哲学和法律的目的保有兴趣。但是学术也有其自身的困境。它常常倾向沉溺于阐明抽象概念或制定出与法律实践无关的制度。学者之间的观点常常彼此相悖，对立的意见威胁着法律的确定性。总之，学者的意见常常只是对法院没有拘束力的个人意见，除非（罕见地）上述意见被一部法典所包含或者其作为成文法被颁布，抑或一个法律条文赋予了一个学者或另一个学者的观点以法律上的效力。

　　判例法的优点是它与现实保持着紧密的联系。法官总是在具体的案件中阐述其意见。随着社会发展过程中出现的新形势和面临的新问题，判例法必须要解决随之引起的问题。因此法院就无法发展出忽视日常现实的理论。毫无疑问，先例不具有成文法那样的权威性，但它们比学者的观点重要得多，因此就能从更大程度上提供法律的确定性。判例法主要的缺点在于它是由一个个具体案例构成的：因此它也就从未建构一种概述法律结构和目的的一般理论。此外，当法官没有给出他们判决的理由时，我们就几乎不可能从大量具体的裁判中寻求法治。[②] 法官造法的灵活性与共同法或官方法（official law）形成鲜明的对比，因为学术旨在精确地提出一般性的描述并且详细地阐明法律的基本原则。

　　判例法的一个弱点就是它面临着停滞的危险，尤其是当它过多遵循先例的时候。一个显著的例子发生在法国大革命时期，即在人们要求巴黎高等法院为新选举的三级会议确定一种投票方法期间。问题就是到底是按人头还是按等级计算票数。这是一个具有巨大政治意义的难题，因为第三等级具有数量上的优势，并且万一按照人头计算票数，那么他们将控制议会；诚然，考虑到法国社会第三等级性质和数量方面的重要性，其主张这样做也并非

---

　　② 参见首席大法官福蒂斯丘在1458年的直率的陈述（Year Book 36 Henry VI, folio 35 verso to 36）："法律乃我言所表者，且自法律存在伊始就是这种情况，又我们有一套被认为是法律且要求正当理由的程序类型的体系，尽管我们也许并不知道这些正当理由是什么。"

没有理由。另一方面，按等级投票（简而言之，就是按照第三等级、贵族和神职人员三个等级区分投票）将会导致上述两个旧的特权阶级仍在议会中占据主导地位，尽管它们的社会重要性远比第三等级要小得多。问题在于，从表面看，这只是一个程序问题，但实际上它隐含了一个重要的政治问题。然而，巴黎高等法院却忽视了该问题的政治方面（或许其是在故意逃避当时的政治思潮），并从一个纯粹专业的角度解决了该问题。从法院的裁判中得知，法院仅仅遵循了三级会议在1614举行会议的先例。第三等级在1789年反抗尝试遵循1614年先例的原则，干脆宣布第三等级自身就是国民议会（Assemblee nationale）。此时，巴黎高等法院的时日就不多了。

第二节 制定法 法官与教授之间的竞争

82 从历史上我们可以清楚地看到，每种法律渊源都坚信自身的贡献要比其他渊源重大得多。下述事例将会阐述该观点。萨维尼对成文法的态度颇具启发性。他的言论中充满了对《普鲁士一般邦法》（Allgemeines Landrecht）的轻视，说它不得不依附于以罗马法为基础的法学才显得"崇高"③。虽然萨维尼不赞成自然法，他也未主张废除受到自然法学派启示的法典。但他的确认为，这些法典应当接受削弱其实际重要性的法学的修正。萨维尼不仅把法典仅仅视作德意志普通法（gemeines Recht）的要素，而且认为法学的任务是通过适当的解释与修正从而消除与罗马法（法典的"潘德克顿编纂体系"）相悖的编纂原则。萨维尼出生

---

③ 正是基于此种目的，萨维尼在1819年至1832年间在柏林进行了五次有关普鲁士普通邦法的演讲。

自一个古老的贵族家庭。老实说，他对法国大革命时期的法典充满了敌视，并且害怕新的立法将会对一般的上层阶级尤其是法律实务家的社会地位敲响丧钟。

按照萨维尼的学说，法律的发展源于一个国家固有的正义感和一个民族的历史与传统的态度与价值观；因此法律是一个国家全部历史的结果，不能被今日的当权者恣意地强加在人们头上。这样就引出了一个关键问题：到底谁有资格揭示并阐述人们历史中业已存在的法律规则？萨维尼的答案十分明确：这一任务既不属于立法者也不属于政客，只属于法律实务家阶层。法律实务家是人民和民族精神（同样的民族精神限制了立法者的自由）正统的代表与发言人。④ 在萨维尼看来，正是法律实务家这一专业阶层才能最好地保证现存的习惯法的发展，也才是这一发展的真正动因。因此，诉诸时代道德标准衰退的法典编纂并无必要。而应当求助于在"教授、法学院、法院、学术委员会以及高级法院法官"⑤ 的协助阐释之下形成的本国民族的良法。学者所敌视的是立法者，这是因为立法者大笔一挥就可以轻易地清除宝贵的学说建构。这一点根本不难理解。⑥

在判例法享有较高权威的国家，并不缺少采取批判法律学说路径的法官，这一情形也包括教授与法学院。相较于学术法律

---

④ 正是因为法律实务家们完成了 Rezeption。萨维尼才宣称其对把外国的东西强加于德国民族精神可以不必负责；cf. 'Atti del seminario internazionale su Federico Carlo di Savigny. Firinze 27-28 ott. 1980'; G. C. J. J. Van den Bergh, Wet en gewoonte, Historische grondslagen Van een dogmatisch geding (Deventer, 1982; Rechtshistorische cahiers, 5)。

⑤ See Wesenberg, Neuere deutsche Privatrechtsgeschichte, 142-3; Gerbenzon and Algra. Voortgangh, 257.

⑥ 参见 Julius von Kirchmann (d. 1884) 在其 1848 年题目为 "Die Werthlosigkert der Jurisprudenz als Wissenschaft"（"作为一门学科的法学的无用性"）中的讽刺评论："只要立法者改正三个单词，整个法律图书馆就变成了一堆废纸"; quoted by Wieacker, Privatrechtsgeschichte, 415。

人，前述我们已经提到了部分杰出的英国法官的尖刻的评论。上述情形在19世纪的德国正好相反。在《德国民法典》(BGB) 的起源实际上是关于法律学说推动因素的一种个案研究，不仅法官在其整个职业生涯中都一直受到大学教育的影响，并且国会法典编纂委员会中的非法律议员也都遵从学者们的意见，因此对草拟的法律议案几乎未产生原创的贡献。⑦

即使立法者的改革既自明又合理，立法者自己也不能免受司法的批判。以雷蒙勋爵为例，他是英国首席法官（卒于1733年），曾在上议院激烈地反对下议院所提出的在法律实践和司法审判中强制以英语替代法语的议案。在他看来，放弃法律的传统语言无疑意味着为任性的改革大开方便之门；这一政策甚至可以导致威尔士要求其继续在威尔士保留自治权力。尽管他发表了这样的观点，1731年颁布并于1733年3月25日生效的一部成文法还是允许司法的英语化 (anglicization of justice)。⑧

并不让人惊讶的是，面临这样的反民主的和保守的阻碍，政客们并没有使自身受到高级法院的"法律神谕"的影响。相反，只要上述反民主的和保守的阻碍是必须的，这些政客们就会毕其全力限制法院严格遵守由议会颁布的成文法。⑨ 立法权和司法权之间潜在的反对这个显著的事例所指的就是成文法的司法控制，这样的情形在美国尤其突出。司法审查是美国的一项基本制度，虽然该制度并不是一项宪法明确规定的原则，但它由最高法院从1803年以来的判例法中提出并得到发展。因此，美国的司法，特别是最高法院，有权力宣布立法机构（众议院和总统）颁布的

---

⑦ 参见 Wieacker, privatrechtsgeschichte, 473, 他观察到, 19 世纪上半叶法律教席在较高层次的司法系统中并未发挥那么大的影响力, 上述期间 BGB 委员会的大部分法学家们研究得出: 有良心的职业者不敢或者说不足以使自己从老师的教席中解放出来。

⑧ D. Mellinkoff, The language of the law (Boston and Toronto, 1963), 13.

⑨ 缅怀罗伯斯庇尔的评论：参见上文第67节。

一项成文法违宪并且阻止其被适用。

另一方面,在大英帝国,没有成文宪法,议会主权是一项基本原则,司法审查也并不被知晓。比利时宪法也未曾提到司法审查,时至今日,比利时的最高法院也不得不固持其在百年之前的判例法并拒绝对制定法进行合宪性控制。司法监督仅仅存在于少数几个法律体系。[10] 针对制定法的合宪性控制的原则几乎不能被挑战,并且如果议会有义务尊重宪法,司法机关最有能力在疑难案件中宣布制定法的合宪性,如此司法审查才是最合乎逻辑的答案。然而,也有人民议会的代表从法律上反对上述原则,其表示作为"所有权力之母"的主权国家的意志不能从属于另一个机构的意志;则必然的结果就是,如果议会违反宪法,也不能得到制裁,但这是作为一个必要的结果而为人们所接受。在比利时最高法院,即使是在最近的判例法中,其也拒绝冒险进行司法审查,这部分是因为担心司法机关卷入政治与社会冲突中。但是,既然司法控制的问题和最高法院的作用已经显现,它就在比利时的政界和法律界成为一个热门话题。[11]

在法国,立法机关的最高权威牢牢地被奠定起来,而对成文法合宪性的司法控制只是近来才发展起来。法国存在由最高行政法院(Conseil d'Etat)适用的悠久的行政法传统,但由法国宪法委员会(Conseil Constitutionnel)负责违反宪法的合宪性审查,则是一项愈加晚近的改革。自宪法委员会根据1958年法兰西第五共和国的宪法诞生以来,这一发展过程相当迅速;且自1971年以来,宪法委员会有责任对成文法的合宪性审查作出完全公正

---

[10] See M. Gappelletti, Processo e ideologie (Bologna, 1969), 477–510; idem., 'Quelques precedents historiques du controle judiciaire de la constitutionnalite des lois', Studi in memoria di Tullio Ascarelli, v (Milan, 1969), 2, 781–797; idem.. Judicial review in the contemporary world (Indianapolis and New York, 1971).

[11] 到底是由立法机关还是司法机关来解释成文法的问题已经随着最高法院的建立而得到解决。

的裁判，并有责任对可能违反基本权利的国会法律进行监督。1974年10月颁布的一部宪法性法律加强了这一趋势，该法律允许国会的少数派在宪法委员会之前可以质疑制定法的合宪性。因此，法国的这一情势如今更加接近其他欧洲国家。然而，尽管司法控制对于组织法（来自宪法的定义）来说是强制性的，对于普通的法律是任意性的，但它仍旧受到重要的限制。个人不能直接诉诸宪法委员会，只有至少六十位民众代表或参议员和少量具有最高政治地位的官员才有资格这样做。并且一部制定法只有在其内容经由国会审议至颁布之日起这一小段时间内才可以被提起异议。一旦制定法生效，就不允许法官以与宪法相抵触的名义将其废除。⑫

赞成法律改革的法学家们也抨击"法官的暴政"。例如，边沁激烈地批评这样一种司法制度，即法官只是参照先例和一堆含混不清的惯例，抑或仅仅根据不成文的惯例的指引，就有权决定什么是法律。根据边沁的观点，法律实务家们总是维护不成文法，因为其是法律实务家权力的来源；只有制定法的首位性与议会自由立法的权力才能终止法律实务家的独裁。⑬ Laurent犹如电闪雷鸣般地严词谴责法官（尽管是出于不同的理由）并指责他们不认可法典至高无上的地位并篡夺立法机关的特权。在这些争议中，支持者并没有选择一边站队。在欧洲大陆，他们独立于立法机构、法院与大学。在英国，他们与法官群体有着传统的联

---

⑫ M. Cappelletti, 'Repudiating Montesquieu? The expansion and legitimacy of "constitutional justice"', Catholic University Law Review 35 (1985), 17 - 18; L. Favoreu, 'Actualite et legitimite du controle des lois en Europe occidentale', Revue du droit public et de la science politique en France et a l'Stranger 5 (1984), 1, 147 - 201; C. Debbasch, Droit constitutionnel et institutions politiques, 2nd edn (Paris, 1986), 503; J. Gicquel and A. Hauriou, Droit constitutionnel et institutions politiques, 8th edn (Paris, 1985), 910.

⑬ See his General vieu of a complete code of laws and his Book of fallacies, in Works, ed. J. Boring, II III. New York, 1962.

系，这一联系形成于法官职业生涯的开始，即当他们在法院作为生手学习法律之时。法官本身则是从最成功的律师中选任出来的；谋得一个法官的职位则是一个律师在其职业生涯后期最体面的工作。在英国，有时也认为法官和律师拥有一种加入了一个十分神秘且几乎像宗教遗产般那样的群体的共同意识，这一点为其他人所难以获得。

第三节　法律与民族精神

不时地，尤其是当提到孟德斯鸠和萨维尼时，根据其理论认为，法律是一个国家生命的产物，是民族精神的表达。另一方面，也曾有学说认为法律是，也应当是超国家的并与人性相联系的，并认为将法律限制在一个国家内是可耻的，甚至是荒谬的（Pascal 即帕斯卡尔，他是法国的思想家、数学家）。那么，法律史关于这两个相异的概念到底能教给我们什么呢？

83

黑格尔首先开创了古典哲学对民族精神的讨论。对于黑格尔而言，一个民族的宗教、制度、道德、法律、习惯、科学、艺术与创作这些所有的文化表征仅仅只是一个可见的核心事实的表达——民族精神。无论在什么领域中的任何严肃的研究都迟早会揭示出这个国家文化的核心元素。在 19 世纪，民族精神这一概念很受欢迎，并且它与民族国家运动的高涨具有清晰的联系，尤其在法国占领下的德国，民族主义的情感迅速升温。但是关于法律的民族特征的理论接受任何批判。在中世纪和近代早期，法律具有民族特点的观念事实上是不存在的。罗马法和教会法是超民族甚至是世界性的；并且，尽管有许多地方法律变通的情形，但所有西方国家的封建法也具有一种共同的基础。因此，当时盛行的观点是普通法易受到地方法律变通的影响。在实践中，国家的法律体系在中世纪几乎不存在，尽管它们是在英国和匈牙利被发现的。在近代早期，正如法国案例所特别反映的那样，法国曾存在过朝向国家法的趋势，但其结果却不尽完美。国家和法律的联系在旧制度的末期并不明显，但法国仍存在两大根本不同的法律区域。自从习惯被确认其效力以来，清楚的是，在法律中，地理单元是地区而非民族。

国内法的发展速度依赖于一国独立的政治环境。在英国，强势的君主政体有利于国内法的早期发展。相反从13世纪就分裂的德国，其直到19世纪末才实现一部国家法典的统一。法国由于其统一晚于英国又早于德国，所以位于这两种极端之间；但是，法国国内法的发展比较缓慢和蹒跚。一份关于英格兰的观察揭示出普通法之所以发展迅速与民族精神或者诸如此类的东西关系不大。"典型的英国"制度实际上就是一种欧洲大陆的封建法律体系，它由诺曼征服者引入英国，并与英格兰人或盎格鲁-撒克逊法律中的古代惯例毫无关系。16世纪的德国和苏格兰的法律发展同时也表明了国内法与一个民族的习惯没有任何关系：这两个国家都将普通法引入本国的国家法，以弥补其国内习惯的不足。

在这儿，我们也可以适当地考量一下法律在法国和比利时的发展状况。1804年《法国民法典》是一部彻头彻尾的法兰西法典。因而问题在于，是否在引进民法典的比利时地区，它表现出一种外来因素并完全与该国的历史断裂？[14] 答案相当清楚：不是。法国法（尤其是法国北部的法律）和"比利时"法有着共同的起源并沿着平行的轨迹各自发展了数个世纪，直到16世纪弗兰德斯的大部分郡变成法国的合法领土为止。所有核心（日耳曼和罗马的）的构成因素——不论是否得到承认的本地和地方的习惯，教会法，罗马法，律法之书（books of law）——都属于共

---

[14] 参见这里面的评论，van Dievoet, Burgerlijk recht in Belgi'e en Nederland, 8。

第六章 成文法、判例法与学术

同遗产的一部分。同样的情形也适用于政治领域，即两个国家都从同样的封建的、城市的和君主制度中发展起来。因此，比利时继受《法国民法典》并非完全是外国法律体系的生硬强加；比利时也处于同样的发展阶段，并且法典编纂也是在整个欧洲传播的启蒙思想中的一种思想。⑮ 当然，《法国民法典》也并不完全契合于比利时的古老习惯，并且有趣的是，在比利时，新近发现法律曾偶尔后退到被民法典代替的习惯法之中。例如，未亡配偶的权利在古老法律中要比在民法典中广泛得多，并且在这个领域，近代的比利时成文法反映出一种朝向古代习惯的复归。⑯

---

⑮ 参见对于荷兰相类似的结论，J. van Kan, 'Het burgerlijk wetboek en de Code civil', Gedenkboek burgerlijk wetboek 1838, ed. P. Scholten and E. M. Meijers (Zwolle, 1938), 276。

⑯ P. Godding, 'Lignage et menage. Les droits du conjoint survivant dans l'ancien droit beige', Famille, droit et changement social dans les sociitis contemporaines (Brussels, 1978; Bibliotheque de la Faculte de droit de l'Universite catholique de Louvain, xi), 296; J. P. Levy, 'Coup d'oeil historique d'ensemble sur la situation patrimoniale du conjoint survivant', Etudes qffertes a ReniRodiere (Paris, 1982), 177-196.

第七章
要　素

第一节　简　介

84　　在法律发展史上存在过两种要素。占主导地位的法律传统以及法律形成的规律是其中的一种要素，而此种要素影响了法律在欧洲的发展。在论述"法制史的一些要素"① 这个主题时，T. F. T. 普拉克内特有意识地运用了上述概念将法制史的要素分为五个部分：罗马法、教会法、习惯法、制定法和程序法。这些都可以称为"学术上的"要素，因为在严格的意义上，它们是法律的渊源，是由法律实务者制定并发展的规则的来源。然而，还有其他种类的要素。这些要素可以被称为"社会因素"，包括开明的政治、社会经济和智识的发展与纷争。这些因素作为整体影响着社会，并通过社会影响法律。显然，社会要素的确影响着法律的发展，但和学术上的要素相比，社会因素的影响更难以描述。学术上的要素有时候和它们的渊源是一致的，例如当某一著作明确

---

① 在其第一部有关普通法的基础研究的第三部分。此书是《法律史概况》。

第七章 要 素

地说明一个规则是采用罗马法或参照 书面理性 "ralio scripta" 时②，或某一特殊渊源起作用的部分容易识别出，是因为又举了罗马法的例子——这个术语业已在《民法大全》中被提起。

如果下述事实出现将会使情况变得更为复杂，即当罗马法规则在中世纪的文本中被发现，但是该文本并没有适用罗马法的术语。例如，1215 年大宪章的第九章的规定适用于债务人的保证人不能被追偿，只要主债务人有偿债能力并能够支付他的债务。这个规定和罗马法中财产追索的权利是一致的，但它是从罗马法中借用来的吗？时间使这种情况成为可能，因为在国王约翰时期，英国法——尤其是教会阶层对博洛尼亚③的新学问非常熟悉。在大宪章中起重要作用的大主教史蒂芬·兰顿的例子可以清楚地证明以上的观点。但是，基于平等或实际的原因，在不同的时空条件下适用同样的方法却并非会产生任何直接的影响，这种情况也是会存在的。因此，1215 年的贵族们很可能为了自己，从而在涤除一项对他们不利的惯例时并不考虑优士丁尼的法律。这是一个困难的问题，几乎没有被研究过；然而《大宪章》毫无疑问是重要的，它不像其他古老的英国法律文本那样并不包括罗马法的术语。④

很显然，一个法律史学家不得不去思考是什么要素影响了他的研究范围，而这个并不意味着单单指学术的要素，还包括社会的要素。毕竟，法学家、法庭、学院和政府顾问所组成的小领域

---

② 关于这个术语，在 1216—1222 年的阿莱的习惯中以 razons escricha 的形式第一次出现，在接下来的世纪中它的意思不断变化。see A. Guzman, Ratio scripta (Frankfurt, 1981; Ius commune Sonderhefte, Texte und Monographien, 14).

③ R. C. van Caenegem, Royal writs in England from the conquest to Glanvill. Studies in the early history of the common law (London, 1959; Selden society, 77), 360-390.

④ e. g. Glanvill's Tractatus de legvbus et consuretudinibves regni Angliae of 11879. ed. G. D. G. Hall London, 1965; Medieval texes.

仅仅是这个充满多样利益和观念整体世界的一个缩影。⑤

第二节 法律的变化

85　　这些利益和思想的改变意味着社会和法律也在不断地变化。稳定且永恒的法律所生存的某一历史时期的出现容易使人误解；同样，这一时期人们所坚信的信念也是如此。即使是在中世纪早期，那时的主流观点认为法律是不变的，刻意操控法律的行为事实上较中世纪后期为少，但施压集团仍然很活跃，它们仍然设法致力于建立自己的制度结构，而这些业已建立的制度结构并非为了这些压力集团的利益。拿封建制度的法律举个例子：首先，封建契约的原则和封建领主的利益要求阻止封地被继承；封地作为服兵役的奖励而由封臣必须授与相应的个人；当他死后契约会被废除，封地重新收归封建领主，他们可以把同样的资产分封给另一个封臣（领主没有任何的义务必须选择死者的儿子，因为他未必如此有才能或那么值得信赖）。然而，封臣们渴望为他们的子孙后代提供物质待遇，在这样的压力下这种继承封地的原则在第九世纪在法兰克王国建立起来。这是封建习惯法的演变的一个非常清晰的例子。⑥封建领主们最起码得以保存他们应享有的税收（relevium）权利，当继承者们实际占有了这些封地时他们应向领主们纳税。然而这又导致了两者在法律层面的利益冲突。封建领主希望根据继承人的情况和财政计划自己决定减免的数值，而封臣们急于摆脱任意的课税且希望有个固定的减免额度。在英

---

⑤ Cf. S. Reynolds, 'Law and communities in western Christendom c. 900 – 1140', American Journal of Legal History 25 (1981), 205 – 225.

⑥ F. L. Ganshof, Qu'est-ce que la feodalite, 5th edn (Brussels, 1982), 218.

国，封臣们根据大宪章的第二章争取到了这项权利。这是对国王约翰的政策的一个扭转，他犯了任意征收和过度地减轻赋税的过失。

虽然法律是在不断变化的，但变化速率却一个时期不同于另一个时期，而且停滞时期和急剧变化时期不断更迭。不断地变化发生着，不论在法律的渊源中占主导地位的是什么，可能是习惯法，判例法，制定法，共同法。封建习惯法的这些变化业已阐明，而较早的一个叙述也给出了英国商法通过对封建领主的曼斯菲尔德的一个大胆的判例法形成的一个例子。⑦ 同样，共同法影响的几个例证已经举出，同时立法的影响也很显见。然而无论法律的变化意味着什么，变革通常是各种利益或观念集体压力的结果，是社会的各个群体旨在要求自由或权力努力的结果。几百年来，通过把某一特定概念回溯到"黄金时代"从而判定这一概念的正确性的做法是可行的。然而，在旧制度期间盛行反对已经建立的秩序，而支持新秩序的论调则很流行；回到"过去的好日子"这一观念被利己主义的集团所败坏。但直到 17 世纪，不计其数的暴动和农民起义在"回归过去"这面旗帜下此起彼伏。在 17 世纪的英国，民族主义的动机为此提供了另一种理由；这里过去优良的法律是盎格鲁—撒克逊法，但它已被在暴君威廉（又称"诺曼人的束缚"）统治下的诺曼人所强加的大陆法所误用。也仅仅从 18 世纪开始，改革者们才将眼光决然地朝向未来。而古老的法律遗失了作为"优良法律"的声望。

---

⑦ 参见上文第 69 节。

第三节　思想和政治权力

86　　强调社会运动的作用与权力和利益之间的冲突并不是要误解史实本身的影响。然而，即使是最好且最公正的观念，只有当社会力量倾向于接受它时，它才能维护自身。没有政治意志，法律规范不可能有成就。中世纪以后，才华出众的学者们为在欧洲范围内制定出一个超民族国家的秩序制定出了许多方案，这些学者中就有莱布尼茨。直到卜尼菲斯八世时期，教皇已被公认具有超越主权国家的国际权威。但是这一现象在罗马教皇被流放到阿维尼翁时结束并且完全消失在近代早期，那时很显然，基督教已经最终分裂。这种新情况促使法律家和哲学家做种种努力去构建国际法律秩序，这种国际法律秩序建立在主权国家的基础上，对此民族国家的政府将要成为其附庸。这个法律秩序既要确保国内的和平，又要保障外部的安全（尤其是反抗土耳其帝国）。然而没有一个计划得以完成，主权国家则延续着它们自己的命运。在20世纪，这个情景在全球范围内重演。目前来看，想要建立一个遍及各民族的包括超级权力（super-power）在内的强力有效的世界组织是一个空想；验证这一事实的最好证据就是联合国安理会常任理事国的否决权。

　　尽管如此，在法律的历史中，当一个概念实际上试图为其自身创建一个重要的角色，它势必会努力争取达致其最为完美的逻辑推论。因此，一些法律概念实际上以困扰人的想法收场。这里有两个例子。第一个就是罗马教皇神权政治的兴起，其无疑是走向极端的意识形态的最典型的范式。从11世纪以来，这一理论与基督教原始的原初教义是不同的，该理论不断完善直到14世纪的转折点才得以影响教会制度的每一方面。随后教会惯例与制定法毫无疑问地影响着欧洲的法律体系，不管在公法还是在私法方面。第二个例子是由为了规制和建构整个社会的君主政治的愿望所提供的。这一愿望促使产生了近代早期的专制主义国家。其也是一个早期的观念，君主是由上帝指定的并通过君权神授统治整个社会，这一观念被各级社会组织发展壮大。实际上这一观念往往遭遇人们过度的追捧，只是后来又遭遇人们无情的冷落。只要提及在刑事法庭上的刑罚就足够了：保障和平是统治者的任务，因此就要镇压犯罪。为了确保定罪，统治者就会毫不犹豫地允许对证人进行秘密调查（这已构成对辩护权的限制），并且还容许刑讯逼供（这其实就是对辩护权的完全废除）。

第四节　社会团体和私法

人的生存依靠他所属的社会团体并被社会团体所保护，而社团成员彼此支持并向该社团贡献自己的一份力量。各种形式的社会团体对私法的发展起了重要的作用，以下例子可以说明。首先，亲属关系的联结组成了最重要的社会团体（严格来说是家庭，宽泛来说是家族）。个人对他的亲属负有责任，并且困难时他自己能求助于亲属。在之后的一个阶段，涉及领主和封臣的相互关系并将单个领主的封臣们联合起来的封建团结，逐渐变得重要。封建纽带必须要有权利与义务，特别是在私法当中。最后，大约从12世纪开始，城市与国家演变为基本的组织形式：从那时起，隶属于一个城市或王国优先于所有其他的团结与忠诚形式。这个整体的发展情况（同样包括教会被整合进社会之中）能通过实例说明。

继承法就是这种社会发展的一个反映，因为死者财产的转让被非常多元的法律制度所调整。原始部族的做法非常简单：烧掉动产或者作为陪葬，而不动产（土地）则由家族所有。因而这样就没有关于继承导致分割遗产的问题。当这种古老的情势变化后，应该如何对待不动产的问题出现了。在中世纪早期，家庭的意义依然在于死者的财产不得由家族保持所有，而不动产则由子女分配。遗嘱继承几乎是未知的，尽管一些特殊形式的遗嘱存在，比如支持教会的死后或为了灵魂上天的捐赠。⑧ 教会由于不动产专属地转让给家庭成员而遭到削弱，并因而促成了遗嘱继承的复兴（这曾经在罗马法中很常见），至少是在一些教会机构中。这种努力是成功的，并且甚至在罗马法复兴之前，通过遗嘱捐赠支持教会就是一种习惯性做法。同时，无遗嘱继承的法律经历了另一项发展，它被封建法的目的与本质所支配的结果是：长子继承法出现了。将年幼儿子的继承权排除在外，是想要保持领地的完整性，从而确保足够的收益允许一个骑士脱离他对领主的军事义务。在子女间分割领地使得这种做法变得不可能。如今，财产包括可分割的大块土地（alodia，旧的继承法也适用），并且，也包括不可分的大块土地（feoda 或者领地，适用于长子继承的封建原则）。罗马统一继承的制度仅仅由于民法典而开始复兴。

适用自身特殊规则的城市的发展，也对继承法有一定影响。城市当局感到担忧的是，公民的财富应当保留在城市的整体经济之内，因此它们可以对通过继承转移出城市的财产征收一种特殊的税，即转出税（droit d'issue）。无论何时外国人通过继承或相反的方式获得市民的财产，均需要进行征税。并且，税率的幅度从10%到20%不等。⑨ 这部分税款由国家征收，不动产所负担的税率最高。但是除了约翰国王从封臣的继承者要求过高的税收

---

⑧ P. Jobert, La notion de donation. Convergences: 630-750 (Paris, 1977; Publications de l'Universite de Dijon).

⑨ 在弗兰德斯，早在13世纪就发现了这一现象。比如，测定为1286年根特的一个法令。

(relevia）以外，仅仅在最近继承权才变得对财政重要。这个趋势如今变得越来越明显（部分出于意识形态的原因），以至于亲属继承在某种程度上相当于没收财产。税收负担几乎使得民法典创立的继承制度的法律与经济意义变得空洞。

抛弃个人土地财产的自由是另一种发人深省的社会迹象。起初，集体的土地财产几乎没什么意义，因为很多部族过一种游牧的生活，一旦开发过的土地被耗竭，他们就很快迁徙。之后，家庭甚至个人土地占有形式开始发展，但是它们仍然需要受集体规范的约束。就家庭而言，这业已证明禁止未经过部族同意就分割土地。恢复的权利（the right of recovery，收回权）是存留于旧制度中的集体约束之一：当一块土地卖给了第三方（那意味着，买受人不是出让人的家庭成员），出让人的家庭成员有机会行收回权赎回出让的财产，从而恢复家庭财产的完整性。同样，封建土地长期被认定为不可分割，因为它们被认为直接附属于封臣个人（以及个人人格）。这个原则随后遭到削弱，尽管没有封建领主的同意仍然无法分割土地。最终，领地变得可以自由分割。⑩很明显，对于土地买卖的集体约束构成了对城市经济增长的障碍。曾经，对于出租的信用与资本化的需求要求土地应当是容易出售的。因此，城镇鼓励不利于古代家庭控制土地的创业者的个人主义精神。从而，1191年根特特许状第19款授权了土地的自由买卖。这个特许状由弗兰德斯的女伯爵颁发。她拥有允许其开

---

⑩ 英国1290年颁布的成文法 Quia emptores（有关土地买卖的法律——译者注）赋予了封臣分割土地的权利。J. M. W. Bean, The decline of English feudalism (Manchester, 1968), 79-103. 土地摆脱集体约束（无论是家庭的、宗教的或者原始农业社群的共同约束）是欧洲法律发展的主要趋势之一。这促使确立了个人土地所有权并推动土地整合进普通经济体系中。

展这样的法律变更的立法权。⑪

中世纪与旧制度的社会是由等级（order）与行会构成的。它们拥有自己的行政机构、规则与司法管辖权。⑫ 它们也拥有自己的法律地位：神职人员与贵族不仅享有通常的财政特权，还从刑法特权中获益（比如酷刑豁免）。⑬ 旧制度下的这种社会组织对私法有一定影响：经常只有土地所有者有权在法庭落座（这在法兰克已经出现，mallus）。类似地，存在有利于城市土地财产或世袭身份（viri hereditarii）的差别待遇；他们提交给法庭的证据与证词要比其他市民的更有分量。所谓特权就是寡头统治下日常的命令。但是政治组织的民主化，特别是在意大利城镇，促使事态朝向另一个极端发展：贵族提交的证据还不如另一个普通市民的有分量。世袭身份（viri hereditarii）的特权地位（其言语或誓言可作证明并且优于其他人的证据）依然再次出现在完全不同的语境当中。1804 年《法国民法典》第 1781 条就对雇主与雇员的声明作出了区分："雇主因其自我确认的声明而得到信赖。"⑭

---

⑪ The text is in W. Prevenier, De oorkonden der graven van Vlaanderen（ngi-aanvang 1206）11；Uitgave (Brussels, 1964; Commission royale d'histoire. Actes des princes Beiges, 5), 15; "根特存在这样一种自由，即如果某人想要在本城镇的司法管辖范围之内出卖或抵押财产，他均被允许，无论他是外国人还是城镇市民。并且，任何人无权基于血缘或婚姻关系的理由对此提出异议。"

⑫ 现存的不计其数的行会与企业的规定几乎未被研究过。

⑬ 可以推论的是，刑法中，上层阶级有时会遭受比下层阶级更加严厉的惩罚。

⑭ 参见上文第 6 节。

第五节 智识与道德风气

证据法

法律适应智识的发展。一些时期,一个人能强烈地感觉到,他服从于超验的力量或超自然的存在。并且,他是超出其观察、知识与理解范围的宇宙的一部分而已。在另外一些时期,逻辑与理性的思考——由经验科学与数学研究所证实——处于主导地位。从一种思想到另一种思想的转变——从柏拉图到亚里士多德的宇宙观——有其对于证据法的影响。不应忘记一些民族在某个阶段生活在某个宗教统治阶级的统治之下,这意味着个人与社群应当尊重与遵守宗教戒律(经常被载于神圣文本当中)。在部分案例中,这样的神职支配对于欧洲私法史有着极为重要的意义。

12世纪至13世纪之间,证据法经历了一场从原始的与非理性的制度向高度理性制度的根本转型。⑮ 旧制度下,甚至是民事案件(特别是关于地产的案件),法庭也在神明裁判的形式下依赖于神圣的指示。这可能采取司法决斗的残酷形式或者由助誓者(oath-helpers)支持的更轻微的誓言形式。起初,能够战胜对手的当事人或胜出者禁得住剑或棍棒的一击⑯,他们被认为具有神力协助以获得胜利。这意味着,他的诉讼是正当的。在第二种情形下,据推测,可能存在的伪誓人将无休止地遭受神圣的报复。

---

⑮ See inter alia the volumes La Preuve in the Recueils de la sociiti Jean Bodin xvi (1965—).
⑯ 这里,阶级差异也起了作用。骑士在决斗中使用剑,而农民则使用棍棒。

并且，出于对神圣愤怒的恐惧心理将会阻碍大多数人作出虚假的誓言。⑰ 当然，人们意识到在中世纪早期就存在以文书与证人来提供证明的证据，但是这些方法可以轻而易举地被质疑或失效。比如，如果两个对立的证人集团坚持他们互相矛盾的证据的话。为了逃离这种僵局，有必要诉诸司法决斗，求助于神灵。

但是，这整个问题被欧洲思想中的一项深刻变化而完全型塑。一项新的证据法，根本而言就是仍在适用的这一部法律，被制定出来。它以对文书、证人证词以及真实证据的批判性与理性的评估为基础。从一个充满魔力的宇宙概念到一个更加理性的宇宙概念，如何解释这个概念转型，是一个迄今未被解决的历史性问题；但很明显的是，这场转型对证据法有一定意义。这项受日耳曼人的影响所创立的古老的制度不得不被废弃，尽管决定用什么替代它颇为困难。欧洲的替代试验由各种不同的制度组成，一些起源于《优士丁尼法典》，另一些（比如陪审团）受之前存在的原始方法所启发。这些方法后来被发展成一种真正的证据制度。

证据法现代化的一个方面表现为书写的普及使用。在书写几乎未被了解之后的一个时期，也即从 12 世纪以后，书面证据变得流行起来，甚至在普通人的协议中也如此。特别显著的是"公证"（authentic）文件的使用——即受到相关具有公共权威的人和机构公证或宣布值得信赖的文书。存在多种形式的文书与多种负责它们的结构与公证的公共权威。并且，这尤其依赖于一个地区内学者之间的共同法的重要性。南方的博洛尼亚大学法学院成立之后，公证员的职业发展起来了。他们被教皇或国王授予公共权威，接受法律的初级教育，之后得以在城镇当中确立自身的地位并制作和发布公证文书。

---

⑰ 即使是现在，民事程序法也为誓言提供了行动空间，无论其是补充性的还是决定性的。

第七章 要 素

公证员制度逐渐传播到北部地区。但是在荷兰，直到 16 世纪也还没出现任何标准的公证实践。在北部，一种非常不同的公证文书的手段演变出来，即公证法（oeuvres de lois）：合同当事人来到法庭并向公证员出示他们之间的合同；公证员随后将之载入法庭记录，并且法庭记录的摘要也能传达给当事人，虽然这并不是必要的程序。自愿管辖被普通法庭、封建法庭或资深人士组成的裁判（tribunals of aldermen）所适用。与之相伴的还有其他一些司法活动。中世纪后期，这个制度变得极其重要，甚至在现代早期，它在与公证员制度的竞争中得以幸存。教会法庭，特别是教区代表（officialities）[18] 也行使非争讼性的管辖权。

一开始，书面（以及更有理由的经公证过的）证据是可选的，而且并不优先于证人证词。但是这个观点受到高度争议。一个与教皇英诺森三世同样杰出的律师也能宣称他坚定地支持证人证词："活人的言词要优于一只死羊的皮肤"（羊皮纸）。习惯法有这样一些谚语，比如"证人强过文书"或"口头证人优于文书"。但不可避免的是，公证文书证据应当标准化。意大利的城镇立法机构甚至在 14 世纪就朝着这个方向推动（那不勒斯 1306 年，博洛尼亚 1454 年，米兰 1498 年）。法国法相关的主要进展是 1566 年的穆兰法令。[19] 这部法令规定，超过 100 镑的交易只能允许适用书面证据。并且，1804 年《法国民法典》第 1341 条也这样规定。[20] 在比利时，这个原则在 1611 年的永久告示（Edictum Perpetuum）中被发现。该条原则于 18 世纪被英格兰

---

[18] 参见上文，特别是第 52 节。
[19] 参见上文第 48 节。
[20] "任何价值超过 150 法郎的交易必须在公证员面前或由私人签名记录，甚至在自愿寄存的情形中也是如此。并且，自从交易被书面记录之后，相较于文书的内容或之前的书面记录，证人证词并不被法庭接受。尽管是在涉及价值低于 150 法郎的案件中。这对规定在与商业相关的制定法中的内容没有任何偏见。"

接受,即不能仅仅根据口头证据而质疑文书。[21] 并且在一些合同当中,特别是那些涉及土地的合同,法律要求的证据并不仅仅是书面证据还必须是经过公证的文书。[22]

借 贷

89　　道德内涵、宗教权威与教义的内涵流变,也对私法发展有重要影响。并不奇怪的是,它们经常与世俗政权的政策相冲突。两个例子足以说明:贷款与婚姻。

中世纪晚期,西方的经济扩张促成了借贷的复兴。信用方式已经在古罗马时期发展起来并在法律上得到承认,但在中世纪的头一个世纪消失。除非至少部分必要资金能够筹借,否则创建一个私人商业或制造业企业是极其困难的。并且,自从暂时的资本利用能够获利以来,正如原材料与劳动力一样,贷款应当得到回报是一件很正常的事情。换言之,借贷通过利息得到回报。但是在这里,经济发展的需要与宗教戒律相冲突,因为自从古典基督教时期教会就禁止有息贷款(高利贷)。这条禁令不仅被早期教父所维持,还被写进教会法中。公元325年的第一次尼西亚公会议禁止神职人员进行有息贷款;起初,教会仅仅建议平信徒反对这种做法,但这条禁令随后扩展,也适用于平信徒。公元789年

---

[21] Cf. J. Gilissen, 'Individualisme et securite juridique: la preponderance de la loi et l'acte ecritau XVIe siecle dans l'ancien droit beige', Individualisme et societe a la renaissance (Brussels, 1967), 35 - 57; G. Verneillen and G. van de Perre, 'De historiek van de beperking van hetbewijs van verbintenissen door getuigen', Rechtskundig weekblad 32 (1968—1969), col. 817 - 850.

[22] 书写的要求也被扩展到证据法以外的领域。如今已经很难想象没有公开发布的制定法;而早先事态完全相反,仅仅只有国王的言词具有法律效力。关于共同法,see G. Dolezalek, "Scriptura non est de substantia legis. A propos d'une decision de l'an Rote romaine de l'an 1378 environ", Diritto comune e diritti locali nella storia dell' Europa (Milan, 1980), 51 - 70。

第七章 要 素

的查理曼大帝的一项皇室法令明确规定了这条禁令："绝对禁止任何人出借任何有利息的物品。"任何形式的利息，这意味着在任何情况下只要出借方收到超过他所借出的金钱，均被视为高利贷行为，同时也是一种罪行。因此，社会并非只谴责债权人因剥削债务人而获得的高昂利息（即所谓高利贷）。

正因为这种与封建思想相符的道德态度，意味着任何收益都代表了罪恶并且与社会习俗相悖，即使获得收益来自完全合法的商业交易。尽管这种概念如今在西方很难理解，但是它依旧在伊斯兰世界被发现。在那里，反对利息（高利贷）的宗教禁令仍然适用。在中世纪的最后一个世纪，欧洲人被迫步入一个两难困境：有息贷款在实践中变得常见，但是教会拒绝撤回这一禁令。[23] 世俗立法机构有时强化宗教原则，比如埃诺与弗兰德斯的伯爵鲍德温四世1199年颁布的法令。[24] 结果，中世纪的商业发展不得不诉诸一系列规避与欺骗的措施。这些措施允许商业发展出兴盛而又不可或缺的信用体系，即使起码在形式意义上尊重宗教禁令：可回购的买卖，抵押（典质权，债权人享有确保财产安全的权利），汇票，逾期欠款的利息（在特定情形下被教会法学家所认可）。一点一滴地，道德神学同意承认利息作为信用的价格，并且在公平合理的意义上授权它存在。根据每一个经济商品均拥有一个特别是在信用合约中应当遵循的公平价格，上述推理能够与神学理论中的"公平价格"概念相互妥协。

有鉴于此，反对作为高利贷的利息原则在天主教国家幸存下

---

[23] 用于祈祷的文本不仅来自《圣经》（"借款不希求任何回报"），还来自希腊哲学（"钱不能生钱"）。

[24] W. Prevenier, 'Een economische maatregel van de Vlaamse graf in 1199: het verbod der leningen tegen interest', Tijdschrift voor geschiedenis 78 (1965), 389 – 401. 这部法令的文本发表于 W. Prevenier, De oorkonden der graven van Vlaanderen (1191—aanvang 1206) 11 (Brussels, 1964), no. 124, 276 – 278 (Gomm. royale d'histoire. Actes des princes beiges, 5). On Baudouin IX: Nat. biografisch woordenboek 1 (Brussels, 1964), col. 225 – 238。

来，直到旧制度的终点。最高级别的法官与众多杰出的作家坚持认为，合同中的利息条款是完全无效的。㉕ 但法国大革命几乎不尊重宗教禁忌，并且支持自由贸易，因而非常早地就宣布有息贷款是合法的，并通过制定法规定了固定利率。㉖ 1796 年的一部法律，授权公民可以根据自己的偏好来拟定合同，这无论如何也可以解释为当事人可以自己设定利率。这个观点被 1804 年《法国民法典》采纳（第 1905 条与第 1907 条），尽管不久之后当事人设定利率的自由就被再次禁止。不久，订约当事人的这项自由仍然被再次确认㉗，但不公平的、过高的利率（高利贷）仍会受到刑法的惩罚。新教国家改革者的理论对利率的合法存在敞开了大门。比如，加尔文坚持主张利率是可接受的：据他所言，《圣经》并不禁止利率，利率禁令只针对不合理的利率借款情形，即所谓的高利贷之恶。㉘ 许多自然法学派的学者与启蒙运动的作家（包括格劳秀斯、孟德斯鸠以及伏尔泰等）均支持包括有息贷款在内的契约自由。㉙

㉕ D'Argentre, Jean Bodin, Domat, Pothier and the case law of the Parlement de Paris.
㉖ Decree of the Constituante of 3–12 December 1789.
㉗ 发生于 1865 年的比利时，在罗吉尔与弗雷尔·欧尔班的统治下。[罗吉尔（1800 年 8 月 17 日—1885 年 5 月 27 日），荷兰人，是比利时政治家和比利时国家的创始人之一，比利时革命的领导人。弗雷尔·欧尔班（1812 年 4 月 24 日—1896 年 1 月 2 日），是比利时自由派政治家。——译者注]
㉘ 他的命题奇怪地被一位非加尔文派主义作家所发展，此人是查理·杜墨林。
㉙ Cf. J. Favre, Lepret a intent dans Vancienne France (Paris, 1900); V. Brants, La lutte contre Vusure dans le droit moderne (Louvain, 1906); J. Lameere, 'Un chapitre de l'histoire du pret a interet dans le droit beige', Bull. Acad. ray. sciences de Belgique, classe des lettres (1920), 77–104; G. Bigwood, Le regime juridique et economique du commerce de l'argent dans la Belgique du mqyen age (2 vols., Brussels, 1921–1922); G. Le Bras, 'Usure', Dictionnaire de theologie catholique xv, 2 (Paris, 1950), 2, 336–372; B. N. Nelson, The idea of usury (Princeton, 1949); J. T. Noonan, The scholastic analysis of usury (Cambridge, Mass., 1957); B. Clavero, 'The jurisprudence on usury as a social paradigm in the history of Europe' in E. V. Heyen (ed.), Historische Soziologie der Rechtswissenschaft (Frankfurt, 1986), 23–36 (Ius commune, 26).

第七章 要　素

婚姻法

世俗权威与教会权威针对作为社会基本单元的家庭主题均进行了密集的立法。特别是在中世纪，家庭法无疑属于教会管辖权的事项。但是其总体对于社会的影响以及特别对家庭财产的影响是如此明显，以至于世俗权威不能完全放弃立法。这些由世俗与教会权威针对婚姻的分歧的立法路径㉚构成了欧洲法律史上最为有趣的主题之一。这种分歧也显示出，私法问题是如何能成为拥有不同价值与价值观与社会概念的权威之间的一种未决归属的筹码（a prize at stake）。的确，没有其他制度是如此的听凭反对的趋势与意识形态的摆布。这种描述确实仅仅在追踪婚姻发展的轮廓，并且忽视了依旧闻名于中世纪早期的原始婚姻形式，比如绑架或诱拐婚姻（marriage by abduction）与买卖婚姻。

绝对根本的是，区分作为世俗制度的婚姻（一种很大程度上影响社会特别是家庭及其财产的契约）以及作为圣礼的婚姻（一种拥有宗教意义的获得荣耀的手段，并且象征耶稣及其教会之间的神秘纽带）。这些婚姻的概念分别涉及世俗与教会的管辖权，并且随着演化，其在西方历史上扮演了重要的角色。在中世纪，教会的圣礼概念及教会法庭盛行一时，然而在近代早期，特别是当代，婚姻中世俗的成分变得愈加重要。

根据教会的教规，婚姻仅仅涉及私人配偶之间。仅仅只有他们的自由意志和决定才作数。所有来自家庭或父母的干预都遭到排除，并且婚姻与任何一种祖传的或王朝的本质的问题都不相干。基于圣经的保证，婚姻纽带被宣布为牢不可破的。离婚，曾经被罗马法承认，却从现在起被排除。尽管处于这种基础框架之

90

㉚ 目前有许多关于婚姻的研究。最近一项清晰且睿智的研究是 J. Gaudemet, Le manage en Occident. Les m&-urs et le droit (Paris, 1987; Cerf-Histoire)。

203

内，婚姻法还是发展起来了。中世纪所承认的婚姻的单纯合意特点（也即，婚姻能由男女双方通过自由同意缔结，而无须正式程序或牧师的干预）遭到特伦特议会的废弃（通过 1563 年的 Tametsi 法令）。其通过强加结婚程序（见证人、公开性、牧师主持的典礼），主要目的是防止秘密婚姻。[31] 教会也发展了一种理论，即没有行房的单纯同意构成一种不完全的婚姻，其能够被解除。与之相比照的是性关系建立后的同意缔结的婚姻。夫妻分居（Divortium quoad torum et mensam）也被引进（特伦特议会之后，separatio）。也即，夫妻分居在《法国民法典》中也得到规定。这个规定允许结束同居生活而无须解除婚姻（从而防止再婚）。最后，教会意识到了婚姻的无效，其可以由宗教法官基于同意瑕疵或其他无效性障碍因素（先前婚姻的存续与近亲等因素）宣布。

甚至在天主教化最深刻的时期与地点，也存在互不相同的世俗婚姻概念，这些婚姻概念强调其社会的、家庭的、财产方面的后果，也强调其封建的以及王朝方面的后果。这种观点对于没有亲属同意而缔结（经常是秘密地）的婚姻并不友好，这是因为它们直接威胁到家族之间与财产之间的联姻安排。大公教会时期，这种为封建与城市上层圈子特有的观点无法压过教会，但其能够通过反对未经父母同意而结婚的夫妇的民事与刑事制裁来表现自身。中世纪这些制裁主要由剥夺夫妇的继承权或谴责丈夫诱拐结婚组成。近代法国早期，世俗法院扩展了对婚姻诉讼的管辖权，并且世俗权威也施加了严格的规定，这些依旧能在《法国民法典》中发现。法国一项 1566 年的法令规定了剥夺 25 岁以下未经父母同意而成婚的子女的继承权。1579 年的《布鲁瓦法令》惩罚婚姻中的绑架或诱拐行为，并且判例法将未经父母同意的婚姻

---

[31] 尽管有部分修正，这些正式程序在欧洲新教地区也基本上得到采纳，包括联省共和国。法国国王并不希望这些程序被公布，但还是于 1579 年经由颁布《布鲁瓦法令》而引进。

视为绑架或诱拐婚姻（喜剧《莫里哀情史》清晰地描绘了父母的影响，特别是父亲的影响是如何决定子女的婚姻，甚至他们已成人时也如此）。波蒂埃认为，缔结一项未经父母同意的 25 岁以下夫妇的婚姻是无效的。并且如果那些小于 30 岁的夫妇未经父母同意结婚的将牵扯剥夺继承权的问题。在荷兰，甚至是中世纪，城市法令针对未经父母同意而结婚的诱拐罪行规定了民事与刑事的制裁。1540 年查理五世规定，小于 25 岁的男人或小于 20 岁的女人未经父母同意而结婚，将会失去所有在世配偶的好处。相比之下，教会法中父母同意根本不是一项前提条件。1804 年《法国民法典》要求小于 25 岁的男人以及小于 21 岁的女人结婚必须征得父母同意。一旦超过这个年龄，子女就必须受 acte respectueux（尊重行为）程序的支配，这个程序要求他们寻求父母的建议；为了以防拒绝，婚姻可能在重复一系列尊重行为之后才能缔结（参见《法国民法典》第 152 条与第 153 条）。

在启蒙运动时期，世俗的婚姻概念并没有流行。这个时期对由教会所起到的夸大的作用并不友好，而且在不同问题上攻击教会的观点。18 世纪末，部分国家引入了没有任何宗教内容的纯民事婚姻。在奥属尼德兰，约瑟夫二世通过 1784 年 9 月 28 日发布的法令废除了教会法庭对婚姻诉讼的管辖权：从现在开始，婚姻被视为一种民事契约，而在任何意义上都不受教会法支配。㉜法国大革命将这条原则载入了 1791 年宪法，使用了与约瑟夫二世在 1784 年使用过的相同的术语："本法仅将婚姻视为一项民事

㉜ 第 1 条规定："既然婚姻被视为一种民事契约，并且由此而来的民事权利与纽带从它们的存在、效力与决心完全地、独一无二地起源于民事权威，其管辖权和相关不同问题的决定，以及所有依赖于它的案件，应当在民事法院的排他性的管辖范围之内。我们因此禁止任何宗教法官享有任何方式的管辖权，违者判决一律无效，……"很明显，宗教婚姻在大多数人群中保留了这个规范；这里，它纯粹是一个争议解决的管辖权问题。目前的立场是禁止宗教婚姻发生于民事婚姻之前，这起源于 19 世纪（《比利时宪法》第 16 条）。

契约。"在《法国民法典》的体系中，婚姻是一种庄严的民事行为，并且仅仅只有市民国家的官员才有能力以法律的名义联合一对夫妇。但是大部分人对宗教婚姻保持忠诚：但是，仅仅只有民事婚姻具有法律后果，并且宗教婚姻即使有的话，如今也总是在民事婚姻之后缔结。同时，教会的离婚禁令遭到废除。对此，法国大革命的反应异常激进：通过1792年9月20日颁布的法律授权公民要么经由一致同意离婚，要么具备一系列其他经过认可的理由而离婚（均通过法院来宣布）。当这部法律生效时，离婚数量大幅上升；一些年份离婚的比率多达一到三倍于结婚的比率。㉝ 当革命热情消退后，立法者后退了几步。但尽管有这些限制，离婚依旧通过一致同意或《法国民法典》第229—232条所载明的事由（通奸、严重的虐待或伤害以及诽谤犯罪）㉞ 而得到保留。

第六节　最后的考量

91　　历史研究已经成功破除关于法律的迷思。它已经摧毁了古老而受人尊敬的法律概念：那些法律是一些由全能上帝颁布的规则，并且印刻在公民的心中；或者是受人尊重的（但可能是凭空

㉝　A. H. Huussen, 'Le droit du mariage au cours de la Revolution franchise', Revue d'histoire du droit 47 (1979), 9 – 52, 99 – 127.

㉞　第229-230条是关于性别歧视最清晰的例子，因为这两个条款规定了一位丈夫能够基于他妻子通奸而要求离婚，然而他妻子仅仅只有在她发现她丈夫与其情妇在婚姻住所时才能提起离婚。这种歧视在比利时通过1974年10月28日颁布的制定法第45条遭到废除。法国目前就基于通奸而离婚的情形来说，这种离婚事由的性别歧视通过1884年7月27日与1945年4月12日颁布的法律而得到废除。

第七章 要 素

想象的)㉟先辈的睿智决定的产物；或者是由理性引导的人类社会的本质推导而出的。历史批判显示出，法律的演化通常不是一个法律品质的问题㊱，而相反，它是特定利益团体之间权力斗争的结果，是一种利益法学（Interessenjurisprudz）。㊲为了超越传统的发展，相当肤浅的法律概念无可否认地被用来深化与丰富我们对于涉及法律演化的真正因素的理解。法律是一个不断变化的施加于社会之上的社会结构；它受到社会内部根本变化的影响，并且多半是那些当权者手中的工具以及权力的产物。

但是法律家问问自己，如果这就是法律的目的，或者无论永恒的基本原则是否依旧不应当那么重要，不仅仅取决于政治情势或利益集团的行动；换句话说，在法律的天空里存在固定不变的星斗。甚至，比如，假若纽伦堡法律正式拥有法律的强力，它们将不可置疑地成为不正义的源头。这种反思催生出对稳定规则的渴求，其超越了变化的制定法，并且能够成为——比如可能作为宪法与人的权利宣言——评估制定法效力的试金石。法律家也问问自己不仅仅法律的作用是什么，而且他们自己在社会中的作用是什么。这里，过于历史的研究扮演了去神秘化的角色。它业已证明，法律实务家经常站在那些有权势的以及有能力得到法律服务的人的身边。这些法律实务家为他们的案件辩护、编造他们的法律或合法化他们的诉求。这个观点经得住进一步的检视。但是目前，让人印象深刻的是，收费的法律实务家已变得比勇敢地对抗当权者并且捍卫弱势群体利益的事业的革命型法律实务家

㉟ 许多中世纪的法律书籍，年代比伟大的立法者查理曼大帝还要晚一点，依旧归功于他。比如所谓的列日"查理曼大帝的法律"。

㊱ 这个术语由 P. Koschaker 使用，Europa und das römische Recht（Munich, 1947），138，其采纳了外国法律制度。

㊲ 耶林及其学派的术语（参见上文第76节）。也是边沁的概念，根据他的理论，所有的制定法不得不或应当具备增加社群总幸福的目标，这意味着法律是（或应当是）由最大化服务于社群的事务所支配的。Gerbenzon and Algra, Voortgangh 260.

（revolutionary lawyer）更加常见。㊳ 因而，就法律而言，如下两个问题的答案就在我们时代最为迫切的需要之中：什么是制定法应当与之保持一致的基本法？我们如何确保法官和支持者是独立的并且总是准备捍卫法律？在数个世纪积累的人类经验的帮助之下，法律史允许我们直面这两个问题。

㊳ 但我们必须察觉总体化的功用。有许多法官抵制国内强大的政治压力，其中也包括抵制外国占领者。并且，许多律师不得不感到要支持被压迫者，比如年轻的律师厄内斯特·施特斯，其以弗兰德斯作家 Anton Bergmann（卒于 1874 年）的流行小说中的英雄为名：施特斯的首次法律干预就取得了成功，其为一个即将违反《法国民法典》第 1781 条的工人提供了法律援助（参见上文第 6 节）。

GENERAL BIBLIOGRAPHY*

UNIVERSAL AND EUROPEAN LAW

Allen, C. K., *Law in the making*, 7th edn, Oxford, 1964   92

Behrends, O. and Link, C. (eds.), *Zum römischen und neuzeitlichen Gesetzesbegriff. Symposion 26—27 April 1985*, Göttingen, 1987; Abh. Akademie der Wissenschaften Göttingen, Phil.-hist. Klasse, 3 F., 157

Bergh, G. C. J. J. van den, *Eigendom. Grepen uit de geschiedenis van een omstreden begrip*, Deventer, 1979; Rechtshistorische cahiers, I *Geleerd recht. Een geschiedenis van de Europese rechtswetenschap in vogelvlucht*, 2nd edn, Deventer, 1985

Berman, H. J., *Law and revolution. The formation of the western legal tradition* Cambridge, Mass., 1983

Brink, H. van den, *Rechtsgeschiedenis bij wijze van inleiding*, Deventer, 1976

---

* 参考文献部分包含多国文字，故未译出，原文收录，方便有能力的读者查阅参考。

Caenegem, R. C. van, *Judges, legislators and professors. Chapters in European legal history*, Cambridge, 1987

Coing, H. (ed.), *Handbuch der Quellen und Literatur der neueren europdischen Privatrechtsgeschichte*, Munich, I: *Mittelalter* (1100—1500). *Die gelehrten Rechte und die Gesetzgebung* (1973); II: *Neuere Zeit* (1500—1800). *Das Zeitalter des gemeinen Rechts*, 1: *Wissenschaft* (1977); 2: *Gesetzgebung und Rechtsprechung* (1976); III: *Das 19. Jahrhundert*, 1: *Gesetzgebung zum allgemeinen Privatrecht* (1982); 2: *Gesetzgebung zum allgemeinen Privatrecht und zum Verfahrensrecht* (1982); 3: *Gesetzgebung zu den privatrechtlichen Sondergebieten* (1986); 4: *Die nordischen Länder* (1987); 5: *Südosteuropa* (1988).

The continental legal history series, Boston and London, 1912—18; 11 vols. Association of American law schools

David, R., *Les grands systèmes de droit contemporains*, Paris, 1969; Précis Dalloz

Dekkers, R., *Le droit prive des peuples. Caractéres, destinées, dominantes*, Brussels, 1953

Ebel, F. and Thielmann, G., *Rechtsgeschichte. Ein Lehrbuch*, I: *Antike und Mittelalter*, Heidelberg, 1989; Jurathek, Studium

Feenstra, R. and Smidt, J. T. de, *Geschiedenis van het vermogensrecht. Tekstenboek*, Deventer, 1973

Feenstra, R. and Ahsmann, M., *Contract. Aspecten van de begrippen contract encontractvrijheid in historisch perspectief*, Deventer, 1980; Rechtshistorische cahiers, 2

Gagner, S., *Studien zur Ideengeschichte der Gesetzgebung*, Stockholm, 1960: Acta universitatis Upsaliensis, Studia juridica Upsaliensia, 1

Gilissen, J., *Introduction historique au droit. Esquisse d'une histoire universelle du droit. Les sources du droit depuis le XIIIe siècle. Eléments d'une histoire du droit privé*, Brussels, 1979

Historische inleiding tot recht. Overzicht van de wereldgeschiedenis van het recht. De bronnen van het recht in de Belgische gewesten sedert de 13de eeuw. Geschiedenis van het privaatrecht, Antwerp, 1981; new edn of the part *Historische inleiding tot het recht 1: Ontstaan en evolutie van de belangrijkste rechtsstelsels*, rev. A. Gorlé, Antwerp, 1986

Heyen, E. V. (ed.), *Historische Soziologie der Rechtswissenschaft*, Frankfurt, 1986; Ius commune Sonderhefte, 26

Imbert, J., *Histoire du droit privé*, Paris, 1979; Coll. Que sais-je?

Lawson, F. H., *A common lawyer looks at the civil law*, Ann Arbor, 1955: Thomas M. Cooley lectures, 5th series

Lokin, J. H. A. and Zwaive, W. J., *Hoofdstukken uit de Europese Codificatiegeschiedenis*, Groningen, 1986

Inleiding tot de rechtsgeschiedenis, Groningen, 1985

Mellinkoff, D., *The language of the law*, Boston and Toronto, 1963

Merryman, J. H., *The civil law tradition. An introduction to the legal systems of western Europe and Latin America*, Stanford, Calif., 1969

Mohnhaupt, H. (ed.), *Zur Geschichte des Familien- und Erbrechts. Untersuchungen und Perspektiven*, Frankfurt, 1987; Ius commune Sonderhefte, 32

Pound, R., *Interpretations of legal history*, Cambridge, Mass., 1946

Prest, W. (ed.), *Lawyers in early modern Europe and America*, London, 1981

Recueils de la société Jean Bodin, Brussels and Paris, 1936—

Robinson, O. F., Fergus, T. D. and Gordon, W. M., *An introduction to European legal history*, Abingdon, 1985

Seagle, W., *The quest of law*, New York, 1941

Smith, M., *A general view of European legal history*, New York, 1927

Wagner, W. 'Annäherungen an eine europäische Rechtsgeschichte, Aspekte der europäischen Rechtsgeschichte', *Festgabe für Helmut Coing*, Frankfurt, 1982; Ius commune Sonderhefte, 17, 387–420

Watson, A., *The evolution of law*, Baltimore, 1985

'The evolution of law', *Law and History Review* 5 (1987), 537–70

The making of the civil law, Cambridge, Mass., 1981

Wieacker, F., *Privatrechtsgeschichte der Neuzeit unter besonderer Berücksichtigung der deutschen Entwicklung*, 2nd edn, Göttingen, 1967

Zweigert, K. and Kötz, H., *An introduction to comparative law*, 2nd edn, trans. T. Weir, Oxford, 1989; 2 vols.

CANON LAW

93 Bras, G. le (ed.), *Histoire des institutions et du droit de l'eglise en occident*, Paris, 1955—

Institutions ecclésiastiques de la Chrétienté médiévale, Paris, 1959—64, 2 vols.; *Histoire de l'église*, ed. A. Fliche and V. Martin, xII, 1, 2

Feine, H. E., *Kirchliche Rechtsgeschichte. Die katholische Kirche*, 5th edn, Cologne and Graz, 1972

Hove, A. van, *Prolegomena*, 2nd edn, Malines and Rome, 1945; Commentarium Lovaniense in codicem iuris canonici, 1, 1

Plöchl, W., *Geschichte des Kirchenrechts*, Vienna: I, 2nd edn 1960; II, 2nd edn, 1962; III, 1959; IV, 1966

ROMAN LAW

Cortese, E., *La norma giuridica. Spunti teorici nel diritto comune classico*, Milan, 1962—4; 2 vols.

Feenstra, R., *Fata iuris romani. Etudes d'histoire du droit*, Leiden, 1974

Hermesdorf, B. H. D., *Schets der uitwendige geschiedenis van het Romeins recht*, Utrecht and Nijmegen, 7th edn, 1972

Koschaker, P., *Europa und das römische Recht*, Munich and Berlin, 1947

Meijers, E. M., *Etudes d'histoire du droit*, ed. R. Feenstra and H. F. W. D. Fischer, Leiden, 1956—73; 4 vols.

Spruit, J. E. (ed.), *Coniectanea Neerlandica iuris romani. Inleidende opstellen over Romeins recht*, Zwolle, 1974

Vinogradoff, P., *Roman law in medieval Europe*, Oxford, 1929; 2nd edn by F. de Zulueta

FRANCE

Aubenas, R., *Cours d'histoire du droit privé. Anciens pays de droit ecrit* 1, Aixen-Provence, 1956

Brissaud, J., *Manuel d'histoire du droit privé*, Paris, 1908

Chenon, E., *Histoire générale du droit francais public et privé*, Paris, 1, 1926; 11, 1, 1929, ed. F. Olivier-Martin

Craveri, P. , *Ricerche sulla formazione del diritto consuetudinario in Francia* (XIIIXVI), Milan, 1969

Declareuil, J. , *Histoire générale du droit francais*, Paris, 1925

Dumas, A. , *Histoire des obligations dans vancien droit francais*, Aix-en Province, 1972

Ellul, J. , *Histoire des institutions*, Paris, 1961—9; 5 vols.

Esmein, A. , *Cours élémentaire d'histoire du droit francais*, 15th edn by R. Génestal, Paris, 1925

Giffard, A. E. , *Droit romain et ancien droit francais. Les obligations*, Paris, 2nd edn, 1967; Précis Dalloz

Hilaire, J. , *Introduction historique au droit commercial*, Paris, 1986; Coll. 'Droit fondamental', ed. S. Rials

Lebigre, A. , *La justice du roi. La vie judiciaire dans l'ancienne France*, Paris, 1988

Lepointe, G. , *La Jamille dans l'anden droit*, Lille, 1937
Droit romain et ancien droit francais, Paris: *Les biens*, 1958; *Régimes matrimo- niaux*, libéralités, successions, 1958; Les *obligations en ancien droit francais*, 1958

Olivier-Martin, F. , *Histoire du droit francais des origines à la Révolution*, Paris, 1948

Ourliac, P. and Malafosse, J. de, *Histoire du droitprivé Paris*, 1: *Les obligations*, 2nd edn, 1969; II: *Les biens*, 2nd edn, 1971; III: *Le droit familial*, 1968, Themis. Manuels juridiques

Ourliac, P. and Gazzaniga, J.-L. , *Histoire du droit privé francais el l'an mil au Code civil*, Paris, 1985; Coll. 'Evolution de l'umanité', fbndee par H. Berr

Patault, A.-M. , *Introduction historique au droit des biens*, Paris, 1989; Coll. 'Droit fondamentar'

Raynal, J. , *Histoire des institutions judiciaires*, Paris, 1964;
Coll. Armand Colin, 381
Regnault, H. , *Manuel d'histoire du droit francais*, Paris, 2nd edn, 1942
Rousselet, M. , *Histoire de la magistrature Jrancaise des origines à nos jours*, Paris, 1957; 2 vols.
Timbal, P. C. , *Droit romain et ancien droit francais. Régimes matrimoniaux, successions, liberalites*, Paris, 2nd edn, 1975; Précis Dalloz
Tisset, P. and Ourliac, P. , *Manuel d'histoire du droit*, Paris, 1949
Villers, R. and Giffard, A. E. , *Droit romain et ancien droit francais. Les obligations*, Paris, 1958; Précis Dalloz
Viollet, P. , *Histoire du droit civil francais*, Paris, 3rd edn, 1905

GERMANY AND AUSTRIA

Amira, K. von, *Grundriss des germanischen Rechts*, 4th edn by Eckhardt, K. A. , I: Rechtsdenkmäler; II: Rechtsalterti Berlin, 1960—7; Grundriss der germanischen Philologie, 5, 1, 2
Balti, H. , *Osterreichische Rechtsgeschichte, Von den Airfangen bis zur Gegenwart*, Graz, 3rd edn, 1977
Brunner, H. , *Deutsche Rechtsgeschichte*, I, Leipzig, 2nd edn, 1906; II, ed. C. von Schwerin, 2nd edn, Munich and Berlin, 1928
Coing, H. , *Epochen der Rechtsgeschichte in Deutschland*, Munich, 2nd edn, 1972
Europäisches Privatrecht, I: *Alteres gemeines Recht* (1500 bis 1800); II: 19. *Jahrhundert. Uberblick über die Entwick-*

lung des Privatrechts in den ehemals gemeinrechtlichen Ländern, Munich, 1985—9

Conrad, H., Deutsche Rechtsgeschichte, I: Frühzeit und Mittelalter, 2nd edn, Karlsruhe, 1962; II: Neuzeit bis 1806, 1966

Flossmann, U., Osterreichische Privatrechtsgeschichte, Vienna and New York, 1983

Kaufmann, E., Deutsches Recht. Die Grundlagen, Berlin, Bielefeld, Munich, 1986

Kern, E., Geschichte des Gerichtsveifassungsrechts, Munich and Berlin, 1954

Köbler, G., Bilder aus der deutschen Rechtsgeschichte von den Anfdngen bis zur Gegenwart, Munich, 1988
Rechtsgeschichte. Ein systematischer Grundriss der geschichtlichen Grundlagen des deutschen Rechts, Munich, 2nd edn, 1978; Vahlen Studienreihe, Jura

Kroeschell, K., Deutsche Rechtsgschichte, I: bis 1250; II: 1250-165; III: seit 165, Hamburg and Opladen, 1972—89

Laufs, A., Rechtsentwicklungen in Deutschland, Berlin, 3rd edn, 1984

Mitteis, H., Deutsche Rechtsgeschichte. Ein Studienbuch, 14th edn by H. Lieberich, Berlin, 1976

Planitz, H., Deutsche Rechtsgeschichte, 3rd edn by K. A. Eckhardt, Cologne and Graz, 1971

Schlosser, H., Grundzüge der neueren Privatrechtsgeschichte. Ein Studienbuch, Heidelberg, 5th edn, 1985; Uni-Taschenbücher, 882

Schroeder, R., Lehrbuch der deutschen Rechtsgeschichte, 7th edn by E. von Kunszberg, Berlin and Leipzig, 1932

Schwerin, C. von, Grundzüge der deutschen Rechtsgeschichte,

4th edn by H. Thieme, Berlin and Munich, 1950

Stintzing, R. and Landsberg, E. , *Geschichte der deutschen Rechtswissenschaft*, I; II; III, 1, 2, Munich, Leipzig, Berlin, 1880—1910

Thieme, H. , *Ideengeschichte und Rechtsgeschichte*, Gesammelte Schriften, Cologne and Vienna, 1986; 2 vols.; Forschungen zur neueren Privatrechtsge- schichte, 25/I, II

Wesenberg, G. , *Neuere deutsche Privatrechtsgeschichte im Rahmen der europäischen Rechtsentwicklung*, 3rd edn by G. Wesener, Lahr, 1976

BELGIUM AND THE NETHERLANDS

Blécourt, A. S. de and Fischer, H. F. W. D. , *Kort begrip van het oud-vaderlands burgerlijk recht*, Groningen, 7th edn, 1967; reprint of 1959 edn with additions by J. A. Ankum

Brink, H. van den, *The charm of legal histoiy*, Amsterdam, 1974; Studia amstelodamensia, III

Rechtsgeschiedenis bij wijze van inleiding, Deventer, 1976

Britz, J. , *Code de l'ancien droit belgique, ou histoire de la jurisprudence et de la législation, suivie de l'exposé du droit civil des provinces belgiques*, Brussels, 1847; 2 vols. , Mémoires Académic royale des sciences, 20

Cerutti, F. F. X. , *Hoofdstukken uit de Nederlandse rechtsgeschiedenis*, Nijmegen, 1972

Defacqz, E. , *Ancien droit belgique ou précis analytique des lois et coutumes observées en Belgique avant le Code civil*, Brussels, 1846—73; 2 vols

Dekkers, R. , *Bibliotheca belgica juridica. Een bibliografisch overzicht der rechtsge-leerdheid in de Nederlanden van de vroegste tijden of tot* 1800, Brussels, 1951; Verhandelingen Koninklijke Vlaamse Academic Wetenschappen, Klasse der letteren, XIII, 14

Feenstra, R. , *Romeinsrechtelijke grondslagen van het Nederlands privaatrecht. Inleidende hoofdstukken*, Leiden, 4th edn, 1984

Gerbenzon, P. and Algra, N. E. , *Voortgangh des rechtes*, Alphen aan de Rijn, 5th edn, 1979

Godding, P. , *Le droit privé dans les Pays-Bas meridionaux du au 18 siècle*, Brussels, 1987; Académic royale de Belgique, Classe de lettres

Goede, A. de, *Nederlandse rechtsgeschiedenis*, Leiden and Amsterdam, 1949—53; 2 vols.

Heijden, E. J. J. van der, *Aantekeningen bij de geschiedenis van het oude vaderlandse recht*, 7th edn by B. H. D. Hermesdorf, Nijmegen and Utrecht, 1965

Hcijnsbergen, P. van, *Geschiedenis der rechtswetenschap in Nederland. Beknopt overzicht der geschiedenis onzer rechtswetenschap tot* 1900, Amsterdam, 1925

Hermesdorf, B. H. D. , *Rechtsspiegel. Een rechtshistorische terugblik in de Lage Landen van het herfsttij*, Nymegen, 1980, ed. P. J. Verdam

Kunst, A. J. M. , *Historische ontwikkeling van het recht*, Zwolle, I, 2nd edn, 1969; II, 1968

Korte voorgeschiedenis van het Nederlands Burgerlijk Wetboek, Zwolle, 1967; Uit-gaven van het Molengraaf Instituut voor privaatrecht te Utrecht, 1

Maes, L. T. , *Recht heeft vele significatie. Rechtshistorische opstellen*, Brussels, 1979

Monté ver Loren, J. P. de, *Hoofdlijnen van de ontwikkeling der rechterlijke organisatie in de noordelijke Nederlanden tot de Bataafse omwenteling*, 5th edn by J. E. Spruit, Deventer, 1972

Pitlo, A. , *Niet alleen artikeléén. Een vleug notariële cultuurgeschiedenis*, Amsterdam, 1982; Ars notariatus, XXVI

Samenwinninge. Tien opstellen over rechtsgeschiedenis geschreven ter gelegenheid van het tienjarig bestaan van het interuniversitair Instituut Nederlands Centrum voor rechtshistorische documentatie, Zwolle, 1977

Smidt, J. T. de et al. , *Compendium van de geschiedenis van het Nederlands privaatrecht*, Deventer, 3rd edn, 1977, in collaboration with R. Feenstra

Strubbe, E. I. , *De luister van ons oude recht. Verzamelde rechtshistorische studies*, Brussels, 1973; Rijksuniversiteit Gent. Publikaties van de Fakulteit der rechtsgeleerdheid, 5

Zeylemaker, J. , *Geschiedenis van de wetenschap van het burgerlijk processrecht (Praktijkrecht) in Nederland van de aanvang tot* 1813, Amsterdam, 1952; Geschiedenis der Nederlandse rechtswetenschap, iv, I

ITALY

Bellomo, M. , *Società ed istituzioni in Italia tra medioevo ed et moderna*, Catania, 2nd edn, 1977

Besta, E. , *Avviamento allo studio della storia del diritto italiano*, Milan, 2nd edn, 1946

Leicht, P. S. , *Storia del diritto italiano. Le fonti*, Milan, 3rd edn, 1947

Pertile, A., *Storia del diritto italiano della caduta dell'impero romano alia codifica-zione*, 2nd edn by P. del Giudice, Turin, 1896—1903; 7 vols.

SPAIN

99 Broca, J. M. de, *Historia del derecho de Cataluña*, 1, Barcelona, 1919; repr. 1985 as *Textos juridics Catalans. Escriptors* I/I

Galto Fernandez, E. , Alejandre Garcia, J. A. and Garcia Marin, J. M. , *El derecho histdrico de los pueblos de España*, Madrid, 3rd edn, 1982

Garcia-Gallo, A. , *Manual de historia del derecho español*, Madrid, 3rd edn, 1967; 2 vols

Gibert, R. , *Historia general del derecho español*, Granada, 1968

Lalinde Abadia, J. , *Iniciación histórica al derecho español*, Barcelona, 3rd edn, 1983

Perez-Prendes, J. M. , *Curso de historia del derecho español*, Madrid, 1973

Tomas yValiente, F. , *Manual de historia del derecho español*, Madrid, 3rd edn, 1981

Vance, J. T. , *The background of Hispanic-American law. Legal sources and juridical literature on Spain*, Washington, D. C. , 1937

ENGLAND

100 Baker, J. H. , *An introduction to English legal history*, London, 3rd edn, 1990

Holdsworth, W. S. , *History of English law*, London, 1903—

72; 17 vols., many re-edited, vols. xiv and xv by A. L. Goodhart and H. G. Hanbury, vol. xvii general index

Plucknett, T. F. T., *A concise history of the common law*, London, 5th edn 1956

BIBLIOGRAPHIES, DICTIONARIES AND PERIODICALS

Bibliografie Nederlandse rechtsgeschiedenis, Amsterdam, 1971—; Neder-lands centrum voor rechtshistorische documentatie

Deutsches Rechtswörterbuch. Wörterbuch der älteren deutschen Rechtssprache, ed. R. Schröder and E. von Künszberg, Weimar, 1914—

Gilissen, J. (ed.), *Introduction bibliographique à l'histoire du droit et à l'ethnologie juridique*, Brussels, 1964—88

Handwörterbuch zur deutschen Rechtsgeschichte, ed. A. Erler and E. Kaufmann, Berlin, 1964—

Hattum, M. van and Rooseboom, H., *Glossarium van oude Nederlandse rechtstermen*, Amsterdam, 1977

Lepointe, G. and Vandenbossche, A., *Eléments de bibliographie sur l'histoire des institutions et des faits sociaux* (987—1875), Paris, 1958

Planitz, H. and Buyken, T., *Bibliographie zur deutschen Rechtsgeschichte*, Frankfurt, 1952; 2 vols.

Ragueau, F. and Laurière, E. de, *Glossaire du droit francais*, 2nd edn by L. Favre, Niort, 1882

Stallaert, K., *Glossarium van verouderde rechtstermen*, Leiden, 1886—93; 2 vols.; vol. III by F. Debrabandere, Handzame, 1977

The American Journal of Legal History, Philadelphia, 1957—

Annali di storia del diritto, Milan, 1957—

Anuario de historia del derecho español, Madrid, 1924—

Bulletin de la commission royale des anciennes lois et ordonnances de Belgique. Handelingen van de koninklijke commissie voor de uitgave der oude wetten en verordeningen van België, Brussels, 1848—

Bulletin of medieval canon law, Berkeley, 1971—

Glossae. Revista de historia del derecho europeo, Murcia, 1988—

Ius commune. Veröffentlichungen des Max-Planck-Instituts für europäische Rechtsgeschichte, Frankfurt, 1967—

Journal of Legal History, London, 1980—

Law and Histoiy Review, Ithaca, 1983—; Cornell Law School and American Society for Legal History

Rechtshistorisches Journal, Frankfurt, 1982—

Revue d'histoire des facultés de droit et de la science juridique, Paris, 1982—

Revue historique de droit francais et étranger, Paris, 1855—

Rivista di storia del diritto italiano, Rome, 1928—

Tijdschrift voor Rechtsgeschiedenis. Revue d'Histoire du Droit. The Legal History Review, Dordrecht and Antwerp, 1918—

Verslagen en mededelingen van de vereniging tot uitgaaf der bronnen van het oudvaderlandse rechl, Utrecht, 1880—

Zeitschrift für neuere Rechtsgeschichte, Vienna, 1979—

Zeitschrift der Savigny-Stiftung für Rechtsgeschichte; Germanistische Abteilung, 1880—; Romanistische Abteilung, 1880—; Kanonistische Abteilung, 1911—; continuing the Zeitschrift für Rechtsgeschichte, 1861—78 and *Zeitschrift für geschichtliche Rechtswissenschaft*, 1815—50

索引 INDEX*

Ableiges, Jacques d', 雅克·阿布莱热 39
Absolutism 专制主义
decline of, 专制主义的倒退 32-33
development of, 专制主义的发展 30, 184
and Roman law, 与罗马法 73
academic law, 共同法 172
Accursius, 阿库修斯 50, 51
administrative law 行政法
in France, 在法国 176
advocates 律师
abolition of, 律师的废除 131-132
and case law, 与判例法 96
and the judiciary, 司法制度 177
and the learned law, 与共同法 75
training, 培训 79-80
Agobard of Lyon, 里昂的亚哥巴德 24

Alciato, Andrea, 安德烈亚·阿尔恰托 56, 57
Alexander Ⅲ, Pope, 教皇亚历山大三世 62, 63
Alfonso X, King of Castille, 阿方索十世，卡斯蒂尔的国王 88
Alfred the Great, 阿尔弗雷德大帝 85n
Alsace, 阿尔萨斯 89, 94
ancien régime 旧制度
and change in law, 与法律变化 182
courts and procedure, 法院与程序 10
criticisms of, 旧制度的批判 115-116, 128
and legislation, 与立法 86
social organization, 社会组织 187
Anglican Church, 英国国教圣公会 3

* 索引内的数字为原书的页码，以方便阅读原书的读者对照查找。

Anglo-Saxon law，盎格鲁·萨克逊法 19，85n，183
Ansegisus, abbot of St Wandrille, 安塞吉乌斯，旺德里尔修道院院长 23
Anselmo, Antoine，安瑟姆 44
Antoon, Philippe, count Merlin de Douai，菲利普·安东尼，梅林·德·杜埃伯爵 148
appeal procedure 上诉程序
in England，在英格兰 163-164
Argentré, Bernard d'，伯纳德·达让特来 41
Aristotle，亚里士多德 47，107-108
Artois 阿图瓦
and customary law，与习惯法 37-38
Aubry, C.，奥布里 149-150
Augustine, St，奥古斯丁 62
Austin, John，奥斯汀 161
Austria 奥地利
codification，法典编纂 124-125
Austrian Netherlands，奥属尼德兰 151
and the Enlightenment，与启蒙运动 121，122
judicial reform，司法改革 35，129
marriage law，婚姻法 195
'authentic' documents, use of，公证文书 189-190
Avignon, University of，阿维尼翁 78n

Bacon, Francis，培根 123n，138n
Baldus de Ubaldis，巴尔都斯 54
Baldwin IX, Count of Flanders，鲍德温四世，弗兰德斯伯爵 88，191
Bartholomew of Brescia，巴塞洛缪 64
Bartolist School，评论法学派 44，56，57，72
Bartolus of Saxoferrato，巴托鲁斯 54，83
Batavian Republic (United Provinces)，联省共和国 152
Baudry-Lacantinerie, G.，鲍得利 149
Bavarian code，巴伐利亚法典 123
Beaumanoir, Philippe de，博马努瓦尔 38-39
Belgium，比利时 148
Code judiciaire (1967)，诉讼法典 92
Cour de Cassation，最高上诉法院，最高法院 131，175，176
and the French *Code civil*，与法国民法典 1，178-179
judicial reform，司法改革 129
law of evidence，证据法 190
nineteenth-century developments，19 世纪的发展 151-155
Belleperche, Pierre de，贝莱佩尔凯的皮埃尔 54
Benedict XV, Pope，教皇本笃十五世 64
Bentham, Jeremy，边沁 13，137-

139, 160, 177
Bernard of Parma, 帕尔马的伯纳德 64
Bigot-Préameneu, F., 普雷亚美纽 5
Blackstone, Sir William, 布莱克斯通 136, 137, 138
Blois, *Ordonnance* of, 布鲁瓦,《布鲁瓦条令》194-195
Bologna, 博洛尼亚 181, 190
School of Law, 博洛尼亚法学院 189
University of, 博洛尼亚大学 78n
Boniface VIII, Pope, 教皇卜尼菲斯八世 64, 87, 183
Bourges, university of, 布尔日, 布尔日大学 56-57
Bourjon, François, 弗朗西斯·博戎 6-7
Boutillier, Jean, 让·鲍泰里亚 39-40
Brabançon Revolution, 布拉班孔革命 122, 133
Brabant 布拉班特
Council of, 布拉班特议会 43, 8on, 98
customary law, 习惯法 38, 43, 45
Bracton, Henry, 布拉克顿 71, 72
Braem, Hendrik, 亨德里克 75n
Britain 英国
and judicial review, 司法审查 175-176
see also England; Scotland 参见英格兰；苏格兰

Brougham, Henry, 1st Baron, 布鲁厄姆 138, 161, 162
Bruges, 布鲁日 94
Brussels, 布鲁塞尔 133-134
Budé, Guillaume, 吉约姆·比代 41, 56
Bugnet, J.-J., 布克莱特 139
Byzantium, 拜占庭帝国 16
Calvin, John, 加尔文 192
Cambacérès, J. J., de, 康巴塞雷斯 4, 5, 9
Cambridge, University of, 剑桥 剑桥大学 70, 77, 160
canon law, 教会法 2, 87
in the early Middle Ages, 中世纪早期教会法 24, 27
in England, 英格兰教会法 3, 135
and learned law, 与共同法 65, 66
and marriage law, 与婚姻法 61-62, 62-63, 195
and national law, 与国家法 178
and Roman law, 与罗马法 46, 58-67, 72, 81
capitalism, development of, 资本主义 资本主义发展 30-31
capitularia legibus addenda, 补充敕令
capitularia missorum, 巡察敕令 22
capitularia per se scribenda, 自我证成的敕令 22
capitularies 敕令集
in the early Middle Ages, 中世纪早

225

期的敕令集 21-24
Carmer, J. H. C. von, 克莱默 124
Carolingian dynasty, 加洛林王朝 16, 23
case law, 判例法 95-99, 139, 174, 182
  advantages and disadvantages, 优缺点 172-173
  Beaumanoir on, 博马努瓦尔的判例法 38-39
  and codification, 与法典编纂 14
  in England, 在英格兰 13, 96, 70, 135, 159, 160
  and the Enlightenment, 与启蒙运动 122
  in France, 在法国 6, 150
  in the French *Code civil*, 在法国民法典 8-9
  and legislation, 与立法 86
  and marriage law, 与婚姻法 194-195
  and the School of Exegesis, 与注释法学派 151
  and statutes, 与成文法 170
Castro, Paulus de, 卡斯特罗的保罗 54
Casus, 案例 50
Catholic Church, *see* Roman Catholic Church 天主教会 参见罗马天主教会
change is law, 变化即法律 181-183
Charlemagne, King, 查理曼大帝 19, 21, 22, 23, 25, 83, 191
Charles the Bald, King of the Franks, 秃头查理 22, 23
Charles the Bold, Duke of Burgundy, 大胆者查理 59, 82, 101
Charles V, Emperor, 查理五世 36-37, 195
Châtelet, case law of the, 夏特雷 39, 96
Christianity, 基督教 32
Christynen, Paul van, 保罗·范·克里斯蒂内 98
church, the 教会
  in the *ancien régime*, 与在旧制度 116
  and case law, 与判例法 95
  in the early Middle Ages, 在中世纪早期 21-22, 24-25
  and English law, 与英国法 3
  and the law of succession, 与继承法 185
  and marriage law, 与婚姻法 193-194, 195-196
  and modernization of the law, 与法律的现代化 107, 108
  power of the papacy, 教皇的权力 30, 183-184
  and Roman law, 与罗马法 72
  and usury, 与高利贷 191-192
  see also church courts; popes 同时参见教会法庭；教皇
church courts, 教会法庭 25, 102-

索 引

104，126
curia episcopalis，主教教廷 100，102
Curia Romana，罗马教廷 101
and the law of evidence，与证据法 106，189
loss of power，权力的丧失 105
officialities，教区代表 99 – 100，102，103，189
cities，城市 184
and the development of capitalism，与资本主义的发展 31
and modernization of the law，与法律的现代化 107，108
and municipal legislation，与城市立法 94
and restrictions on the sale of land，与土地买卖的约束 186 – 187
civil law 民法
in France，在法国 150
reforms in England，英格兰的改革 164 – 165
Clement V, Pope，教皇克雷芒五世 64
Clito, William，威廉·克利托 94
Clovis (Merovingian king)，克洛维斯 19
Cocceji, Samuel von，塞缪尔·冯·科克采伊 123 – 124
Code civil des français (1804)，法国民法典 1 – 2，4 – 10，14，148，149，187

in Belgium，在比利时 178 – 179
criticism of，法国民法典的批评 150
and case law，与判例法 8 – 9
fundamental principles，基本原则 7
and judges，与法官 130
and the law of evidence，与证据法 190
and the law of succession，与继承法 185，186 and legislation，与立法 90，91，92
and lending，与借贷 192
and marriage law，与婚姻法 194，195 – 196
Code de procédure civile (1806)，民事诉讼法典 91 – 92 *Codex* (*Corpus iuris*)，民法大全，国法大全 18，48，49 codification 法典编纂，法典编纂
advantages and disadvantages，优缺点 13 – 14，171
in Belgium and the Netherlands，在比利时与荷兰 152 – 153
Bentham on，边沁关于法典编纂 137 – 139
of civil law, in France，民法的法典编纂，在法国 92 – 93
and civil procedure，与民事诉讼 91 – 92，132 – 134
in the early modern period，在近代早期 35
in England，在英格兰 159，165
in the Enlightenment period，在启

227

蒙运动时期 122 - 128 in Germany, 在德国 155，156 - 158
merits of，法典编纂的优点 11 - 12
Napoleonic，拿破仑 1，147，152，153; see also Code civil 同时参见民法典
opposition to，对法典编纂的反对 13 - 14
Savigny on，萨维尼关于法典编纂 173，174
Coke, Sir Edward，爱德华·柯克爵士 135
Colbert, Jean-Baptiste，柯尔贝尔 91
Collections 汇编
of capitularies，敕令集汇编 23 - 24
Cologne, University of，科隆大学 78n commentators
of Roman law，科隆大学的罗马法 52 - 55
commercial law 商法
in England，在英格兰 135 - 136, 182
in Germany，在德国 155
and Roman law，与罗马法 83 - 85
common law 普通法
American，美国的 59
and case law，与判例法 95
and commercial law，与商法 85
in England，在英格兰, 在英国 3, 34, 35, 59, 70, 106, 107, 134 - 135, 136, 138 - 139, 160, 162, 163, 164, 178

in France，在法国 6
conciliarist theories, period of，教会至上主义者的理论 87
constitutional law 宪法
in France，在法国 176
Consulat de Mar，海事法院 84
Coquille, Guy，盖伊·科奎尔 41
Corpus iuris canonici，教会法大全 64
Corpus iuris civilis (Justinian)，(优士丁尼) 民法大全 11, 17 - 18
commentators of，民法大全的评论者 52 - 55
criticisms of，民法大全的批评 41，121
glossators of，民法大全的注释者 47 - 52
and the Historical School，与历史学派 143
and the Humanist School of Roman law，与罗马法的人文主义学派 55 - 58
influence of，民法大全的影响 42
and the law of evidence，与证据法 189
and natural law，与自然法 117, 118, 140 rediscovery of，民法大全的复兴 45 - 47
see also Roman law 同时参见罗马法
Council of Brabant，布拉班特的议会 43，80n, 98
Council of Flanders，弗兰德斯的议

会 43，80n，98，101，121
Council of Nicaea，尼西亚公议会 191
Council of Trent，特伦特的议会 87，194
county courts 郡县法院
in England，在英格兰 163
Cour de Cassation，最高上诉法院 129，131
Court of Appeal 上诉法庭
in England，在英格兰 163-164
Court of Common Pleas（England），（英格兰）普通诉讼法院 100
Courts 法院
and case law，与判例法 172
centralization，与集权化 100-102
in the early Middle Ages，在中世纪早期 25-26
in the early modern period，在近代早期 35，99-107
in England，在英格兰 100-101，135，161，163-164
in the Enlightenment period，在启蒙运动时期 128-134 in France，在法国 101
and the French *Code civil*，与法国民法典 10-11
in the late Middle Ages，在中世纪晚期 99-107
and Roman law，与罗马法 34
specialization and professionalization，职业化与专业化 102-104

see also church courts 同时参见教会法庭
Coutume de Paris，巴黎习惯法 6，36，39，40，41，42，95
criminal law 刑法
in the *ancien régime*，在旧制度 116，187
and canon law，与教会法 67
and debt，与债务 141n
in England，在英格兰 165
and the Enlightenment，与启蒙运动 141
criminal procedure 刑事诉讼
in canon law，在教会法 66
Cujas, Jacques，居亚斯 56-57
customary law 习惯法
in the early modern period，在近代早期 35-45
in England，在英格兰 135，138
and the Enlightenment，与启蒙运动 122
in France，在法国 1，2，6，9，27，33，68-69，81-82
in the Germanic kingdom，在日耳曼王国 17
homologation of，习惯法的批准 36-38
and the law of evidence，与证据法 190
and legal education，与法律教育 80
modernization of，习惯法的现代化 33-34

and natural law，与自然法 140

in the Netherlands，在荷兰 35，36，37，82，152；commentators on，评论法学家 42-45；homologation of，习惯法的批准 33，36-38

and Roman law，与罗马法 2，34，38，71

and the School of Exegesis，与注释法学派 150，151

Cynus of Pistoia，皮斯托亚的西纳斯 54

Dabin, Jean，达班 154

Daguesseau, Henri François，达盖索 6，92 Damhouder, Joos de，戴姆豪德 44

Dampierre, Guy de，盖伊·德·丹皮尔 74

Decretales，教令集 11

decretals，教令集，敕令集 60n，62-64，95

Decretum Gratiani，格拉蒂安教令集 60-62，63，64，65

Dekkers, R.，德克尔 154

Demolombe, J.-C.-F.，德莫隆博 149，150 Descartes, René，蕊尼 119，127

Dicey, A. V.，戴雪 161

Digest (*Corpus iuris*)，《学说汇纂》18，48，49 Dionysius Exiguus，狄奥尼修斯 24n

discrimination 歧视

in the French*Code civil*，在法国民法典中 9-10

distinctio, concept of 区分，概念区分 49-50，60-61

divine law (*ius divinum*)，神法 118，171 divorce，离婚 141，165，193，196

Domat, Jean，多玛 6，120

Doneau, Hugues，于格·多诺 57

Du Moulin, Charles，查理·杜摩林 40-41

duels, judicial，司法决斗 26，88，105，188

Durant, Guillaume，吉约姆·杜兰特 103

Duranton, A.，迪朗东 149

economic considerations 经济因素

and the codification movement，与法典编纂运动 126-127

economic development 经济发展

early Middle Ages，中世纪早期 16-17

early modern period，近代早期 30-31，32

and modernization of the law，与法律的现代化 108

education of lawyers 法律实务家的教育

in England，在英格兰 79-80，160-161

see also universities 同时参见大学

Edward I, King of England，爱德华一世 88

Eichhorn, K., 艾希霍恩 142n, 156
'Elegant School', 优雅学派 58
England 英格兰
Anglo-Saxon law, 盎格鲁·萨克逊法 19, 85n, 183
case law, 判例法 13, 70, 96, 135, 159, 160
and change in law, 与法律的变化 181, 182
and codification, 与法典编纂 13
commercial law, 商法 182
Common Law, 普通法 3, 4, 35, 59, 70, 106, 107, 134–135, 136, 138–139, 160, 162, 163, 164, 178
courts, 法庭，法院 100–101, 135, 161, 163–164
customary law, 习惯法 135, 138
decline of absolutism, 专制主义的倒退 32–33
in the early Middle Ages, 中世纪早期 27
economic considerations, 经济考量
and the law, 与该法律 127
education of lawyers, 法律人的教育 79–80, 160–161
and the Enlightenment, 与启蒙运动 134–139
and the *ius commune*, 与共同法 70–71, 81
judicial procedure, 司法程序 134
judiciary, 司法权 177

kings as legislators, 作为立法者的国王 87–88, 90
law of evidence, 证据法 190
learned law, 共同法 3, 70–71
legal development, 法律发展 3
local legislation, 地方立法 94
and national law, 与国家法 178
nineteenth-century developments, 19世纪的发展 159–165
procedure, 程序 104
and Roman law, 与罗马法 3, 73, 135
see also Britain 同时参见英国
Enlightenment, the, 启蒙运动 32–33, 115–117
and codification, 与法典编纂 12, 122–128
courts, 128–134
and criminal law, 与刑法 67
and customary law, 与习惯法 122
and freedom of contract, 与契约自由 192
and French legal writers, 与法国法学家 7
equity 衡平
in England, 在英格兰 135, 163, 164
in France, 在法国 151
Esmein, A., 埃斯曼 150
Esprit des lois (Montesquieu), 《论法的精神》121, 123n
Estates General (France), 三级会议 91, 172

231

European law, 欧洲法 2
evidence, law of, 证据法 19, 187 – 190
  rationalization of, 证据法的合理化 105 – 107, 188 – 190
Exegetical School, 注释法学派 8, 142, 148, 149 – 151, 153 – 155, 158
family, the, 家庭 184, 185
family law 家庭法
in the German BGB, 在德国民法典 157
in the Middle Ages, 在中世纪 193
feudal bonds, 封建纽带 184
feudal courts, 封建法庭 25, 105
feudal lands 封建土地
  and the disposal of personal property, 与抛弃个人土地财产 186
feudal law, 封建法 20, 25, 76, 80, 88, 178
  evolution of 封建法的发展 181 – 182
  and the law of succession, 与继承法 185
feudalism 封建主义
  and learned law, 与共同法 81
Fierlant, Goswin de, 菲谢尔南 121
Flanders, 弗兰德斯 88, 179
  Council 弗兰德斯议会 43, 80n, 98, 101, 121
  courts, 弗兰德斯法院 101
  and customary law, 与习惯法 38, 42
  legists, 法学家 74
  local legislation, 地方立法 94
Fortescue, Chief Justice, 首席大法官福蒂斯丘 172n
France 法国
  and Belgian law, 与比利时法 178 – 179
  case law, 判例法 96 – 97
  Code de procédure civile (1806), 《民事诉讼法典》5, 10 – 11, 91 – 92
  codification, 法典编纂 92 – 93, 125, 147; see also *Code civil* 同时参见民法典
  commercial law, 商法 83 – 84
  courts, 法院 101
  coutumiers: in the Middle Ages, 中世纪的习惯 38 – 40; in modern times, 在近代 40 – 42
  customary law, 习惯法 1, 2, 6, 9, 27, 33, 68 – 69, 81 – 82
  economic considerations, and the law, 经济因素 127
  and the Enlightenment, 与启蒙运动 122
  Estates General, 三级会议 91
  judges, and statutes, 法官, 制定法 130 – 131
  judicial control of statutes, 成文法的司法控制 176 judicial reform, 司法改革 129 – 130

kings as legislators，作为立法者的国王 88

legal dichotomy in，法律的二分 68-69

legislation，立法 90-93

legists，法学家 74

local legislation，地方立法 94

marriage law，婚姻法 194-196

mos gallicu，高卢（法律研究）风格，54-55, 56, 58

and national law，与国家法 178

nineteenth-century developments，19世纪的发展 147-151

Ordonnance civile (1667)，《民事法令》10, 11, 134 political system，政治制度 33

procedural codes，程序法典 134

and Roman law，与罗马法 27, 73, 81, 82

royal ordinances，皇室法令 89, 90-93

School of Natural Law，自然法学派 120-121

sixteenth-century humanists，16世纪的人文主义者 54-55

south of: and Roman law，法国南部的罗马法 2, 17, 27, 36, 68

universities，大学 4, 128, 147-151

see also French Revolution 同时参见法国大革命

Frankish kingdom，法兰克王国 16, 19, 20, 21, 23n, 182

courts，法院 25

Frederick I, Emperor (Barbarossa)，腓特烈一世 52, 73, 78

Frederick II, Emperor，腓特烈二世 75, 88

Frederick II, King of Prussia (the Great)，腓特烈二世，普鲁士国王 123, 132, 133

Frederick William I, King of Prussia，腓特烈·威廉一世，鲁士国王 123

French Revolution，法国大革命 1, 4, 9, 105, 122, 127, 163, 172-173

and judicial reform，与司法改革 129-130

and lending，与借贷 192

and marriage law，与婚姻法 195-196

French School of Exegesis，法国注释法学派 149-151, 153-155, 158

Friesia 弗里西亚

and customary law，与习惯法 37

Gaius，高卢 18

Galileo，伽利略 119

Geny, Fr，惹尼 150

Germanic kingdoms，日耳曼王国 16, 17

courts，法庭 104

and legislation，与立法 20-21, 88

national laws，国家法 18-19, 20

233

Germany 德国
ancient German law, 古代日耳曼法 156
Bürgerliches Gesetzbuch (BGB),《德国民法典》157-158, 174
case law, 判例法 96, 98
code of civil procedure (1877), 民事诉讼法 155
codes, 法典 171
courts, 法院 102
and learned law, 与共同法 34, 40, 69
legislation, 立法 90
nineteenth-century developments, 19世纪的发展 155-159
Pandectist School, 潘德克顿学派 143, 155, 156
and Roman law, 与罗马法 3, 33, 156, 158
School of Natural Law, 自然法学派 119-120
universities, 大学 128
and the *Volksgeist*, 与民族精神 177-178
Ghent, 根特 75n, 94
Charter of (1191), 根特宪章 186-187
Ghewiet, Georges de, 格威特 44
Gierke, O. von, 基尔克 157n
glossators 注释法学家
of Roman law, 注释法学的罗马法 47-52, 73

glosses, 注释 51
Gratian, 格拉蒂安 60-62, 63, 64, 65
Greece, ancient 古希腊
and natural law, 与自然法 117
Gregorian Reform, 格里高利改革 62, 72, 86
Gregory IX, Pope, 格里高利四世 62, 63
Gregory VII, Pope, 格里高利七世 86-87, 122
Grimm, J., 格林 142n, 156
Groot, Hugo de (Grotius), 格劳秀斯 45, 118-119, 126, 143, 192
Hainaut 埃诺
and customary law, 与习惯法 37-38
Hedemann, J. W., 黑德曼 158n
Hegel, G. W. F., 黑格尔 177
Henry II, King of England, 亨利二世 35, 87-88, 100
Henry VIII, King of England, 亨利八世 139 heresy
in canon law, 教会法中的异端 66
Historical School, 历史法学派 14, 115, 142, 143 Hocsem, John of, 豪瑟姆的约翰 75n
Holland, Sir Thomas Erskine, 尼德兰,托马斯·厄斯金爵士 161
Holland 尼德兰,荷兰
economic considerations, and the law, 经济因素 126

Napoleonic code，拿破仑法典 152
see also Netherlands 同时参见荷兰
Holy Roman Empire，神圣罗马帝国 41，59，72，88 Honorius III, Pope，教皇何诺理三世 69，82
Hotman, François，赫特曼 41，82
House of Commons，下议院 174
House of Lords，上议院 163, 164，174
Huber, Eugen，欧根·胡贝尔 158n
Humanist School，人文主义学派 33，41
Hungary，匈牙利 178
Industrial Revolution，工业革命 32，127，136
Innocent I, Pope，教皇英诺森特一世 62
Innocent III, Pope，教皇英诺森特三世 190
Institutes（*Corpus iuris*），《法学阶梯》（《民法大全》）18，48
Institutes（Gaius），《法学阶梯》（盖尤斯）18
intellectual factors 智识因素
in the codification movement，在法典编纂运动中 127-128
and developments in the law，与法律的发展 107-108
in the Enlightenment period，在启蒙运动时期 127-128
Irnerius，伊纳留斯 51
Isidore of Seville，伊西多 24

Italian jurists 意大利法学家
in the School of Commentators，评论法学派 54-55
Italian towns 意大利城镇
democratization of political institutions，政治制度的民主化 187
and the law of evidence，与证据法 190
Italy 意大利
case law，98-99 判例法
Codice civile，民法典 125-126
and the *Corpus iuris*，与国法大全 47
local legislation，地方立法 94
and Roman law，与罗马法 2，17，27，68，75
ius commune 共同法
European，欧洲的 45-85
and legislation，与立法 86
and national law，与国家法 178
ius proprium（"particular" law），地方法 46
Japan 日本
introduction of western law，西方法律的引进 46-47
Jerome, St，圣杰罗姆 62
Jhering, Rudolf von，耶林 159
John, King of England，英格兰国王约翰 181，182，186
John XXII, Pope，教皇约翰十二世 64
Joseph II, Emperor of Austria，约瑟夫二世 35，122，124，129,

133，134，195
judges 法官
attacks on 'tyranny' of, 法官专政的攻击 176-177
and case law, 与判例法 172
church courts, 教会法庭 99
critical approaches by, 通过法官的批判路径 174-175
in the early Middle Ages, 中世纪早期 26
in England, 在英格兰 100-101，135，136，160，161，162
and the Enlightenment, 与启蒙运动 122-123
in the Frankish kingdom, 在法兰克王国 25
and the learned law, 与共同法 75-76
and lending, 与借贷 192
in the Middle Ages, 在中世纪 104
and the reforms of the Enlightenment, 与启蒙运动改革 129，130
and the *Règlement de procedure civile*, 与《民事诉讼法》133-134
and Roman-canonical procedure, 与罗马-教会法程序 103
training, 训练 79-80
judicial review, 司法审查 175-176
juries, 陪审团 26
in England, 在英格兰 88，101，104，106，107，164
introduction of, 陪审团的引进 132

jurisprudence 法学，法学理论
and case law, 与判例法 95
in the early Middle Ages, 中世纪早期 24-25
German, 日耳曼 158
and the Historical School, 与历史法学派 142
and legislation, 与立法 86
in the Netherlands, 在荷兰 152，155
and Roman law, 与罗马法 71-72
Savigny on, 萨维尼关于 173
and the School of Exegesis, 与注释法学派 151
Justinian, Emperor, 优士丁尼皇帝 11，17-18，45，65，72，75
Kemper, Johan Melchior, 肯佩 152-153
kings 国王
as legislators, 作为立法者的国王 21，87-91
in the Middle Ages, 在中世纪 21-22，87-90
and Roman law, 与罗马法 72-74，82
kinship bonds, 亲属关系 184
Klein, F., 克莱因 133
Kluyskens, A., 克卢伊斯肯斯 154
Kreittmayr, W. A. von, 克莱特迈尔 123
Lamoignon, Guillaume de, 纪尧姆·德·拉穆瓦尼翁 91，93

236

Landowners 地主
and learned law, 与共同法 80–81
Langton, Archbishop Stephen, 大主教史蒂芬·兰顿 181
Latin language, 拉丁语 16, 56
Laurent, François, 劳伦特 140, 151, 154, 177 Law Lords, 领主 164
Law Reports, 判例汇编 96
lawyers 法律家，法律实务家
role in society, 在社会中的作用 197
Savigny on, 萨维尼关于 173–174
learned law 共同法
and canon law, 与教会法 65, 66
and case law, 与判例法 97
and customary law, 与习惯法 37–38
development of, 共同法的发展 34
in the Dutch *coutumiers*, 在荷兰习惯法 43
in England, 在英格兰 3, 70–71
of evidence, 共同法的证据 106
in Germany, 在日耳曼 34, 40, 69
Romanization of, 共同法的罗马化 67–68
see also canon law; Roman law 同时参见教会法；罗马法
Lecocq, Jean, 勒高克 97
legal practice 法律实践
influence of *ius commune* on, 共同法的影响 67–85
legal scholarship, *see* scholarship
legislation, 法律学术研究，同时参见学术立法 85–94
advantages and disadvantages, 优缺点 170–171
criticism of legislators, 立法者的批评 174–176
in the early Middle Ages, 中世纪早期 20–24
in England, 英格兰 135, 136, 159
and the Enlightenment, 在启蒙运动 122–123
in Germany, 在日耳曼 90
municipal, 城市 93–94
see also statute/statutes 同时参见成文法
legists, 法学家 74, 75, 76
Leibniz, Gottfried von, 莱布尼茨 119, 183
Leiden, University of, 莱顿大学 57
lending, 借贷 190–192
lex Rhodia,《罗得海法》84
lex Romana Visigothorum,《西哥特罗马法》17n, 24
Liber Augustalis,《梅尔菲宪章》88
Liber extra,《教令集外编》63, 64
Liège, 列日 151
Lille, *coutumier* of, 里尔的习惯法 42
Littera vulgata,《学说汇纂》流行本 48
logical system, law as, 法律作为逻辑系统 120
Loisel, Antoine, 安东尼·洛思里

237

41-42
Lombard kingdoms, 伦巴第王国 23n, 27
London, University of, 伦敦大学 160
Louis VI, King of France, 法国国王路易六世 94
Louis IX, King of France, 路易九世 73n
Louis XII, King of France, 路易七世 91
Louis XIV, King of France, 路易十四 83-4, 90, 91-92
Louis XV, King of France, 路易十五 90, 92
Louvain, University of, 5 鲁汶大学 7, 75
Luxembourg 卢森堡
and customary law, 与习惯法 37
magistrates, 治安法官 104
Magna Carta, 大宪章 89, 162, 180-181, 182
Maine, Sir Henry Sumner, 梅因 161
Maitland, F. W., 梅特兰 161
Maleville, Jacques de, 马勒维尔 5, 148
Malines, Great Council of, 米兰大议会 43, 98, 101, 104
Malines, Parlement of, 米兰议会 43, 101
Mansfield, William Murray, Earl of, 曼斯菲尔德勋爵 135-136, 182
Maria Theresa, Empress of Austria, 玛莉亚·特蕾莎女皇 124
maritime law, 海商法 83, 84, 92
marriage law, 婚姻法 193-196
and canon law, 与教会法 61-62, 62-63, 195
and case law, 与判例法 195-196
in the *Code civil*, 与法国民法典 9
in England, 在英格兰 164-165
and the Enlightenment, 与启蒙运动 141
and natural law, 与自然法 143
Matthijssen, Jan, 玛思吉森 42-43
Max Joseph III, Elector of Bavaria, 巴伐利亚的选帝侯约瑟夫三世 123
Mayno, Jason de, 梅诺 54, 56
Mediterranean regions 地中海地区
and learned law, 与共同法 34
and Roman law, 与罗马法 27, 46, 67-68
Meijers, E. M., 梅耶尔斯 153
Menger, A., 门格尔 157n
Middle Ages, 中世纪 16-28
commercial law, 商法 84-85
economic development, 经济发展 16-17
and the *ius commune*, 与共同法 46-47
law of succession, 继承法 185

legislation，立法 85‑90
lending policies，借贷政策 190‑192
marriage law，婚姻法 193‑194, 195
and municipal legislation，与城市立法 94
and national law，与国家法 178
and natural law，与自然法 117
ordinances in France，法国法令 91
and Roman law，与罗马法 17‑18, 24, 27, 71
social organization，社会组织 186‑187
Milan，米兰 190
Molière，莫里哀情史 195
Mommsen, Th.，蒙森 57
monarchy 君主制
absolute，绝对君主制 30, 32‑33, 184
in the *ancien régime*，在旧制度下 116
royal ordinances，皇室法令 6, 89‑93
see also kings; sovereigns 同时参见国王；主权
Montesquieu, C. de，孟德斯鸠 121, 123n, 130, 133, 144, 177, 192
Montil-lez-Tours, *Ordonnance* of，习惯改革法令 90
Moulins, *Ordonnance* of 穆兰法令 90‑91, 190
Mudaeus, Gabriel，盖布里尔 57
municipal legislators，城市立法者 93‑94
Namur 那慕尔
and customary law，与习惯法 37
Naples，那不勒斯 99, 190
University of，那不勒斯大学 75, 77
Napoleon Bonaparte, Emperor，拿破仑·波拿巴 4, 5, 8, 130, 141
Napoleonic codes 拿破仑法典
in France，在法国 1, 147; see also *Code civil* 同时参见法国民法典
in the Netherlands，在荷兰 152, 153
national codes，国家法典 125‑126, 144
national laws，国家法 2, 144, 177‑179
in England，在英格兰 3
Germanic kingdoms，日耳曼王国 18‑19, 20
nations, law of 国家法
and natural law，与自然法 118, 119
natural law，自然法 9, 115, 117‑121, 127, 140, 171, 173
and Austrian codification，与奥地利的法典编 124
failure of，自然法的失败 141, 142‑143
in Germany，在德国 156, 159
see also School of Natural Law Netherlands 同时参见荷兰的自然法学派
and Boutillier's *Somme Rural*，鲍泰

239

里亚的《乡村习惯法概论》39 - 40
courts, 法院 101, 104
customary law, 习惯法 35, 36, 37, 45, 82, 185;
commentators on, 习惯法的评论家 42 - 45;
homologation of, 习惯法的批准 33, 36 - 38
and the French *Code civil* 与法国民法典 2
Holland, 尼德兰 126, 152
and the Humanist School of Roman law, 与罗马法人文学派 57
jurisprudence, 法学理论 152, 155
and the law of evidence, 与证据法 189
legal education, 法律教育 80
local legislation, 地方立法 94
marriage law, 婚姻法 195
medieval legislation, 中世纪立法 89
nineteenth-century developments, 19世纪的发展 151 - 155
and Roman law, 与罗马法 2 - 3
Roman-Dutch law, 罗马—荷兰法 45, 70
United Provinces, 联省共和国 90, 121
see also Austrian Netherlands; southern Netherlands 同时参见奥属尼德兰;荷兰南部
Newton, Sir Isaac, 牛顿 127

Nicaea, council of, 尼西亚议会 191
Nicholas I, Tsar of Russia, 尼古拉一世 11 - 12
Nicolaï, Pierre Thomas, 尼可莱 153
nobility, legal status of, 贵族的法律地位 187
northern France 法国北部
and customary law, 与习惯法 35, 36
and the *ius commune*, 与共同法 69 - 70
notaries, 公证员 189
Novels (*Corpus iuris*), 《新律》18, 48
Nuremberg, laws of, 纽伦堡法律 197
ordinances, see royal ordinances
Orléans, University of, 法令, 参见奥尔良皇室法令, 奥尔良大学 76, 78n, 128
Oxford, University of 牛津大学 70, 77, 136, 160, 161
Page, H. de, 佩奇 154
Pandectist School, 潘德克顿学派 69, 143, 155, 156
Paris, *see Coutume de Paris*; Parlement de Paris 巴黎, 参见《巴黎习惯法》; 巴黎高等法院
Parlement de Paris, 巴黎高等法院 39, 74, 78, 81, 82, 93
case law of, 判例法 95, 96, 97
and the church courts, 教会法庭

103-104
and the Estates General, 三级会议 172-173
as supreme royal court, 皇家最高法院 101 *parlements*（France），巴黎旧法院 6
and legislation, 与立法 93
Pascal, Blaise, 帕斯卡尔 120, 144, 177
Peñaforte, Ramón de, 雷蒙 63
Pepo, 皮波 51
Philip, Count of Alsace, 菲利普 89, 94
Philip II, King of France (Philip Augustus), 菲利普二世 法国国王 88
Philip II, King of Spain, 菲利普二世, 西班牙国王 37
Philip III, King of France, 菲利普三世, 法国国王 81
Philip IV, King of France (the Fair), 菲利普四世 73, 74, 76-79, 94
Philip of Leiden, 莱顿的菲利普 73n
Picard, Edmond, 皮卡德 154
Pigeau, E., 皮格阿于 11
Planiol, M., 普兰尼奥尔 150
Plucknett, T. F. T., 普拉克内特 180
political factors 政治因素
in the codification movement, 在法典编纂运动 125-126

political power 政治权力
and legal history, 与法律史 183-184
Pollock, F., 波洛克 161
popes 教皇
authority of, 教皇的权威 50, 183-184
and canon law, 与教会法 64, 65
and the church courts, 与教会法庭 101
as legislators, 作为立法者 86-87
Portalis, J., 波塔利斯 5, 7-8, 9, 14
positive law, 实定法 9, 118, 140, 143, 171
positivism, 实证主义 115
Pothier, Robert Joseph, 波蒂埃 7, 128, 195
Priestley, J., 普里斯特利 138
primogeniture, law of, 长子继承制 185
procedure 程序
and case law, 与判例法 95-96
in church courts, 在教会法庭 102-103
decline of popular participation, 大众参与的衰落 104
in the early Middle Ages, 在中世纪 25-26
in the Enlightenment period, 在启蒙运动时期 128-134 and the French *Code civil*, 与法国民法典

241

10-11

see also Roman-canonical procedure professors of law 同时参见罗马——教会法程序的法学教授

in England, 在英格兰 160, 161

proof, 证据 26, 188

rational means of, 证据的合理手段 105-107

by witnesses, 通过证人 189-190

property 财产

freedom to dispose of landed, 抛弃土地财产的自由 186-187

and the French *Code civil*, 与法国民法典 8

right to private property, 私人财产权 187

Prussia 普鲁士

codification, 法典编纂 8, 123-124, 125

judicial reform, 司法改革 132

Pufendorf, Samuel, 普芬道夫 199, 124, 128

Pussort, Henri, 亨利·皮索尔 91

Questiones (Lecocq), 《勒考克的问题集》97

Rabelais, François, 拉伯雷 55n

Rau, F. -C., 诺尔 149-150

Raymond, Lord Chief Justice of England, 雷蒙德 174-175

reason, law of 理性法

evaluation of, 理性法的评价 139-141

and the Historical School, 与历史法学派 142-144

Règlement de procedure civile, 《民事诉讼法》133-134

religious discrimination, abolition of, 宗教歧视的废除 141

Renaissance, the, 文艺复兴 31, 55

Révigny, Jacques de, 莱维尼的雅克 54

Reyvaert, Jacob, 雅各布·莱维尔特 57

Robespierre, M., 罗伯斯庇尔 130, 132n

Roman Catholic Church, 罗马天主教 3, 16; *see also* church, the; popes 同时参见教会；教皇

Roman empire 罗马帝国

fall of, 罗马帝国的衰败 16

and legislation, 与立法 20

and natural law, 与自然法 117

Roman law, 罗马法 2, 17-18

and Austrian codification, 与奥地利法典编纂 124

and Brabant law, 与布拉班特法 43

and canon law, 与教会法 46, 58-67, 72, 81

and the *Code civil* 与法国民法典 148

commentators, 评论家 52-55

and commercial law, 与商法 83-85

criticisms of, 罗马法的批评 121

and customary law, 与习惯法 2,

34，38，71
Du Moulin on，杜穆林 40，41
in the early Middle Ages，在中世纪早期 17-18，24，27
in England，在英格兰 3，73，135
and the Enlightenment，与启蒙运动 117
in France，在法国 6
and the French *Code civil*，与法国民法典 1，6
in Germany，在日耳曼 3，33，156，158
glossators of，注释法学家 47-52
Humanist School of，罗马法人文学派 55-58 imperfections of，罗马法的不足 41
in Italy，在意大利 2，17，27，68，75
and the law of evidence，与证据法 106
and marriage law，与婚姻法 193
medieval，中世纪 45-47
and medieval texts，与中世纪文本 180-181
and national law，与国家法 178
and natural law，与自然法 117，118，119，120，140，143
in the Netherlands，在尼德兰 2-3
opposition to，对罗马法的反对 80-83
and Prussian codification，与普鲁士法典编纂 123，124

reasons for success of，成功的原因 71-74
revival of 罗马法的复兴 33
vulgar law，粗俗法 17，19
see also Corpus iuris civilis 同时参见《民法大全》
Roman Rota，罗马教廷法院 95
Roman-canonical procedure，罗马—教会法程序 66，70，72，81，99，100，102-104，131，134
codification of，罗马—教会法程序的法典编纂 133
criticisms of，罗马—教会法程序的批评 128
and the law of evidence，与证据法 106
Roman-Dutch law，罗马—荷兰法 2-3，45，70，90，152
Rothari, King，罗瑟里 19
Rousseau, Jean-Jacques，卢梭 129
royal ordinances，皇室法令 6，89-93
Russia，俄国 155
Savigny, F. C. von，萨维尼 13，14，142，143，155n，156，173-174，177
Saxony，萨克森 155
scholarship 学术研究
advantages and disadvantages，优缺点 171-172
and codification，与法典编纂 14
in England，在英格兰 136，159，

243

161 – 162
and the Exegetical School，与注释法学派 142
in France，在法国 150，151
in Germany，在德国 158
and statutes，与制定法 170
scholasticism，经院哲学 107
School of Commentators，评论法学派 52 – 55
School of Germanists，日耳曼学派 144
School of Natural Law，自然法学派 45，58，118，120 – 121，143 – 144，150，173，192
Schorer, Willem，威廉·肖勒 121
scientific method 科学方法
and natural law，与自然法 120，140
Scientific School，科学学派 154
Scotland，苏格兰 40，69，178
seigneurial courts，庄园法院 25，105
Sicily 西西里
medieval legislation，中世纪立法 88
social factors 社会因素
in legal history，在法律史 180，181
Somme Rural（Boutillier），《乡村习惯法概论》39 – 40
South Africa，南非 45
southern Netherlands 荷兰南部
case law，判例法 97 – 98
commentaries on the law，法律评论 44 – 45
and customary law，与习惯法 2，35，36，37，152
and the *ius commune* 与共同法 69 – 70
legislation，立法 90
sovereigns 主权
and the codification movement，与法典编纂运动 122，123，124，125，126
enlightened despots，开明君主专制 116，122，126
and Roman law，与罗马法 72 – 74
see also kings; monarchy 同时参见国王；君主制
Spain 西班牙
commercial law，商法 84
judicial procedure，司法程序 134
legislation，立法 90
and Roman law，与罗马法 68
Spinoza, B.，斯宾诺沙 120，127
Staes, Ernest，厄内斯特·施特斯 197n
Stallybrass, W. T. S.，斯坦利布瑞斯 160
state, the，国家 184
in the *ancien régime*，在旧制度 115 – 116
and the codification movement，与法典编纂运动 126
control of the courts，法院控制 105
development of nation state，民族国家的发展 30
and the law of succession，与继承法

185–186
and modernization of the law, 与法律的现代化 107, 108
statute/statutes 成文法
　advantages and disadvantages, 优缺点 170–171
　and case law, 与判例法 95
　in England, 在英格兰 88, 89, 90, 135, 136, 138, 160, 164–165; abolition of obsolete, 废除过时的成文法 162–163
　in France, 在法国 9, 93, 147, 150, 151
　in Germany, 在德国 159
　judicial control of, 成文法的司法控制 175–176
　and the law of reason, 与理性法 139–140
　and the reforms of the Enlightenment, 与启蒙运动改革 130–131
　Savigny on, 萨维尼关于成文法 173–174
　and the School of Commentators, 评论法学派 53
　see also legislation 同时参见立法
Stephen, Sir James Fitzjames, 斯蒂芬 165
Stockmans, Pierre, 斯托曼 98
succession, law of, 继承法 66, 184–186
Summa Codicis (Azo),《法典注释大全》51

Svarez, C. G., 萨瓦雷斯 124
Tanerijen, Willem Van der, 坦纳尼仁 43
technical factors 技术因素
　in legal history, 在法律史 180
territoriality, principle of, 属地原则 19
Teutonicus, Johannes, 约翰尼斯·巴西亚努思 64
Thibaut, A. F., 蒂鲍特 13, 142n
Thomasius, Christian, 托马修斯 119, 128
towns, development of 城镇的发展
　and the law of succession, 与继承法 185
trade fairs, 商品交易会 84
Traité des obligations (Pothier),《债务专论》7
treason, crime of, 叛国罪 66
Trent, Council of, 特伦特议会 87, 194
tribes, 家族 184, 185, 186
Tronchet, Fr., 特隆歇 5
Troplong, R., 特罗普隆 149
United Nations, 联合国 183
United Provinces, 联省共和国 152
　criticisms of Roman law, 罗马法的批评 121 legislation, 立法 90
　see also Netherlands 同时参见荷兰
United States, 美国 59
　judges, 法官 129
　judicial control of statutes, 成文法

245

的司法控制 175-176
universities 大学
in early modern times, 近代早期 78-79
and the education of lawyers, 与法律人的教育 79-80
in England, 在英格兰 160-161
in the Enlightenment period, 在启蒙运动时期 127-128
founding of, 大学的建立 47
in France, 在法国 4, 128, 147-151
in Germany, 在德国 128
and intellectual development, 与智识的发展 31
and learned law, 与共同法 38, 74
medieval, 中世纪的大学 76-79
and Roman law, 与罗马法 58, 71, 75
and the School of Commentators, 与评论法学派 52-53
usury, 高利贷 191-192
utilitarianism, 功利主义 137-138, 162
Venice 威尼斯
commercial law, 商法 84
Verlooy, Jean-Baptiste, 让-巴蒂斯特·沃赫鲁 44-45, 121
Villers-Cotterets, *Ordonnance of*, 《维莱柯特法令》90
Vincentius Hispanus, 文森提乌斯·希思帕尼斯 64
Voltaire, F., 伏尔泰 192

vulgar law, 粗俗法 17, 19
Wesembeke, Mattheus van, 维森贝克 57
Wielant, Philippe, 维兰特 43-44, 130
William I, King of England (the Conqueror), 威廉一世 87, 183
Windscheid, B., 温德沙伊德 69, 141, 156, 157 witnesses, 证人 26
and learned proofs, 与学术的证据 107
proof by, 证人证据 189-190
and Roman-canonical procedure, 与罗马—教会法程序 103
secret examination of, 秘密讯问 131
Wolff, Christian, 沃尔夫 119-120, 124, 128
women 妇女
in the French *Code civil*, 在法国民法典 9
and natural law, 与自然法 143
written evidence, 书面证据 189-190
Year Books, 《年鉴》96
Ypres, 伊普尔 97-98
Zachariae, K. S., 扎哈里埃 148-149, 149
Zasius, Ulrich, 乌尔里希·查修斯 57
Zeiller, F. von, 冯·泽勒 124
Zype, François van der, 弗朗索瓦·范·德·赛普 44

译后记
POSTSCRIPT

　　这本小册子是老师与学生合作的结果，其中，冯占省、苏扬分别初译了书稿中各一章。翻译初稿在十多年前就已初步译出，但一直未能抽出时间进行再审读与校译。事隔多年后，我委托目前在北京大学法学院就读的博士研究生黄圆胜，也是我过去任教的郑州大学法学院毕业的学生，对全书译稿进行审读，并校译稿子与大部分注释。此外，圆胜还把译者之前未翻译的第七章的最后三节译出，并对全部索引进行了翻译与编辑。圆胜同学在繁忙学业中，应答此事，劳心费力，十分感谢。在圆胜同学校译后，我重新校译了全部译文与注释。

　　翻译之事于我，因诸多原因译完了又给废掉的，至少有三本译著。可是有时候手痒还是又做了。反复思量，觉得这还是自己的偏见在作怪。一是觉得法学这门古来的学科，创新太难。二是本人以为，法律说一千道一万，它还是规则之事，乃实践理性。生活，尤其是现代生活高度复杂，又有诸价值之神之争，唯多求法律来满足行为的可预期性、期待性。三是觉得实质正义虽难以达成，但至少就解决纷争的程序正义还是可以商谈成事。所以法律形式的合理性与安定性，为社会行为提供规则模式，为类型行为提供准则要件，实在是万变不离其宗的要旨。四是法学研究翻新与花样太多也不是什么好事，许被视为"幼稚"。因此，通过翻译学习、吸收、借鉴乃是未竟的事，也是该做的事。是为记。

苏彦新
2022 年 9 月 15 日

An Historical Introduction to Private Law
Originally published in French as *Introduction historique au droit privé*
Copyright © 1988 by R. C. van Caenegem
Simplified Chinese translation copyright © 2023 by China Renmin University Press Co. , Ltd.
All Rights Reserved.

图书在版编目（CIP）数据

私法历史引论/（比）R. C. 范・卡内冈著；苏彦新 译. —北京：中国人民大学出版社，2023.1
书名原文：An Historical Introduction To Private Law
ISBN 978-7-300-31335-1

Ⅰ. ①私… Ⅱ. ①R… ②苏… Ⅲ. ①私法-历史-研究-欧洲 Ⅳ. ①D909.5

中国版本图书馆 CIP 数据核字（2022）第 257109 号

私法历史引论
[比] R. C. 范・卡内冈　著
苏彦新　译
Sifa Lishi Yinlun

出版发行	中国人民大学出版社		
社　　址	北京中关村大街 31 号	邮政编码	100080
电　　话	010-62511242（总编室）	010-62511770（质管部）	
	010-82501766（邮购部）	010-62514148（门市部）	
	010-62515195（发行公司）	010-62515275（盗版举报）	
网　　址	http://www.crup.com.cn		
经　　销	新华书店		
印　　刷	固安县铭成印刷有限公司		
开　　本	890 mm×1240 mm　1/32	版　次	2023 年 1 月第 1 版
印　　张	8.125 插页 1	印　次	2024 年 12 月第 4 次印刷
字　　数	250 000	定　价	58.00 元

版权所有　侵权必究　　印装差错　负责调换